LA SCIENCE

DE

LA LÉGISLATION,

Par M. le Chevalier GAETANO FILANGIERI.

Ouvrage traduit de l'Italien, d'après l'édition de Naples, de 1784.

Seconde édition, revue et corrigée.

TOME SECOND.

A PARIS,

Chez DUFART, Imprimeur-Libraire, rue des Noyers, n°. 22.

AN SEPTIÈME.

Οὐκ ἔστιν οὐδὲν κρεῖττον ἢ νόμοι πόλει καλῶς τιθέντες·

Nihil est civitati præstantius, quam leges recte positæ,

Eurip. in Supplicib.

LA SCIENCE

DE

LA LÉGISLATION.

TOME II.

LA SCIENCE

DE LA

LÉGISLATION.

LIVRE DEUXIÈME.

Des Lois politiques et économiques.

CHAPITRE PREMIER.

Des lois des anciens, et particulièrement des Grecs et des Romains, sur la population.

La *population* et les *richesses* sont, comme je l'ai dit dans le plan de cet ouvrage, les deux objets des lois politiques et économiques. Il n'y a point de société là où il n'y a point d'hommes, et il n'y a point d'hommes là où il n'y a point de moyens de subsistance. Tout le monde apperçoit l'évidence de ces rapports. Je parlerai d'abord de la population. Fidèle au plan que je me suis prescrit, je vais exposer rapidement tous les moyens que les anciens législateurs, et surtout ceux de la Grèce et de Rome, ont imaginés pour encourager la multiplication de l'espèce humaine. L'ordre exige, qu'avant de dire ce qu'il convient de faire, je parle de tout ce qu'on a fait. Pénétrons donc dans l'antiquité ; oublions, s'il est possible, cette longue suite de siècles qui la sépare de nous ; appelons, en quelque sorte, au tribunal de notre raison les idées que les peuples les plus éclairés ont eues sur la population, et examinons les tentatives qu'ils ont faites à cet égard.

Chez toutes les nations, dans tous les siècles, et dans toutes les espèces de gouvernemens, les législateurs ont considéré la multiplicité des hommes comme un besoin de première nécessité : voilà pourquoi la population est devenue le premier objet de leurs soins. Je ne parle pas des Hébreux : on sait combien ce peuple avoit en horreur le célibat et la stérilité. C'étoit le respect pour l'opinion publique qui obligeoit l'Hébreu à devenir père ; c'étoit la crainte de l'infamie qui le forçoit à seconder le vœu de la nature. Chez aucune nation, dit le savant Selden, la loi divine, qui prescrit la multiplication de l'espèce, n'a été observée avec un respect plus religieux que chez la nation Juive (1). Nous voyons dans les livres sacrés quels furent les progrès de leur population (2) : leurs lois, dictées par la sagesse éternelle, étoient sans doute admirables à cet égard. Mais laissons le peuple d'Israël ; ses lois sont trop connues, pour qu'il soit nécessaire de les rappeler ici. Voyons ce qu'on a fait chez les autres nations ; et d'abord commençons par les Perses.

Tous les ans, dit Strabon, le roi de cette belle et fertile contrée propose des récom-

---

(1) Voyez l'ouvrage de *Selden*, qui a pour titre, *de jure naturæ et gentium justa disciplinam Hebræorum.*

(2) Il suffit de lire dans la Bible l'histoire des guerres de ce peuple, pour être frappé de l'excès de sa population. On voit dans le livre I des Paralipom. xxj, 5, 6, que les combattans étoient au nombre de 1,570,000, sans compter les tribus de Lévi et de Benjamin.

S'il existoit dans ces deux tribus un nombre proportionné d'hommes propres à faire la guerre, il est constant que ce peuple avoit alors 1,691,000 hommes en état de porter les armes, ce qui suppose une population de 6,674,000 personnes ; population bien extraordinaire sans doute, puisqu'au rapport de *Temple*, l'étendue de la Palestine n'est que la sixième partie de celle de l'Angleterre. Voyez la description que *Joseph* fait de la Galilée (*lib. 3 de Bello Judaïco, cap. 3.*) Lisez encore *Dion Cassius*, *lib. 69.*

penses pour ceux qui donneront le plus de citoyens à l'Etat (1). C'étoit là, comme on le voit dans Hérodote, le grand objet des lois de cette nation (2). Leur religion, leurs maximes de morale, leurs opinions, tout concouroit à ce but. Un des dogmes de la religion des Mages, qui étoit alors la religion de la Perse, enseignoit que l'action la plus agréable à la divinité est de produire son semblable, de cultiver un champ, de planter un arbre. Si l'abbé de St.-Pierre eût voulu créer une secte, il n'auroit pu certainement prêcher un dogme plus utile.

Je rapporterai ici le dix-neuvième article du *Sadder*, qui est l'abrégé de l'antique et fameux *Zend-Avesta*. *Marie-toi dans ta jeunesse ; ce monde n'est qu'un passage : il faut que ton fils te suive, et que la chaîne des êtres ne soit point interrompue.* Quel meilleur moyen pouvoient employer les législateurs de la Perse, pour encourager la population, que l'ascendant de la morale, des dogmes, et de la religion ? Mais si les lois de cet empire étoient très-propres à favoriser la population, celles de la plupart des républiques grecques l'étoient également.

____

(1) *Strab. lib.* 15. *p.* 733.
(2) *Lib.* I. *cap.* 135.

Dans toute la Grèce, dit Musonius, on ne pouvoit être impunément célibataire. Les lois établissoient des récompenses pour les pères de famille, et punissoient la stérilité dans l'un et l'autre sexe (1). Disposer de sa postérité, c'étoit commettre le même crime qu'attenter à sa vie. La loi voyoit également, et dans le suicide et dans le célibataire, un homme qui abusoit de ses droits, un mauvais citoyen, un destructeur de la société. Il falloit donc éloigner l'homme de ce délit, il falloit lui donner une affection contraire. Voilà l'esprit de toutes les lois de la Grèce, relativement au mariage et au célibat. L'histoire ne nous a transmis que celle des Athéniens et des Spartiates, dont nous allons parler.

A Athènes, suivant Dinarque, ni les orateurs, ni les commandans de l'armée ne pouvoient être admis au gouvernement de la république, qu'après avoir eu des enfans (2); et à Sparte, il suffisoit, au rapport d'Élien, d'avoir trois enfans, pour être exempté de la garde, et cinq pour être délivré de toutes les charges de la république (3). Il y a plus ;

____

(1) *Muson apud Sobœum*, *serm.* 73.
(2) *Dinarchus*, *invectiv. in Demost.*
(3) *Var. Hist. lib.* 6. *cap.* 6. Aristote dit la même

comme dans ces deux républiques le célibat étoit puni, on introduisit quelques formules d'accusation relatives à ce délit. A Athènes, dit Pollux, on avoit établi une accusation d'*agamie*, ou de célibat : à Sparte, outre cette accusation de célibat, il y en avoit une qu'on appeloit d'*opsigamie*, contre les hommes qui se marioient trop tard, et une autre, qu'on appeloit de *cacogamie*, contre ceux qui faisoient un mauvais mariage (1).

L'union légitime des deux sexes étoit donc un devoir chez les Spartiates, et un devoir qu'il falloit remplir de la manière la plus utile pour l'espèce humaine. Tous les organes du corps s'affoiblissent à mesure que l'homme vieillit. Le mariage de deux personnes âgées n'est qu'une action inutile ; mais il n'en est pas de même de celui d'un vieillard avec une jeune fille, ou d'un jeune homme avec une vieille femme. Ces considérations déterminèrent les Spartiates à établir des peines contre l'*opsigamie* et la *cacogamie*,

____

chose avec cette différence, qu'il croyoit que quatre enfans suffisoient pour exempter un citoyen de toutes les charges de la république. *Aristot. polit. lib. 2. cap. 9.*

(1) *Julius Pollux in Onomastico, lib. 8, cap. 6.*

afin de prévenir des désordres que la nature condamne, et qui sont incompatibles avec le maintien de l'ordre public (1). Les législateurs, pour punir ce délit, ne se servirent que de l'infamie, parce qu'ils pensèrent, avec raison, que c'étoit là le moyen le plus propre à prévenir les crimes dans une république, où les citoyens n'ont pas encore appris à mépriser l'opinion publique. La peine des célibataires, dit Plutarque, étoit d'être exclus des jeux *Ginniques*, et d'aller, l'hiver, tout nus, dans la place publique, chanter une hymne de dérision contre les célibataires (2). La peine des *opsigames*, c'est-à-dire, de ceux qui se marioient trop tard,

---

(1) Les lois romaines tentèrent aussi d'arrêter ces désordres : un des articles de la loi *Papia Poppæa*, dout je parlerai plus bas, étoit précisément relatif à cet objet. *Sexagenario masculo, quinquagenariæ feminæ nuptias contrahere jus ne esto.* Voyez *Heineccius ad leg. Jul. et Papiam Popp. Comment. lib.* 1; *cap.* 5, *pag.* 81, 82.

On établit encore dans le sénatusconsulte Priscianien : *Ut sexagenarii et quinquagenariæ, licet inierint matrimonium, pœnis tamen celibatus subsint perpetuo.* *Heineccius, ibid.*

(2) Voyez *Plutarque* dans la vie de *Lycurgue*. Le même auteur rapporte un fait duquel on peut conclure, qu'indépendamment de cette peine, le vieil-

étoit, au rapport d'*Athénée*, d'être con-
duits, un jour de fête, près de l'autel, et d'y
être fustigés par les femmes (1). L'histoire
ne nous parle pas des peines qui étoient
établies contre la *cacogamie* ; mais on peut
présumer qu'elles n'étoient pas moins désho-
norantes.

Telles sont les lois que les deux plus célèbres républiques de la Grèce avoient faites
pour encourager la population. Le tems nous
a fait perdre celles des autres républiques ;
mais il y a lieu de croire qu'elles étoient
formées sur le même plan. Plusieurs faits de
l'histoire de la Grèce nous autorisent à le
conjecturer ; et un de ces faits, rapporté par
Diodore de Sicile, nous le démontre évidemment. Epaminondas, frappé d'un coup
mortel, étoit près d'expirer ; Pélopidas s'approche, et lui dit : O mon ami, tu meurs ,

---

lard célibataire étoit privé, à Sparte, de la considération et du respect que la jeunesse devoit rendre
aux vieillards. Un vieux guerrier, fameux par sa
bravoure, entre un jour dans une assemblée : un
jeune homme, qui est près de lui, refuse de lui céder le siège sur lequel il est assis : Tu n'as point de
fils, lui dit-il, qui puisse un jour me céder sa place :
et cette réponse hardie, loin d'exciter la moindre
rumeur, est applaudie universellement. (*ibid.*)

(1) *Athénée, lib.* 13 , *pag.* 555.

et sans laisser de fils à la patrie! Non, ré-
pond Epaminondas, j'en laisse deux, la victoire de Leuctres et celle de Mantinée (1).
Heureux siècle! heureuse république, où la
paternité est le premier devoir du citoyen,
et où un homme, qui meurt sans enfans, a
besoin de deux victoires pour expier cette
faute (2)!

Si de la Grèce je passe à Rome, je vois
des lois en faveur de la population, commencer avec Rome même. Romulus accorde
les plus grands privilèges aux pères de famille,

---

(1) *Diodore de Sicile*, lib. 15, cap. 87.

(2) Le nombre considérable de colonies grecques,
établies sur les côtes de l'Italie, de l'Asie, et de
l'Afrique, suffiroit au défaut de toute autre preuve,
pour nous faire connoître la sagesse des lois que les
Grecs avoient faites relativement à la population.
Dion, *lib.* 12, et Thucydide, *lib.* 3, disent que les
Trachiniens, ayant perdu une grande quantité de
leurs citoyens, ne firent autre chose que demander
à Sparte, leur métropole, 10,000 hommes, pour remplir le vide de leur population. Plutarque rapporte,
que Timoléon ayant, après l'expulsion de Denis le
tyran, trouvé Syracuse et Selinunte entièrement
dépeuplées, invita les Grecs à s'y établir, et que son
offre fut sur-le-champ acceptée par 60,000 personnes. (*Vie de Timoléon.*) Une mère qui n'a qu'un
petit nombre d'enfans, ne les donne certainement à
personne.

donne aux maris des droits presque illimités sur leurs femmes (1), et aux pères sur leurs enfans (2). Il encourage la population par l'amour du pouvoir, qui, comme on l'a vu, est le grand principe d'activité de tous les hommes et de tous les gouvernemens (3). Auguste, dans sa harangue rapportée par *Dion*, dit que, dans les premiers tems de la république, le sénat et le peuple firent un grand nombre de réglemens pour déterminer les citoyens au mariage (4). Numa empêche, par ses lois, que la prostitution ne pénètre dans Rome (5) ; il emploie tous les moyens

---

(1) *Aulugelle, lib.* 19, *cap.* 6.

(2) *Denis d'Halicarnasse, lib.* 2, *pag.* 96.

(3) *Liv.* 1. *chap.* 12.

(4) *Dion, lib.* 56.

(5) C'étoit une coutume établie chez les Romains, que les nouvelles mariées, dans le tems que l'on faisoit un sacrifice à Junon, déesse protectrice du mariage, en touchassent l'autel. Ainsi, *toucher l'autel de Junon*, et *se marier*, exprimoient la même chose. Numa, pour éloigner les femmes de la prostitution, ordonna que celle qui se seroit, une seule fois, livrée à un homme, ne pourroit participer à cet honneur, qu'après avoir offert un sacrifice d'expiation à la déesse, en habit de deuil, et avec tout l'extérieur de l'humiliation. Voyez *Heineccius, Comment. ad. leg. Juliam, et Papiam Poppæam, lib.* 1, *cap.* 2. Les expressions de cette loi de Numa nous

qui peuvent exciter les enfans à obtenir de leurs pères la permission de se marier (1), et qui peuvent les dérober à cette séduction dangereuse d'une volupté toujours indépendante et toujours variée, si propre à rendre le mariage insupportable à ceux qui ne savent plus goûter les plaisirs de l'innocence. La censure est établie quelque tems après : elle travaille constamment à arrêter le célibat et à favoriser la population ; elle condamne les célibataires à une peine pécuniaire, nommée *multa uxoria* (2). On lit dans Aulugelle le fragment d'un discours du censeur P. Scigion l'Africain, qui prouve que la censure ne se contentoit pas de punir le célibataire,

---

ont été conservées en leur entier par *Festus. Pellex asam. Junonis ne tagito, sei tagit, Junonei crenebis demiseis, ac non fœminam cædito.* Voyez *Festus*, au mot *Pellex.*

(1) Il ordonna qu'un père qui auroit donné à son fils la permission de se marier, n'auroit plus le droit de le vendre. Voyez *Plutarque, Vie de Numa,* pag. 71. Il est aisé de sentir combien une loi de cette nature devoit exciter les enfans à solliciter de leurs pères la permission de se marier.

(2) (Festus, v°. uxorem) *Censores, illos omnes qui ad senectutem cœlibes pervenerant A. E. R. A. pœnæ nomine in ærarium deferre jussisse.* (Valerius Maxim. lib. 2, cap. 9.

mais qu'elle accordoit encore de grandes récompenses aux citoyens qui avoient donné des enfans à la république (1). Les célibataires étoient privés de la confiance publique, et par conséquent du droit d'être appelés en témoignage (2). Cependant on voit les Romains, dans les tems postérieurs à cette époque, ne regarder plus le mariage qu'avec une aversion extrême, au milieu de toutes les lois qui le protégeoient, et sous les yeux même des censeurs, qui sembloient n'être occupés qu'à en resserrer les liens. L'on ne doit point être étonné d'une pareille révolution. En effet, que peuvent les encouragemens, lorsqu'il existe de grands obstacles ? Que peuvent des lois que les citoyens n'ont aucun intérêt de suivre ? à quoi sert la censure,

---

(1) *Animadvertimus, in oratione P. Scipionis, quam Censor habuit ad populium inter ea, quæ reprehendebat, quod contra majorum instituta fierent, id etiam eum culpasse, quod filius adoptivus patri adoptatori inter præmia patrum prodesset.* (*Aulugell, lib.* 5, *cap.* 14.)

(2) La première question que l'on faisoit à ceux qui se présentoient pour prêter serment, étoit celle-ci. *Ex animi tui sententiâ tu equum habes, tu uxorem habes ?* La loi croyoit que celui qui n'avoit ni cheval, ni femme, étant indigne de sa confiance, ne devoit pas être admis au serment.

lorsque la corruption est universelle ? Nous savons à quel excès étoit parvenu le luxe des dames romaines (1) ; nous savons quels progrès avoit faits dans Rome l'incontinence publique (2) ; nous connoissons l'étonnante quantité d'esclaves qui existoient. Toute l'Asie, toute l'Afrique, toutes les provinces suffisoient à peine pour fournir à la capitale cette malheureuse classe d'hommes, instrument et victime du luxe et de l'oisiveté des Romains (3). L'agriculture languissoit

---

(1) L'histoire nous rappelle souvent tous ces ministres de la volupté romaine, qui, sous les noms de *Ornatrici*, *Vestiplici*, *Cinifloni*, *Psecadi*, *Tessitrici*, *Unctatrici*, etc. étoient devenus, pour les femmes, des objets de première nécessité.

(2) Je parle des tems de la décadence de la république. Voyez dans la harangue d'Auguste, rapportée par *Dion*, (Dion, lib. 46), comme cet empereur reproche aux Romains leur libertinage.

(3) Tous les écrivains anciens nous parlent de cette importation continuelle d'esclaves qui venoient de la Syrie, de la Cilicie, de la Cappadoce, de l'Asie mineure, de la Thrace, et de l'Egypte. *Strabon* (liv. 14), dit, qu'à Delos en Cilicie, dix mille esclaves furent vendus en un seul jour. Un palais à Rome en renfermoit jusqu'à quatre cents, comme l'apprit un évènement terrible. On mit à mort tout ce nombre de malheureux, pour n'avoir pas empêché l'assassinat de leur maître. *Tacite*; *annal. liv.* 14, *ch.* 43. A mesure que Rome se peuploit d'esclaves, elle se dépeuploit de citoyens.

en Italie (1) ; les campagnes, abandonnées
par les citoyens, étoient devenues l'habi-
tation des esclaves ; et la terre, arrosée de
la sueur de ces êtres infortunés, sembloit
avoir perdu, sous leurs bras serviles, son
ancienne fécondité (2). Les discordes intestines, les attentats de la tyrannie, la défiance, la crainte, les vengeances de l'ambition, et la lutte continuelle du despotisme

------

(1) Les auteurs du siècle d'Auguste et des siècles
suivans gémissent sur la décadence de l'agriculture
en Italie. Voyez *Columelle* (*Proëm. lib.* 1 *cap.*1 *et* 17);
Horace, (*lib.* 2 , *od.* 15) ; *Varron* (*lib.* 3 , *cap.* 1) ;
Tacite, (*annal. lib.* 3 , *cap.* 34) ; *Suetone*, *in Vita
August. cap.* 42.

(2) Sans les ergastules, dit *Tite-Live*, une partie
de l'Italie ne seroit qu'une vaste solitude. Ces campagnes, dit *Sénèque* (*Controv.* 5 , *lib.* 5.) , autrefois si riches, parce qu'elles étoient labourées par des citoyens, ne sont aujourd'hui remplies que d'ergastules.
L'Italie, dit *Pline* , (*lib.* 18, *cap.* 3)., n'a presque
d'autres laboureurs, que des malheureux, dont l'existence entière est dévouée à la servitude et à l'opprobre. On me demandera, dit *Tite-Live* (*lib.* 6),
où les Volsques ont pu retrouver tant de soldats pour
faire la guerre, après avoir été tant de fois vaincus.
Il devoit exister une population immense dans cette
contrée, qui ne seroit aujourd'hui qu'un désert, si
elle n'étoit habitée par une poignée de soldats et
d'esclaves Romains.

contre la liberté, enlevoient chaque jour à la patrie une portion considérable de citoyens, et privoient l'autre de sûreté et de tranquillité (1).

Que pouvoient les efforts de la loi, contre l'action destructrice de tant de forces combinées ? César et Auguste, qui voyoient la population diminuer et les mariages devenir plus rares, travaillèrent, non point à détruire les causes de ce mal, mais à en affoiblir les effets : ils s'occupèrent, l'un et l'autre, à imaginer des moyens qui eussent le pouvoir de rattacher, pour ainsi dire, au mariage, des hommes qui en abhorroient les liens (2).

____

(1) Voyez *Appien, de bello civili, lib.* 2.

(2) César ayant voulu faire un dénombrement, après la guerre civile, ne trouva que 150,000 Romains. Voyez *l'Epitome de Florus*, sur la douzième décade de Tite-Live. *Suétone, Vie de César, chap.* 41. *Appien, ibid. Plutarque, Vie de César.*

Lorsqu'on a lu dans Tite-Live la description des dénombremens antérieurs, on sent combien, dans le tems dont je parle, la population de Rome avoit souffert d'atteintes funestes. Si le récit de Fabius, qui est rapporté par cet historien (décad. 1, lib. 1, cap. 17), n'étoit point exagéré, on pourroit croire que le nombre des citoyens Romains avoit été deux

Ils rétablirent la censure, et voulurent même être censeurs (1). Mais si un censeur peut conserver les mœurs dans un Etat, il ne peut jamais les ramener à leur pureté primitive. Ils firent divers réglemens qui n'eurent pas la moindre utilité. César donna des récompenses à ceux qui avoient beaucoup d'enfans (2). Il défendit aux femmes qui avoient moins de quarante-cinq ans, et qui n'avoient ni maris, ni enfans, de porter des pierreries, et de se servir de litières (3), méthode excellente, dit Montesquieu, d'atta-

---

fois plus considérable sous Servius Tullius, qu'il ne le fut ensuite sous Jules-César ; car il dit que dans le dénombrement qui fut fait par ce roi, on trouva 80 mille hommes en état de porter les armes ; mais sans s'arrêter à ce dénombrement, qui paroît invraisemblable, que l'on examine les dénombremens postérieurs, en commençant depuis le quatrième siècle de Rome jusqu'au septième, et l'on verra que les dix-huit dénombremens antérieurs à César, dont il est fait mention dans les livres de Tite-Live qui nous restent, et dans le sommaire de ceux qui sont perdus, excédèrent tous le nombre de 200 mille : sept en offrirent 250 mille ; cinq, 300 mille, trois 350 mille, et deux, 400 mille.

(1) Dion, lib. 43.
(2) Suétone, Vie de César, chap. 20.
(3) Eusèbe, dans sa Chronique.

quer

quer le célibat par la vanité (1). Auguste fit plus encore; il imposa des peines nouvelles à ceux qui n'étoient point mariés, et augmenta les récompenses de ceux qui l'étoient et de ceux qui avoient des enfans. Mais ces lois alloient trop directement à leur but; aussi rencontrèrent-elles une infinité d'obstacles. Quelques années après, les chevaliers Romains en demandèrent la révocation (2). Cette honteuse demande donna lieu à la harangue célèbre d'Auguste, rapportée par Dion (3). Ce discours, qui respire la gravité des anciens censeurs, offre le tableau déplorable d'une république que ses vices intérieurs minent et consument lentement. Comme il est très-long, je n'en rapporterai que les dernières paroles. Après avoir démontré la nécessité de la population, et prouvé combien il est essentiel de contracter des mariages, pour remplacer cette foule de citoyens que les guerres, les maladies, et les discordes civiles enlèvent chaque jour à la patrie; après avoir dit que c'est à la corruption des mœurs qu'il faut attribuer cette aversion, presqu'u-

____

(1) Esprit des Lois, lib. 23, cap. 21.
(2) Dion, lib. 56.
(3) Dion, ibid.

Tome II.   B

niverselle, contre les unions légitimes ; après
avoir rappelé les récompenses qu'il avoit
établies pour le mariage ; après avoir promis son amitié à tous les pères de famille,
et leur avoir assuré qu'ils auront toujours
la préférence dans la distribution des charges de magistrature, il se tourne vers les
célibataires ; et paroissant incertain sur le
nom qu'il doit leur donner : « Vous n'êtes
pas des hommes, leur dit-il ; car vous n'a-
vez donné aucune preuve de cette qualité.
Vous n'êtes pas des Romains, puisque vous
faites tous vos efforts pour détruire la république. Je pourrois vous appeler des ho-
micides, puisque vous privez l'Etat de ces
citoyens que vous êtes en état de faire naître ; des impies, puisque vous désobéissez
aux volontés des dieux ; des sacriléges,
puisque vous souffrez tranquillement que
les noms et les images de vos aïeux périssent ; des perfides, puisque vous cherchez
à désoler la patrie et à lui enlever des citoyens. Mais tous ces noms ne suffiroient
pas encore pour vous dire tout ce que vous
êtes. Sortez donc de cet Etat, si vous avez
pour moi quelque sentiment d'amitié ; et si
ce n'est pas pour me flatter, mais pour
m'honorer réellement, que vous m'avez
donné le nom de père, donnez, je vous en

conjure, donnez des citoyens à l'Etat ; alors
je participerai moi-même à tous les biens que
vous ferez naître pour la patrie, et je serai
véritablement digne de ce nom sublime » (1).
Après avoir ainsi terminé sa harangue, Auguste donna la fameuse loi qu'on nomma
de son nom *Julia*, et *Papia Poppœa*, du
nom des consuls d'une partie de cette an-
née-là. La grandeur du mal, dit Montesquieu, paroissoit dans leur élection même :
Dion nous dit qu'ils n'étoient point mariés,
et qu'ils n'avoient point d'enfans (2).

Mon dessein n'est point de commenter ici
cette loi, ni de rapporter les différentes parties dont elle est composée : ce travail m'en-
traîneroit trop loin de mon sujet. Je ren-
voie le lecteur au profond ouvrage du célèbre Heineccius, qui l'a expliquée par le
développement de la plus vaste érudition. (3).
Je me contenterai de dire, que tous les efforts d'Auguste furent inutiles, et que les
Romains continuèrent de regarder d'un œil
d'aversion, comme auparavant, et le ma-

---

(1) Je n'ai pas traduit littéralement ce morceau,
mais on verra, en lisant le texte grec, que je l'ai
suivi avec assez de fidélité.

(2) Esprit des lois, liv. 23, chap. 21, et Dion,
lib. 56.

(3) *Ad leg. Jul. et Pap. Poppœam*, *commentarius.*

riage et la paternité. C'est ce que Tacite vouloit faire entendre, lorsque, parlant des mœurs des Germains, il disoit : C'est commettre un crime, chez eux, que de cesser d'être père, ou de mettre à mort quelqu'un de ses parens. Les bonnes mœurs y ont plus de force que les lois n'en ont ailleurs (1). On ne peut douter que Tacite ne voulût faire allusion aux mœurs des Romains, qui, pour ne point encourir les peines portées par la loi *Papia Poppœa*, contre celui qui n'avoit point d'enfant, se marioient, et, après en avoir eu un, répudioient leurs femmes, ou les faisoient avorter, au moment qu'ils appercevoient les premiers signes de maternité. Ils avoient imaginé cette exécrable ressource, pour éluder la partie de la loi *Papia Poppœa* qui défendoit à ceux qui n'étoient pas mariés de rien recevoir des étrangers, soit par institution d'héritier, soit par legs; et à ceux qui, étant mariés, n'avoient point d'enfans, de recevoir plus de la moitié de l'hérédité ou du legs (2). Voilà

---

(1) *De morib. German.*

(2) Cette disposition étoit renfermée dans les chapitres 36 et 37 de la loi Papia Poppæa. *Cœlibes, nisi intra centum dies huic legi paruerint, neque hæreditatem, neque legatum ex testamento, nisi proximorum, capiunto.*

pourquoi Plutarque dit que les Romains se
se marioient pour être héritiers, et non pour
avoir des héritiers (1). Les récompenses
et les peines établies par Auguste pour
encourager la population, ne furent pas
de la moindre utilité pour Rome. Le mal
avoit plus de force que les remèdes n'avoient
d'activité. Les Germains, comme nous l'a-
vons vu dans le passage de Tacite, n'avoient
besoin ni de peines, ni de récompenses, pour
regarder le mariage comme le premier devoir du citoyen, et la paternité comme le
plus doux bienfait du mariage : les Romains,
au contraire, avec toutes leurs lois, détes-
toient l'un, et redoutoient l'autre (2).

____

Si qui conjugum masculus (ultrà xxv annum) fe-
mina (ultrà vicesimum) orbi erunt, semissem relic-
torum tantum capiunto. (Voyez *Heineccius, com-*
ment. ad leg. Jul. et Papiam Poppæam, lib. I,
cap. 5.)

(1) *Plutarque, OEuvres morales,* au Traité *de*
l'amour des pères envers leurs enfans.

(2) Voyez *Pline,* lib. 4, lett. 15; *Tacite,* Annal.
lib. 15 ; et *Amien Marcellin,* lib. 14, chap. 19. On
voit dans ce dernier, que ces désordres s'étoient
conservés jusques à son siecle. *Vile tunc Romæ exis-*
timatum quidquid extrà urbis pomœria natum fuisset,
præter orbos et cœlibes, nec credi posse qua obse-
quiorum diversitate culti sint homines sine liberis, ut
hi, qui patres fuerint, tanquam in capita mendico-
rum cœlibes dominarentur.

B 3

Quel jugement porterons-nous donc sur ces lois d'Auguste? Étoient-elles les meilleures qu'on pût imaginer? doit-on donner le nom de bonne à une loi qui n'est pas propre à produire l'effet que le législateur a en vue, et l'inutilité est-elle, en matière de Législation, une circonstance indifférente? Si c'est mal raisonner en général que de juger de la nature des choses par leurs effets, il n'en est pas de même lorsqu'on parle des lois. Voilà pourquoi, après avoir exposé toutes les idées que les anciens législateurs ont eues sur la manière d'accélérer les progrès de la population, j'ai besoin de considérer les effets, pour juger de l'état actuel de la Législation à cet égard, et pour voir si les lois de l'Europe concernant la population, sont les plus propres à accroître le nombre des hommes. Je me propose donc, afin d'établir sur ce sujet un principe certain, d'examiner si l'Europe est aussi peuplée qu'elle pourroit l'être. Cette recherche, très-intéressante pour la science de la Législation, sera l'objet du chapitre suivant.

CHAPITRE II.

Etat actuel de la population de l'Europe.

JE n'examinerai point ici la question célèbre, agitée par tant d'écrivains, si le monde a été autrefois beaucoup plus peuplé qu'il ne l'est aujourd'hui. Malgré toute la force que donneroit à mes idées l'opinion de ceux qui se sont déclarés en faveur de la population des tems anciens, la bonne foi, dont je fais profession, ne me permet point de cacher mes sentimens sur cet objet. Pour peu qu'en lisant leurs écrits, on fasse usage d'une saine critique, il sera facile de voir combien sont fausses les données sur lesquelles ils appuient leurs calculs chimériques. Ceux de Vossius et de Wallac révoltent tout lecteur de bon sens. Si ces deux écrivains, très-érudits il est vrai, mais très-peu philosophes, avoient été chargés, par l'antiquité, du soin de la défendre, ils n'auroient pas pu s'écarter avec moins de scrupule de toutes les règles de la critique, ni autant abuser de l'histoire, qu'ils l'ont fait : ils n'étoient animés que de l'esprit de systême, et de cette manie si commune aux philologues et aux orateurs, de faire parade de leurs talens dans la défense d'une mauvaise cause.

Après les lumières que le célèbre Hume a répandues sur ce sujet, il n'est pas possible de douter que, malgré la diminution que la population a éprouvée en particulier dans quelques régions de l'Europe, elle ne soit cependant en général plutôt accrue que diminuée (1).

Mais est-elle dans l'Etat où elle pourroit et devroit être ? Cette autre question est beaucoup plus intéressante que la première, et beaucoup plus aisée à résoudre ; mais elle nous mène à quelques résultats, dangereux pour celui qui les annonce, et humilians pour ceux qui en sont la cause.

L'indice le plus sûr de l'état de la population d'un pays, est sans doute l'état de son agriculture. Si, par exémple, l'agriculture est fort loin de ce degré de perfection auquel elle auroit pu parvenir ; si une portion du territoire de ce pays n'est point cultivée, et que l'autre, par le défaut de culture, ne produise point ce qu'elle pourroit produire ;

_____

(1) *Hume , Discours politiques.* Discours 10.

si des marais infects, qu'on auroit pu des-
sécher, couvrent une partie de son sol; si
une autre partie est hérissée de forêts inutiles; si des terrains fertiles, qui pourroient
être chargés d'épis, sont condamnés à ne
produire que des herbes sauvages et à présenter aux animaux une chétive pâture; si,
en un mot, on observe que les habitans de
ce pays demandent à la nature beaucoup
moins que ce qu'elle pourroit offrir à leur
industrie ; alors, sans aller chercher des dénombremens, des calculs, et d'autres vaines conjectures, on peut assurer, avec certitude, que sa population est peu considérable. Cette vérité est si claire et si évidente,
qu'il seroit ridicule de s'engager à la démontrer. Etablissons-la donc comme une donnée sûre, et jetons ensuite un coup-d'œil
philosophique sur l'état de l'Europe.

Quelle est, je le demande, la nation de
l'Europe qui peut se glorifier d'avoir porté
son agriculture, je ne dis pas au plus haut
degré de perfection, mais à un simple degré
de médiocrité ? Quelle est la nation dont la
moitié ou le tiers au moins du territoire
n'est pas inculte ou couvert par des forêts
inutiles, ou par des eaux stagnantes, ou par
des pâturages superflus ? Est-il, en Europe,
un peuple qui puisse dire, comme l'indus-

trieux Chinois : « La terre que nous habitons est employée tout entière à pourvoir à notre subsistance ; nous ne partageons point avec les bêtes sauvages ses productions précieuses ; le riz, qui est notre premier aliment, couvre toute la surface de notre vaste Empire ; les eaux des fleuves sont, en quelque sorte, elles-mêmes des surfaces sur lesquelles nous élevons, quand cela nous est possible, nos habitations mobiles ; nous avons bâti sur elles nos villages flottans, pour ne point dérober à la culture cette portion de terre qu'occuperoient les maisons (1), les arbres, que l'on trouve ailleurs entassés les uns sur les autres, et qui cachent les terrains les plus fertiles, nous les avons, avec une sage économie, distribués dans des lieux qui ne seroient propres à nulle autre production ; la terre, que dans d'autres endroits on laisse oisive, est contrainte, par nos efforts vigoureux, à nous renouveler ses bienfaits trois fois chaque année : en un mot la générosité de la nature est proportionnée au nombre des bras que nous employons

---

(1) On sait qu'il y a dans la Chine un très-grand nombre de familles qui habitent sur les eaux des fleuves dans des édifices faits en forme de petits navires.

à la féconder »? Hélas! à l'exception de quelques petits Etats d'Italie et de quelques républiques dont le territoire est extrêmement borné, les peuples de l'Europe sont bien éloignés de pouvoir tenir un pareil langage! Il suffit de sortir des capitales de nos grands Etats, où une consommation considérable anime la culture des terres voisines, pour appercevoir, à mesure qu'on s'en éloigne, le triste spectacle de la stérilité.

L'état de l'agriculture de l'Europe nous atteste donc le mauvais état de sa population.

Quelle est la conséquence qui doit naître de cette réflexion? C'est que la Législation est défectueuse en Europe, puisque, comme on l'a dit, en matière de politique, c'est toujours par les effets qu'il faut juger de la nature des causes.

Dans le cours ordinaire des choses, la nature humaine tend à se multiplier prodigieusement. Toutes les fois qu'un homme aura de quoi nourrir sans peine une femme et des enfans, il écoutera le vœu de la nature. Le plaisir de s'éterniser en quelque sorte dans ses descendans, a quelque chose de si doux; l'état du mariage est si séduisant, que tout citoyen, qui ne sera pas dans l'impossibilité d'en soutenir les charges, suivra le penchant qui l'y porte. C'est une vérité que plusieurs Écrivains célèbres ont démontrée jusqu'à l'évidence (1); et que l'expérience de tous les siècles a rendue incontestable. Ainsi, dans tout Etat où, sans un fleau extraordinaire, dont quelquefois le ciel afflige les nations, la population ne s'augmente point, ou s'augmente à pas lents, c'est-à-dire, d'une manière qui n'est pas proportionnée à la fécondité naturelle, il faut en conclure qu'il y existe un vice de politique, dont la force peut être mesurée par la différence qui se trouve entre la population existante et la population possible.

Que l'on compare en Europe le nombre des gens mariés avec celui des célibataires, et qu'on juge, par ce seul calcul, quels sont les défauts de notre politique et les vices destructeurs de la Législation actuelle. Nos législateurs ont connu le mal ; mais en ont-ils connu les causes ? en ont-ils trouvé les remèdes ? Qu'a-t-on fait jusqu'à ce jour ? que fait-on encore pour en détruire le prin-

---

(1) Voyez les Essais de Hume , première partie, chap 15 (sur la nature du commerce) *l'Ami des hommes* , et plusieurs autres écrivains politiques. Voyez aussi l'ouvrage du comte Verri , intitulé **Méditations sur l'économie publique** , §. xx.

cipe? Ce que fait un médecin, lorsque, sans connoître la cause du mal, il veut en arrêter les effets. On propose quelques encouragemens en faveur du mariage et de la paternité : on accorde quelques foibles exemptions aux citoyens qui ont donné un certain nombre d'enfans à l'Etat : on prive les célibataires de quelques prérogatives, et cependant on laisse subsister les obstacles qui empêchent la plus grande partie des hommes de se marier et de devenir pères.

Otez les obstacles, et ne vous embarrassez point de toutes ces amorces et de ces encouragemens. La nature invite assez au mariage, pour que l'homme n'ait pas besoin d'autres secours. Que le prince ne donne rien, dit Pline, mais qu'il ne retranche rien ; qu'il ne nourrisse point, mais qu'il ne tue pas ; et par-tout naîtront des enfans (1). Au lieu d'imaginer tant d'encouragemens et de récompenses, la science de la Législation doit ne considérer que les obstacles. Elle doit examiner quelles sont les entraves qui arrêtent les progrès de la population, et quels sont les moyens qu'on doit employer

____

(1) *Atque adeo nihil largiatur Princeps, dùm nihil auferat ; non alat, dùm non occidat ; nec deerunt qui filios concupiscant.* Pline. Panégyrique de Trajan.

pour les écarter ou les détruire. C'est à ces deux objets que doit être réduite toute la partie de cette science qui a pour objet la multiplication de l'espèce. Pour avancer avec ordre dans ces recherches, posons ici d'abord un principe général qu'ont adopté, comme un axiome, tous les écrivains politiques du siècle : *Tout ce qui tend à rendre la subsistance difficile, tend à diminuer la population.*

CHAPITRE III.

Petit nombre de propriétaires : nombre infini de non - propriétaires ; premier obstacle à la population (1).

LA propriété est la source productive du citoyen , et le sol est le lien qui l'attache à la patrie. Un citoyen qui vit au jour la journée , a le mariage en horreur , parce qu'il craint de faire naitre des malheureux.

Un propriétaire desire de se marier : tout nouveau bras est pour lui un bienfait de la providence , et le doux espoir d'acquérir un appui pour sa vieillesse , et un héritier pour

---

(1) Le principe incontestable que je viens de poser, m'engageroit à mettre au premier rang des obstacles qui s'opposent à la population , toutes les causes qui arrêtent les progrès de la richesse publique , c'est-à-dire , celles qui empêchent l'agriculture , les arts, et le commerce de prospérer , puisque toutes ces causes tendent à rendre la subsistance plus difficile ; mais comme je dois en parler dans la suite avec étendue, pour ne point confondre l'ordre des choses , je m'abstiens ici de les considérer séparément sous cet aspect. Il me suffit d'avoir observé dans cette note qu'on doit aussi les compter parmi les objets qui nuisent le plus à la population.

ses biens, excite en lui le desir de faire naître une famille robuste. Il faudroit peu d'efforts pour démontrer cette vérité, par l'histoire de toutes les nations et l'expérience de tous les siècles. Mais je ne veux point m'écarter des principes que j'ai établis. J'ai dit que tout ce qui tend à rendre la subsistance plus difficile, tend aussi à diminuer la population ; or, le petit nombre de propriétaires, et le nombre infini de non-propriétaires doit nécessairement produire cet effet. Voici mes preuves.

Considérez l'état de toutes les nations, ouvrez le grand livre des sociétés ; vous les trouverez divisées en deux partis irréconciliables. Les propriétaires et les non-propriétaires ou les mercenaires, forment ces deux classes de citoyens, malheureusement ennemies l'une de l'autre. Vainement les moralistes ont cherché les moyens d'établir un traité de paix entre ces deux conditions. Le propriétaire tâchera toujours d'acheter du mercenaire son ouvrage au moindre prix possible, et le mercenaire s'efforcera de le lui vendre le plus cher qu'il pourra. Dans ce marché, laquelle des deux classes sera lésée ? Il n'en faut point douter ; ce sera la plus nombreuse. Pour le malheur de l'Europe, par un vice énorme de Législation,

lation , la classe des propriétaires n'est qu'un infiniment petit relativement à celle des mercenaires ; or, de cette funeste disproportion , naît le défaut de subsistance dans la plus grande partie des citoyens qui composent la classe des mercenaires. La concurrence, qui résulte de leur multitude, doit nécessairement avilir le prix de leurs ouvrages ; elle l'avilit en effet. Quinze ou vingt sous , tout au plus, sont le prix ordinaire , dont se paie , chez nous, la journée entière d'un homme de labour , qui ne trouve à travailler que pendant quelques mois de l'année. On peut sans risque , dans ce calcul , diminuer ce prix d'un tiers , parce qu'il reste au moins un tiers de l'année sans occupation. Malheureux ! fournissez maintenant aux besoins d'une famille , avec dix ou douze sous par jour ! De là vient la misère du plus grand nombre; de là le défaut de subsistance dans la classe des non-propriétaires ; voilà enfin ce qui ôte à la plus grande partie des citoyens le desir , l'espoir, les moyens de devenir pères , et de former un lien incompatible avec la misère , et funeste lorsqu'il la produit et qu'il l'accroît.

Qu'on n'aille pas m'opposer les faits et l'expérience : c'est, dit Montesquieu, la facilité de parler et l'impuissance d'exami-

ner, qui ont fait dire, que plus les sujets
étoient pauvres, plus les familles étoient
nombreuses. Les gens qui n'ont absolument
rien, comme les mendians, ont beaucoup
d'enfans. C'est qu'ils sont dans le cas des
peuples naissans : il n'en coûte rien au père
pour donner son art à ses enfans, qui même
sont, en naissant, des instrumens de cet
art. Mais ceux qui ne sont pauvres que
parce que, privés de propriétés, le travail
de leurs mains, avili par la concurrence,
ne leur procure point de quoi soutenir une
famille ; ces gens-là, dis-je, font peu d'enfans. Ils n'ont pas même leur nourriture ;
comment pourroient-ils songer à la partager?
Ils ne peuvent se soigner dans leurs maladies ; comment pourroient-ils élever des
créatures qui sont dans une maladie continuelle, qui est l'enfance (1) ?

Quittez les capitales, dira quelqu'un, pé-
nétrez dans l'intérieur des provinces ; observez les pays soumis à la domination féo-
dale, où souvent le baron est le seul propriétaire des terres : vous y verrez une multitude d'hommes forcés de tirer leur subsistance d'une rétribution journalière, d'un

---

(1) Esprit des Lois, liv. 23, chap. 11.

modique salaire qui les condamne au dénue-
ment le plus terrible : vous verrez l'indigence
peinte sur leur visage, vous la verrez dans
leur triste chaumière. Cependant sur le gra-
bat de la misère, vous trouverez rarement
une seule personne. Chacun de ces malheureux veut avoir une compagne qui partage
ses peines, et cherche à adoucir, par les
plaisirs innocens de la nature, les rigueurs
affreuses de la pauvreté. Mais, je le demande à ce partisan obstiné de l'indigence,
si dans ces pays les mariages étoient fré-
quens, la population ne devroit-elle pas
augmenter de jour en jour ? Pourquoi, à
mesure que nous nous éloignons de la capitale, trouvons-nous la désolation dans les
campagnes ? pourquoi leur population, au
lieu d'augmenter, diminue-elle sensiblement ? il faut donc dire, ou que le fait n'est
pas vrai, ou que les enfans qui naissent de
ces époux malheureux, périssent à l'aurore même de leurs jours, ou que le mariage est stérile, lorsqu'il est tourmenté par
la misère.

Je reviens à mon objet. Je crois avoir
suffisamment démontré comment la grande
disproportion que l'on trouve en Europe entre le nombre des propriétaires et celui des
non-propriétaires, doit nécessairement pro-

duire, dans la classe la plus nombreuse, le défaut de subsistance, et par conséquent, de population. Voyons maintenant ce qu'ont imaginé les législateurs les plus célèbres, pour prévenir ce mal ; voyons ce qu'il conviendroit de faire.

Toutes les sociétés ont commencé par la distribution des terres. Les lois agraires ont toujours été les premières lois des peuples naissans. Le premier objet de ces lois a été d'assigner, à chaque citoyen, une égale portion de terrain ; le second, de faire ensorte que cette distribution éprouvât la moindre altération possible. Pour parvenir à ce but, Moïse ordonna la restitution des fonds à chaque rénouvellement de jubilé (1). Un Hébreu ne pouvoit se dépouiller de sa propriété pour toujours. L'année du jubilé étoit le terme prescrit par la loi. L'acheteur étoit alors obligé de rendre le fonds au vendeur, ou à sa famille. Cette loi s'étendoit aussi à toutes les espèces de donations qui regardoient les fonds. Moïse se servit de ce moyen, pour empêcher que le nombre des non-propriétaires ne s'accrût considérablement dans

____

(1) Voyez l'ouvrage de Zepper, intitulé *Legum Mosaïcarum forensium explanatio*, *l.* 4, *c.* 23, *p.* 609 et 610.

sa nation, et que les subsistances de beaucoup d'individus ne se réunissent en peu de mains.

On retrouve les mêmes vues dans ces lois des Athéniens, qui défendoient aux citoyens de tester (1) ; qui vouloient que l'hérédité paternelle se partageât également entre les enfans (2) ; qui ne permettoient point à la même personne de succéder à deux hérédités (3) ; qui laissoient la liberté d'épouser sa sœur consanguine, et non pas sa sœur utérine (4) ; qui obligeoient le plus proche

---

(1) Solon exempta de cette prohibition ceux qui mouroient sans enfans. Voyez Plutarque , *Vie de Solon*, et Potter, *Archæologiæ græcæ, lib.* 4. *cap.* 15. Il permit aussi au père de substituer des héritiers à ses enfans, dans le cas où ceux-ci viendroient à mourir avant leur vingtième année. *Hæredes à patre testamento substituti liberis , si liberi ante annum ætatis suæ vicesimum decesserint, hæredes sunto.* Démosthènes , *in Stephanum testam. Orat. B.*

(2) *Omnes legitimi filii hæreditatem paternam ex æquo inter se herciscunto.* Isæcus , *de hæredit. Philoctemonis.*

(3) *Philolaiis* de Corinthe établit à Athènes, que le nombre des hérédités seroit toujours égal à celui des portions de terre. *Aristote ,* Polit. liv. 11. chap. 12. *Montesquieu ,* Esprit des Lois, liv. 5, chap. 5.

(4) *Sororem ex parte patris in matrimonio habere jus esto. Petit. leg. Att. lib.* 6, *tit.* 1, *de connubiis.*

parent, du côté du père, d'épouser l'héritière (1).

Lycurgue fit plus encore : il défendit les dots ; il voulut que tous les enfans eussent une portion égale dans la succession de leurs pères, et que les biens de celui qui mouroit sans enfans, se distribuassent à ceux qui en avoient plusieurs (2).

Les Germains, au rapport de Tacite, anéantirent jusqu'à la propriété, pour multiplier le nombre des possesseurs de fonds. La nation, qui étoit l'unique propriétaire perpétuel de ces fonds, les distribuoit chaque année aux pères de famille. La répartition se renouveloit tous les ans, pour la proportionner au nombre des citoyens, qui pouvoit augmenter ou diminuer, et à l'étendue du territoire, qui, chez des peuples guerriers, est exposée à des révolutions journalières (3).

En épousant la sœur consanguine, on ne pouvoit succéder qu'à la portion du père ; mais en épousant la sœur utérine, on pouvoit succéder à deux portions en même tems, à celle du père du mari, et à celle du père de la femme.

(1) *Virgo dotalis extrà cognationem ne enubito ; sed agnato proximo nubito, et omnia sua bona in dotem adferto.* Petit, ibid.

(2) Plutarque, Vie de Lycurgue.

(3) Tacite, *de morib. German. Agri, pro numero*

Je vois enfin le même but dans les premières lois des Romains, sur les successions. Les premiers législateurs de ce peuple sentirent le besoin de multiplier, dans une nation, le nombre des propriétaires, et de la conserver. Pour remplir le premier objet, ils assignèrent à chaque citoyen une portion de terre ; pour remplir le second, ils réglèrent les successions. Ils voulurent qu'il n'y eût que deux ordres d'héritiers établis par la loi ; les enfans et tous les descendans qui vivoient sous la puissance du père, qu'on appela *hæredes sui*, ou héritiers siens, et à leur défaut, les plus proches parens, par mâles, qu'on appela *agnati* (1), ou agnats. Les cognats, ou les parens par femme, ne

____

cultorum ab universis per vices occupantur, quos mox inter se secundum dignationem partiuntur ; facilitatem partiendi camporum spatia præstant. Arva per annos mutant, et superest ager : nec enim cum ubertate et amplitudine soli labore contendunt, ut pomaria conserant, et prata sepiant, et hortos rigent, sola terræ seges imperatur. Jusqu'au siècle dernier, chez les Irlandais, lorsqu'un père de famille mouroit, le chef de la tribu partageoit de nouveau tous les biens entre toutes les familles dont cette tribu étoit composée. (Hume, Hist. d'Angl.)

(1) Fragment des lois des douze tables, dans *Ulpien. tit. ultim. de fragment.*

pouvoient succéder, parce qu'ils auroient transporté les biens dans une autre famille.

Par la même raison, la loi ne permettoit pas aux enfans de succéder à leur mère, ni à la mère de succéder à ses enfans. Les biens de la mère passoient aux agnats de la mère, et les biens des enfans aux agnats des enfans (1). Par la même raison enfin, les petits-enfans, par le fils, succédoient aux grands-pères ; et les petits-enfans, par la fille, ne lui succédoient pas (2). Cela, peut-être, paroîtra singulier : mais l'utilité publique étoit l'unique objet de la loi, et l'utilité publique exigeoit que la propriété restât dans les familles, et que le nombre des propriétaires ne diminuât point (3).

---

(1) Fragment des lois des douze tables, dans *Ulpien. tit.* 26, §. 8.

(2) *Institut. lib.* 3. *tit.* 1, §. 15. La fille succédoit à son père, mais ses enfans ne lui succédoient pas ; car, après la mort de la fille, la succession du père appartenoit aux agnats : « En un mot, les femmes, dit Montesquieu, succédoient, lorsque cela s'accordoit avec la loi de la division des terres, et elles ne succédoient point, lorsque cela pouvoit la choquer ». (Esprit des lois, liv. 27, chapitre unique.)

(3) Mais comment accorder cet esprit des premières lois des Romains, qui regardoient les successions *ab intestat*, avec la liberté indéfinie qu'elles don-

Ce fut pour l'augmenter qu'on établit ensuite les lois agraires. Personne n'ignore
qu'elles régloient la distribution des terres
des vaincus. Une moitié étoit vendue au

---

noient en même tems au père de famille de tester,
et d'instituer héritier tel citoyen qu'il lui plairoit ?
N'étoient-ce pas les mêmes lois des douze tables,
qui disoient : *Pater familius uti legassit super pecu-
nia, tutelave suæ rei, ita jus esto ?* Montesquieu, ré-
fléchissant sur cette contradiction apparente, accuse
d'inconséquence les Décemvirs, comme ayant détruit d'une main ce qu'ils cherchoient à soutenir de
l'autre. Mais qu'on me permette de parler ici pour
un instant en jurisconsulte, et de défendre ces sages
législateurs, d'une imputation qui n'est pas fondée.
Dans un ouvrage de cette nature, on peut pardon-
ner à l'auteur une digression, à laquelle le cours de
ses idées le conduit presque involontairement.

Les jurisconsultes ont beaucoup agité la question
de savoir si, avant les tables des Décemvirs, l'usage
des testamens existoit à Rome. Heineccius (*Dissert. de orig. testament.* § 13) ; Tomasius (*Dissert.
de init. success. testam.* § 1 jusqu'au §. 8), et Tre-
chellius (*de init. success. testam.* chap. 2, §. 4),
sont pour l'affirmative : mais l'opinion contraire de
beaucoup d'autres jurisconsultés, et plusieurs raisons
très-puissantes, dont je ne puis parler ici, me portent à en douter. Il est certain qu'avant la promul-
gation de ces tables, les Romains soit qu'ils y fussent autorisés par la loi, soit que ce fût un effet de
la coutume, croyoient pouvoir faire une aliénation
de leur propriété, qui ne commençât d'avoir lieu

profit de la république ; et quant à l'autre,
elle devoit être distribuée aux plus pauvres
d'entre les citoyens.

---

qu'après leur mort. Il paroît démontré, d'après plusieurs passages de Tite-Live, de Denis d'Halicarnasse, et de Plutarque, que ces espèces d'aliénations, que ces historiens appelèrent, par abus, testamens, devoient être communes. Ces aliénations,
quoique différentes des testamens dans le droit, pro-
duisoient d'ailleurs le même effet, celui de porter
atteinte à la distribution des terres. Les Décemvirs
n'étant point les souverains législateurs du peuple,
mais simplement les auteurs de ces lois qu'il falloit
que le peuple approuvât, n'auroient pu certainement
déterminer les Romains à se dépouiller d'un droit
qui est si cher à l'homme, celui de disposer de sa
propriété, même au moment où il sait qu'il ne peut
plus la conserver pour lui, et d'influer d'une certaine manière sur la société, même après sa mort.
Ils ne pouvoient donc faire autre chose que leur en
rendre l'usage difficile, pour empêcher qu'on n'al-
térât cette distribution des terres qu'ils avoient eu
si grand soin de maintenir, en réglant les successions. Ce fut pour parvenir à ce but, que les Décemvirs établirent les testamens. La liberté indéfinie que leur lois donnoient au père de famille de disposer par testament de sa propriété, satisfaisoit ce
penchant naturel dont on a parlé. Mais les solenni-
tés qui devoient accompagner cet acte, pour qu'il
fût déclaré valable, en rendoient l'usage si difficile,
que rarement le citoyen pouvoit se prévaloir du droit
que la loi lui donnoit.

Voilà ce qui fut imaginé par les premiers législateurs des hommes, pour empêcher que le nombre des non-propriétaires ne se multipliât trop dans une nation. Ces remèdes sont utiles pour prévenir le mal ; mais ils ne servent de rien, lorsqu'il a déjà acquis une sorte de puissance. Par exemple, dans l'état actuel des choses, la restitution des fonds, prescrite par Moïse, au lieu de diminuer le nombre des non-propriétaires, ne feroit que l'accroître. Aujourd'hui que

---

Quand la loi n'auroit requis d'autre solennité que celle de faire le testament devant l'assemblée du peuple, et en présence des pontifes qui devoient l'approuver, cette solennité eût été suffisante pour laisser les trois quarts des Romains mourir *ab intestat*. Je ne puis rapporter ici toutes les autorités qui existent à l'appui de ces faits ; je dirai seulement, pour faire connoître quel fut le but des Décemvirs en l'établissant, que des deux manières de faire un testament, qui existoient chez les Grecs ; l'une devant l'assemblée du peuple, et l'autre devant un magistrat, ils choisirent la première, comme celle dont l'exercice étoit le plus difficile.

Après cela, je laisse le lecteur juger de l'accord qu'il y avoit entre ces lois des douze tables, qui régloient les successions légitimes, et celles qui régloient les testamentaires ; je le laisse juger de la prétendue inconséquence dont l'auteur de l'Esprit des lois les accuse.

tous les fonds sont dans les mains de peu de personnes, si on leur ôtoit la liberté de les aliéner, on porteroit le mal à son comble. Les circonstances sont différentes; les remèdes doivent donc être différens. Rappelons-nous ce qui a été dit ailleurs. La bonté des lois est une bonté de rapport; l'objet de ce rapport est l'état de la nation. L'état actuel des nations de l'Europe présente tous les biens réunis dans peu de mains. Il faut faire ensorte que tous les biens se trouvent répartis entre un grand nombre de personnes : tel est l'objet du remède que l'on désire; c'est ce que j'examinerai dans le chapitre suivant. En y considérant les grands propriétaires comme un obstacle à la population, je tâcherai de découvrir toutes les causes qui concourent à en augmenter le nombre en Europe, et qui, perpétuant les biens dans leurs mains, conserveront à jamais cette funeste disproportion entre la classe des propriétaires et celle des non-propriétaires; ce qui, comme on l'a démontré, est la ruine de la population.

CHAPITRE IV.

Beaucoup de grands propriétaires ; peu de petits propriétaires. Second obstacle à la population.

CE second obstacle est une suite du premier.

Lorsque dans une nation il existe beaucoup de grands propriétaires et peu de petits, il faut qu'il y ait beaucoup de non-propriétaires. La grande propriété d'un seul suppose le défaut de propriété dans un grand nombre, de même que, dans les pays où la polygamie a lieu, et où le nombre des femmes n'est pas plus grand que celui des hommes, l'union d'un homme avec dix femmes suppose l'existence de neuf célibataires. Donc les grands propriétaires, en multipliant le nombre des non-propriétaires, doivent, suivant les principes qui viennent d'être établis, être un obstacle à la population (1).

____

(1) *Laudato ingentia rura ,* disoit Virgile, *exiguum colito.*

Mais ce n'est pas seulement par là diminution des propriétaires, que les grands
propriétaires nuisent au progrès de la population : ils l'arrêtent surtout par l'abus
qu'ils font du terrain qui leur appartient.
Si la population s'accroît à mesure que les
moyens de subsistance se multiplient ; si
un quartier de terre, enlevé à la culture,
ôte peut-être une famille à l'Etat, quelle
atteinte ne portent pas à la génération tous
ces bois immenses que de grands propriétaires consacrent aux plaisirs de la chasse,
et toutes ces magnifiques et fastueuses maisons de campagne, dont la vue, destinée
à récréer le spectateur oisif, semble interdite aux regards du peuple, comme si l'on
craignoit de lui montrer un vol fait à sa
subsistance ! Non, non, ce n'est point entre
les mains de cette classe d'hommes que
l'agriculture se perfectionne ; ce n'est point
ce petit nombre d'heureux, environné d'une
foule de misérables, qui compose le bonheur national ; ce ne sont point les grands
propriétaires qui constituent la richesse
d'une nation. L'aisance commune de la plus
grande partie des citoyens, le bien être de
la plus grande partie des familles, voilà
le vrai thermomètre de la prospérité d'un
Etat, et l'unique véhicule de la fécondité,

C'est dans ce sublime équilibre, dans cette médiocrité de fortune, que les Grecs et les Romains des premiers siècles trouvèrent la source de la génération. Celui-là est un mauvais citoyen, disoit Curius, qui regarde comme petite une portion de terre suffisante pour nourrir un homme.

Comment donc multiplier le nombre des petits propriétaires ? comment démembrer aujourd'hui ces grandes masses auxquelles le tems a fait acquérir une consistance qui les rend encore plus insupportables aux peuples, obligés de gémir sous ce poids ? Imitera-t-on l'exemple de cet empereur qui abattoit dans son jardin toutes les têtes de pavots qui s'élevoient au-dessus des autres ? A dieu ne plaise que je veuille ici proposer un remède pire que le mal ! Je perdrois bien mon tems, si j'osois prêcher la ty- rannie, et si j'avois la stupide présomption de rendre les hommes plus heureux, avec les maximes d'un despote. On peut remé- dier à ce mal, sans blesser les droits de personne ; on peut même y remédier, en les multipliant, en les rendant plus sacrés par la justice. Abolissez d'abord les droits d'ainesse, abolissez les substitutions. Les primogénitures sacrifient plusieurs cadets à l'ainé d'une maison. Les substitutions immolent plusieurs familles à une seule ; les unes et les autres diminuent le nombre des propriétaires dans toutes les nations de l'Europe ; les unes et les autres causent aujourd'hui la ruine de la population.

Que de désordres naissent d'un même principe ! que de maux découlent d'une seule loi injuste et partiale ! Un père, qui ne peut avoir qu'un fils qui soit riche, voudroit n'en avoir qu'un. Il voit dans les autres autant de charges pour sa famille. Le malheur d'une maison se mesure par le nombre des enfans. On croit avoir satisfait au vœu de la nature aussitôt qu'il existe un héritier. Les liens sacrés du sang sont brisés par l'intérêt. Les frères, privés par un frère de l'aisance dont ils jouissoient dans la maison paternelle, ne voient en lui qu'un usurpateur qui les opprime et qui les dépouille d'un bien auquel ils avoient un droit commun. Ils maudissent le jour qui les a vus naître, et la loi qui les dégrade.

Tant de cadets sans propriété, et par conséquent privés des moyens de se marier, obligent autant de filles à rester dans le célibat : réduites à l'impossibilité d'avoir un époux, ces infortunées sont souvent contraintes, par leurs parens, de s'enfermer

dans

dans un cloître, où elles s'ensevelissent avec leur postérité.

Nos descendans seront surpris, en observant une si grande contradiction entre nos principes politiques et nos lois ; entre les maximes par lesquelles nos gouvernemens se dirigent, et les décisions de leurs codes. Un esprit d'antimonachisme a pénétré dans tous les cabinets de l'Europe. La diminution de ces asiles du célibat et de la stérilité, est devenue un des objets les plus sérieux de l'administration. Le ministère voit avec douleur, dans presque tous les Etats de l'Europe, le vide que laisse dans la génération l'état monastique des deux sexes ; il fait les plus grands efforts pour s'opposer à ses progrès : mais il ne songe pas à en détruire la cause. Les cloîtres renfermeroient-ils tant de moines, tant de religieuses, si, dans une grande partie des familles, l'aîné n'étoit pas le seul destiné au mariage ? Sans les *majorats*, la religion verroit-elle dans son sein tant de victimes du désespoir ; et sans cette barbare institution, les cloîtres, renfermant moins d'hommes et moins d'esclaves, ne renfermeroient-ils pas plus de gens vertueux.

Tels sont les funestes effets des primogénitures, devenues aujourd'hui d'autant plus

Tome II.　　　　　　　　　　　D

meurtrières, qu'elles sont plus fréquentes.
Il n'y a point ici de citoyen qui, ayant trois
ou quatre cents écus de rente, n'institue un
majorat. Il croit annoblir sa famille, à
l'aide d'une injustice autorisée par la loi et
par la coutume des grands. Cependant le
nombre des non-propriétaires augmente de
plus en plus; les subsistances se réunissent
chaque jour dans un plus petit cercle; et
ces mêmes lois, qui soutiennent les primogénitures et les substitutions, croient pouvoir encourager la population par une foible
immunité accordée aux pères surchargés
d'enfans. Elles forment un volcan, et prétendent ensuite en empêcher les irruptions
par une digue si impuissante. Elles oppriment la plus grande partie des citoyens,
et prétendent ensuite en multiplier le
nombre, en dispensant des charges de la
société, un père qui a douze enfans. Déplorable aveuglement des hommes et des
législateurs, tu es plus funeste que la peste
elle-même! ses ravages ne font qu'accélérer la mort des hommes, mais les tiens
les empêchent de naître, et en rendent la
perte moins sensible!

La première opération que l'on devroit
faire pour multiplier le nombre des propriétaires, et pour démembrer ces grandes

masses qui élèvent la grandeur d'un petit nombre d'individus sur la ruine du plus grand nombre, seroit donc d'abolir les primogénitures et les substitutions, deux ordres de choses qu'on diroit établis uniquement pour diminuer la population en Europe.

Il est une autre loi qu'on devroit abolir chez nous; c'est celle qui préfère, dans la succession des fiefs, la fille de l'aîné à ses frères. Cette loi, qui, dictée par la passion d'une reine voluptueuse, transporte les biens d'une maison dans une autre, et appauvrit un frère pour enrichir un étranger; cette loi est celle qui a occasionné la ruine de la famille de l'auteur, et elle en porte le nom. C'est la pragmatique *Filangeria* (1).

La loi Voconnienne défendoit d'instituer une femme héritière (2); et nous, qui avons

____

(1) Voyez Giannone, *histoire civile du royaume de Naples*, liv. 25, chap. 8, et la collection de nos Pragmatiques, sous le titre *de Feudis*, pragm. 1. Il faut remarquer que cette Pragmatique n'a point lieu pour les fiefs qui sont *de jure Langobardorum.*

(2) Le fragment de cette loi qui porte, *ne quis hæredem virginem, neve mulierem faciat*, est rapporté par Cicéron. (*Orat.* 2, *in Verrem.*) D'après ce qu'il en dit, et d'après un passage de Saint-Augustin (*de civit. Dei, lib.* 3), il paroît que toute femme indistinctement, même la fille unique, étoit com-

adopté jusqu'aux erreurs de la jurisprudence
romaine, nous nous sommes ensuite si fort
éloignés de ses principes les plus anciens,
que nous avons, en certains cas, préféré
les femmes aux hommes. Je me tais sur
cet objet, parce que je craindrois d'abuser
du ministère sacré que me donne la philosophie, en la rendant l'instrument d'une
vengeance inutile ou d'une vanité puérile.
Je me contenterai de dire que, parmi les
causes qui concourent à empêcher parmi
nous l'augmentation du nombre des propriétaires, cette institution barbare ne doit pas
être regardée comme la moins importante.

---

prise dans cette prohibition. Dans le liv. 2, tit. 22
des Institutions de Justinien, il est fait mention d'un
chef de cette loi, qui restreignoit la faculté de léguer.
Sans doute c'étoit un moyen imaginé par la loi pour
empêcher que le testateur ne pût donner à une
femme, comme légataire, ce qu'il n'auroit pu lui
donner à titre d'héritière.

L'espoir d'éluder ces dispositions de la loi Voconnienne, introduisit à Rome l'usage des fidéicommis.
On instituoit héritière une personne qui pouvoit l'être
par la loi, et elle étoit en même tems priée par le
testateur de remettre l'hérédité à une autre personne
que la loi avoit exclue. Ce n'étoit pas un ordre,
c'étoit une prière qui avoit force de loi. L'exemple
de P. Sestilius Rufus en est une preuve. Voyez Cicéron, *de finib. bonor. et malor.*

La prohibition d'aliéner les fonds féodaux, oppose encore les mêmes obstacles à la population. Si le système des fiefs pouvoit jamais se combiner avec la prospérité des peuples, avec la richesse des Etats, avec la liberté des hommes, cette prohibition seule suffiroit pour le rendre funeste. Un prétendu intérêt du prince fait rester pour toujours hors du commerce une grande portion du territoire de l'Etat. Tout ce qui est fonds féodal, ne peut être ni vendu, ni donné à cens perpétuel, ni aliéné en aucune manière. Ce sont le plus souvent des terrains oisifs, qui pourroient être d'un grand produit pour l'Etat, si la loi, qui défend l'aliénation des fonds féodaux, ne les privoit pas d'une culture qui ne peut être active tant qu'elle n'est point unie aux droits précieux de la propriété. Beaucoup de terrains incultes seroient cultivés, beaucoup de simples manouvriers deviendroient propriétaires, si le fisc, en abolissant cette loi pernicieuse, faisoit à l'utilité publique un léger sacrifice, dont il seroit le premier à éprouver tous les avantages. Si, en brisant les entraves des fiefs, il perdoit un peu, il gagneroit infiniment par les progrès de la population et de l'agriculture, toujours relatifs aux progrès de la propriété.

D 3

Enfin les communes, ces biens qui ne sont à personne, précisément parce qu'ils sont à tous, concourent encore à diminuer le nombre des propriétaires, dans les nations où ce reste de l'esprit de pâturage des siècles barbares subsiste encore, malgré l'évidence des désordres dont il est la source. Nous aurons bientôt occasion d'en parler, en examinant les obstacles qui s'opposent aux progrès de l'agriculture. Mais les substitutions et les communes, les majorats, l'inaliénabilité des fonds féodaux, et la loi qui préfère, dans la succession des fiefs, la fille de l'aîné à ses frères, loi que je ne crois pas avoir été adoptée par d'autres nations, ne sont pas les seules causes qui diminuent le nombre des propriétaires; il en est une presque universelle en Europe, qui, plus que toutes les autres, arrête les progrès de de la population. J'en parlerai dans le chapitre suivant.

CHAPITRE V.

Richesses exorbitantes et inaliénables des ecclésiastiques. Troisième obstacle à la population.

L E s premiers sacrifices des hommes, dit Porphyre, ne furent que d'herbe. Le père rassembloit sa famille au milieu d'un champ, pour offrir son hommage à la divinité. L'on ne connoissoit alors ni temples, ni autels. Le champ étoit le temple. Quelques mottes de terre amoncelées étoient l'autel, et une gerbe ou quelques fruits étoient l'holocauste que l'homme offroit à l'auteur de la nature. Pour un culte aussi simple, chacun pouvoit être pontife dans sa famille.

Le désir naturel de plaire à la divinité multiplia ensuite les cérémonies. Alors le laboureur ne put plus être prêtre. On consacra à la divinité quelques endroits particuliers. Il fallut établir des ministres pour en prendre soin ; et l'attention continuelle qu'exigeoit leur ministère, obligea la plupart des peuples à faire du sacerdoce un corps séparé. Il étoit nécessaire que ce corps, étranger à toutes les occupations

D 4

domestiques, fût entretenu aux dépens de la société. Les Egyptiens, les Perses, les Hébreux, les Grecs et les Romains assignèrent quelques revenus au sacerdoce (1).

---

(1) L'écriture nous parle en différens endroits, et particulièrement dans le Lévitique, des retributions qu'on payoit aux Lévites.

Hyde (de rel. Pers. cap 19 *)* nous donne un détail des richesses des Mages, et de leurs chefs appelés Balach, qui étoient les prêtres de la Perse.

Quant aux Grecs, d'après ce qui nous est resté de leurs lois, il est facile de voir comment on fournissoit chez eux aux frais du culte et aux besoins du sacerdoce. A Athènes, la loi, après avoir réglé les oblations des citoyens, établissoit qu'il y en auroit une portion destinée à l'entretien des ministres.

Reliqua ex sacris victimis sacerdotibus cedunto. Petit. *leg. Att. tit.* I, *de Deorum cultu, sacris ædibus, festis et ludis.*

Nous savons qu'à Athènes une portion du froment qu'on recueilloit des champs appartenant au public, étoit destinée au même objet. Voyez *Pollux,* lib. 6. Cela s'appeloit ιερος σιτος ou *frumentum sacrum.* Potter *(Archœlog. Grœ. lib.* 2, *cap.* 4*)* dit que l'usage des dimes sacrées étoit, en certains cas, généralement reçu chez les Grecs.

Enfin, quant aux Romains, *Denis d'Halicarnasse, liv.* 2, *p.* 82, dit que Romulus, avant de distribuer les terres aux citoyens de sa ville, en avoit réservé une portion pour être le domaine de l'Etat, et une autre pour l'entretien des temples et de leurs ministres : et *Tite-Live, liv.* I, *chap.* 20, parle des fonds établis par Numa pour le même objet.

La dévotion fit le premier pas. D'abord on dit que ceux qui servoient l'autel, devoient vivre aux dépens de l'autel ; et cela étoit juste. Mais les prêtres, non contens de cette rétribution, commencèrent bientôt à prêcher que la religion qui vivoit de sacrifices, demandoit d'abord celui des biens et des richesses (1). Une pareille maxime, débitée au milieu des ténèbres de l'ignorance, et dans un tems où tous les germes de la raison étoient étouffés, et la plupart des principes moraux corrompus, fit la plus grande

____

(1) Qu'on lise l'art. 8 du *Sadder*, qui est l'abrégé de l'ancien livre du *Zend – Avesta*, et l'on trouvera dans la bouche de Zoroastre les mêmes préceptes que prêchoient nos prêtres dans les tems d'ignorance. *Il ne suffit pas*, dit le prophète des Persans, *que vos bonnes œuvres surpassent les feuilles des arbres, les gouttes de la pluie, les sables de la mer, les étoiles du firmament : afin qu'elles soient agréables, il faut que le* Destur (le Pre) *daigne les approuver. Vous ne pouvez obtenir une telle faveur, qu'en payant fidèlement à ce guide du salut la dîme de vos biens de vos terres, de votre argent, en un mot, de tout ce que vous possédez. Si le Destur est satisfait, votre ame échappera aux tourmens de l'enfer. Vous serez dans ce monde comblés de louanges, et vous jouirez dans l'autre d'un bonheur éternel. Les Desturs sont les oracles du ciel : rien ne leur est caché, et ce sont eux qui sauvent tous les hommes.*

impression. Les nobles, qui avoient concentré dans leurs mains toutes les propriétés, commencèrent à en disposer en faveur des prêtres et des moines. Les rois eux-mêmes donnèrent au clergé ce qu'ils avoient usurpé sur les peuples. Exempts de toutes les charges de la société, dispensés de toute espèce d'impôt, enrichis à l'envi par des donations et des offrandes ; les gens d'église devinrent, pour ainsi dire, les seuls propriétaires de l'Europe.

Après qu'on eut enfin dissipé les ténèbres de l'ignorance, les hommes s'apperçurent que parmi les dogmes de notre religion il n'y eut jamais celui d'enrichir ses ministres.

Si les substitutions et les primogénitures sont contraires à la population, parce qu'elles restreignent le nombre des propriétaires ; quel obstacle ne doit pas résulter de ce fatal désordre qui rend une partie des provinces le patrimoine d'une seule famille ? Si les progrès de la population sont relatifs aux progrès de l'agriculture, comment celle-ci pourra-t-elle jamais prospérer dans les mains d'un *bénéficier* qui n'a aucun intérêt de faire valoir un fonds qu'il ne doit transmettre à personne ; de semer ou de planter pour une postérité qui ne sera pas la sienne ? Comment l'agriculture pourra-t-elle jamais s'améliorer dans les mains d'un homme qui, loin d'employer une partie de ses revenus à augmenter la valeur de sa terre, risquera plutôt de détériorer son *bénéfice*, afin d'accroître des revenus qui ne sont pour lui que viagers ? Ces funestes effets de la grandeur excessive des domaines du clergé ont enfin été démontrés aux gouvernemens. Par-tout on s'est élevé contre ces abus. Plusieurs lois ont été rendues relativement à cet objet. On a défendu au clergé toutes les nouvelles acquisitions. Les testamens ont cessé d'être les mines du sacerdoce.

La méthode que je me suis prescrite, me force à laisser ici en suspens la curiosité du lecteur sur le choix des moyens propres à exécuter une réforme sur cette matière. Il est aisé de voir, par le plan que j'ai tracé en commençant, que c'est dans le cinquième livre de cet ouvrage que je pourrai développer mes idées sur ce sujet : je parlerai, dans ce livre, des lois qui concernent la religion ; et la distinguant toujours de l'abus qu'on en a fait, je n'oublierai jamais le respect qu'on doit à l'autel et à ses ministres.

Après avoir jeté un coup-d'œil sur les richesses du clergé, que doit-on dire du célibat de ses membres ?

On a trop parlé, dans ces derniers tems,

de cette pratique de notre religion, pour pouvoir la passer ici sous silence. Des politiques modernes se sont élevés contre le célibat des prêtres, et plusieurs ont attribué à cette cause seule la dépopulation actuelle de l'Europe.

Pour moi, j'ose établir une proposition contraire. Je crois que si le nombre des prêtres étoit restreint autant qu'il devroit l'être, le vide que leur célibat laisseroit dans la génération, ne seroit rien, auprès du désordre que produiroit toute innovation contraire.

On a vu plusieurs fois la population fleurir dans un État au milieu d'un grand nombre de prêtres célibataires. La Phrygie étoit sans contredit beaucoup plus peuplée qu'elle ne l'est aujourd'hui, lorsque les prêtres de Cybèle se mutiloient ; et la population de la Syrie ne laissa pas d'être considérable, au moment même que ses prêtres faisoient les mêmes sacrifices, dans un pays où l'on adoroit le symbole du dieu des jardins. Il y a dans la Chine un million de bonzes voués au célibat ; et cependant la population de la Chine surpasse celle de toute l'Europe.

Ne cherchons donc point à détourner les ministres des autels du sacrifice qu'ils offrent à l'Etre-Suprême ; et ne desirons d'autre réforme que celle qui aura pour objet leur nombre et leurs richesses.

Nos augustes législateurs ont connu cette vérité ; ils acheveront, je l'espère, la réforme qu'ils ont commencée. Mais après l'avoir établie dans le sacerdoce, ou, pour mieux dire, dans la nature de ses revenus, il leur reste encore beaucoup à faire. Ils doivent se réformer eux-mêmes, s'ils veulent que la population fleurisse dans leurs Etats. L'état actuel des richesses et des domaines du sacerdoce en Italie, la font languir, et l'empêchent de prospérer : mais les droits excessifs, les impôts insupportables, la violence avec laquelle on les exige, l'anéantissent en détail.

CHAPITRE VI.

Droits excessifs ; impôts insupportables ; manière violente de les percevoir. Quatrième obstacle à la population (1).

Comme la société a des avantages auxquels chacun de ses membres doit participer ; de même elle a ses charges, dont il est juste que chacun supporte sa part. Cependant cette contribution, que tous les individus de la société sont obligés de payer, doit être proportionnée aux forces de chacun d'eux et

___

(1) Peut-être n'oserois-je écrire sur ce sujet, si je n'avois pas le bonheur de vivre dans un pays où le plus humain des rois et les ministres les plus zélés pour le bien public réunissent tous leurs efforts pour délivrer l'Etat des anciens fléaux qu'une domination étrangère et une ancienne anarchie y avoient introduits. Cette réforme ne peut s'opérer que lentement. Quelques crépuscules consolans nous annoncent que l'aurore de nos beaux jours n'est pas très-éloignée : déjà le mouvement se communique de toutes parts. Nous sommes dans un état de crise, mais ses symptômes, loin de nous inquiéter, doivent nous donner l'espoir qu'enfin le tems approche où nos maux disparoîtront. Puisse la providence conserver les jours de celui qui doit y remédier !

aux avantages qu'il en reçoit. Sans cette proportion, l'ordre social seroit le pire de tous les états.

D'après ces principes, que la philosophie, moins puissante que l'intérêt, a vainement établis comme les premiers dogmes de la morale des gouvernemens, que dirons-nous de l'état actuel des impôts chez la plus grande partie des nations de l'Europe ? où trouverons-nous aujourd'hui cette proportion si nécessaire entre ce qu'on donne et ce qu'on reçoit ; entre l'impôt qu'on exige et la fortune de celui qui le paie ? dans quel tems les hommes donnèrent-ils plus à la société, et en reçurent-ils moins ? Écoutez les clameurs des peuples ; voyez la misère de toutes les provinces, dévastées à-la-fois, et par la multiplicité des impôts, et par les violences atroces de la perception. Des taxes, des capitations, des impôts de toute espèce sur les fonds, sur les productions, sur les matières, sur les manufactures ; des droits d'entrée, des droits de sortie, des droits de transport, des droits de fourrages, des droits de passages, etc. Je ne finirois pas, si je voulois compter toutes les bouches de cette hydre épouvantable, connue sous le nom général de *fiscalité*.

Après avoir esquissé ce tableau de l'état

actuel des contributions chez la plupart des nations de l'Europe, je passe à l'examen des effets. *Si la mesure de la subsistance est la mesure de la population*, comment celle-ci-pourra-t-elle faire des progrès en Europe, tant qu'on verra le citoyen retrancher de sa propre subsistance ce que l'Etat exige de lui ; tant qu'on verra un malheureux père de famille forcé d'arracher le pain de la bouche de ses enfans pour satisfaire un fermier ou un receveur du fisc, qui, armé par le gouvernement, va répandant la désolation dans l'Etat ? Combien de fois le propriétaire ne s'est-il pas vu dans l'impossibilité de semer sa terre, parce que la portion de froment qu'il avoit, avec tant de peine, conservée pour la reproduction, lui a été enlevée par l'homme du fisc ? Combien de fois la cabane du pauvre cultivateur n'a-t-elle pas vu le porteur de contraintes y venir donner le spectacle de l'avidité, de l'injustice et de la férocité ? Si l'infortuné qui l'habite n'a pas de quoi payer, en vain il oppose l'exception de la nécessité à la disposition de la loi, en vain il s'efforce de justifier son défaut de moyens par le grand nombre d'enfans dont il est chargé, par l'accroissement des besoins, par la diminution des forces : tout est inutile. Le fisc veut être payé : la

seule

seule grace qu'on lui accorde, c'est un court délai. Pendant cet intervalle, il redouble de soins et de peines ; il retranche sur sa nourriture ; il condamne ses enfans aux mêmes privations, et laisse à sa femme le soin de vendre tout ce qu'il y a dans sa triste chaumière : ces vils meubles, que la misère avoit laissés au besoin, le lit où il avoit naguère donné un citoyen à l'Etat, cet habit grossier avec lequel il tâchoit de cacher sa misère le jour destiné à assister à la table du seigneur, tout est vendu, jusqu'aux instrumens nécessaires à son travail. C'est ainsi qu'une portion considérable des citoyens de l'Etat satisfait aux charges fiscales : c'est ainsi qu'on paie, dans les campagnes de l'Europe, les bienfaits de la société.

Ce ne sont point là des descriptions poétiques ; ce sont des faits que peut-être les princes seuls ignorent, que les ministres feignent de ne pas savoir, que la politique destructive de quelques courtisans empêche de parvenir jusqu'aux trônes, afin de ne pas en troubler les délices. Ces faits épouvantent la nation qui les a continuellement sous ses yeux ; ils viennent à chaque instant effrayer, dans sa retraite, le philosophe sensible : mais, hélas ! éloigné des palais des rois par un intervalle immense, ce n'est pas lui qui peut y défendre la cause de l'humanité.

Ne nous faisons pas illusion : tant que les impôts resteront au point où ils sont maintenant ; tant que la portion que les citoyens sont obligés de donner au souverain, absorbera le produit des terres et le revenu du travail ; ou tant que celle qui reste après la contribution, ne suffira pas pour assurer la subsistance du cultivateur et de l'artisan, la population de l'Europe n'avancera pas ; elle reculera plutôt, puisque la population est subordonnée aux moyens de subsistance. Soyons bien persuadés de ces vérités : partout où un homme et une femme ont de quoi subsister sans peine, l'espèce se multiplie ; par-tout où cette ressource manque, l'espèce diminue. La nature et l'aisance sont aussi puissantes pour engager les hommes à se reproduire, que la misère et l'oppression, pour faire naître en eux le desir contraire. Celles-là peuplent les marais de la Hollande et les campagnes fertiles de la Pensilvanie : celles-ci inspirèrent, au rapport de Drake, à quelques peuples de l'Amérique, l'exécrable vœu de n'avoir aucun commerce avec leurs femmes, pour ne pas multiplier les victimes de l'avidité du conquérant. Cette funeste conjuration contre la nature et contre le plus doux de ses plaisirs, l'unique événement de cette espèce que l'histoire ait transmis au souvenir des hommes, on la lira peut-être un jour aussi dans les annales de l'Europe, si la modération des princes qui nous gouvernent aujourd'hui, ne les invite pas enfin à nous soulager d'un poids qui excède nos forces, et qu'on n'a porté jusqu'à présent qu'aux dépens de la population.

C'est donc une opération bien nécessaire en Europe que la réforme du systême actuel des impôts. Il en est de même de la nature des contributions et de la manière de les percevoir.

Je traiterai cette matière intéressante dans le livre où la théorie des impôts doit être examinée en particulier. Je me borne ici à prévenir une objection qu'on pourroit me faire. Il me semble déjà entendre quelqu'un me dire : « C'est un mal nécessaire ; les besoins des Etats sont si grands, que toutes ces contributions ne suffisent pas même pour y pourvoir. Les dettes de la plupart des nations en sont une preuve : comment donc les diminuer » ? Funeste raisonnement, tiré d'une supposition fausse ! Quels sont, je le demande, ces besoins de l'Etat, si grands, si pressans, que, pour y pourvoir, des contributions insupportables deviennent un mal nécessaire? Peut-on appeler besoin de l'Etat, une guerre entreprise pour la conquête d'une province sur laquelle on réclame quelques droits anciens, appuyés sur quelques anciennes usurpations? Peut-on appeler besoin de l'Etat tout ce qu'on dépense pour donner aux trônes un éclat plus éblouissant, pour alimenter les vices et la mollesse d'une foule de courtisans avides et fastueux? Ne seroit-il pas plus utile pour les nations qu'il y eût moins d'esclaves et plus de citoyens, moins de flatteurs et plus de philosophes? Répandre les trésors de la société et le fruit des sueurs du peuple sur quelques hommes qui, bien loin de les servir, ne sont ordinairement que l'instrument de la ruine publique; n'est-ce pas commettre un vol, une injustice, *un péculat*, avec la main même qui devroit le punir? Un souverain, en comblant de dons et de richesses un indigne ministre, un vil adulateur qui lui cache ses défauts, un favori qui le trahit, ne force-t-il pas son peuple d'honorer et de payer les flatteries, les fraudes, les trahisons, les mauvais conseils, les vices et les folies qui réduisent ce peuple à la misère? Peut-on enfin appeler besoin de l'Etat, l'entretien de cent mille combattans qui nous offrent le spectacle de la guerre jusque dans le sein de la paix, et

qui, au lieu de défendre la nation, la dé-
peuplent par leur célibat et par leurs vices,
par leur consommation infructueuse, et par
la misère à laquelle les peuples sont condamnés, afin de pourvoir à leur entretien?
L'Etat est accablé ; la nation se dépeuple
pour alimenter tant de fléaux de la population ; et l'on nomme cela les besoins de
l'Etat ! Les peuples seroient-ils moins en
sûreté, les nations seroient-elles moins tran-
quilles, si l'on rétablissoit le systême militaire des anciens ? C'est ce que je vais examiner dans le chapitre suivant, où je démontrerai que l'état actuel des troupes de
l'Europe est un des plus puissans obstacles à
la population.

CHAPITRE VII.

Etat actuel des troupes de l'Europe. Cinquième obstacle à la population.

Un million deux cent mille hommes composent l'état ordinaire des troupes de l'Europe, lorsque la paix règne parmi les nations (1). Voilà un million deux cent mille hommes destinés à dépeupler l'Europe par les armes en tems de guerre, et par le célibat en tems de paix. Ils sont pauvres, et ils appauvrissent les Etats; ils défendent mal les nations au dehors, et les oppriment au dedans. Nous entretenons plus de troupes pendant la paix, que n'en entretenoient les plus fameux conquérans, lorsqu'ils faisoient la guerre à toutes les nations du monde. Les peuples sont-ils pour cela plus en sûreté? les frontières des nations sont-elles mieux défendues? Non, sans doute. Chaque prince a augmenté ses troupes à proportion que ses voisins ont augmenté les leurs. Les forces ont conservé l'équilibre dans lequel elles étoient

____

(1) Outre les troupes de mer. V. *les états militaires de l'Europe.*

auparavant. Un Etat à qui dix mille hommes
suffisoient pour se défendre, est obligé maintenant d'en avoir le double, parce que la
force de l'Etat contre lequel il veut se garantir, s'est accrue de ce nombre. Les avantages de cette plus grande sûreté, qu'on
recherchoit avec tant de peine, sont donc
réduits à rien ; l'excès ne se retrouve que
dans la dépopulation et dans les dépenses.

Ce système militaire n'étoit point celui des
anciens. Ni la Grèce, qui subjugua toutes
les armées de l'Asie ; ni Rome, tant qu'elle
fut libre (1); ni Philippe, ni Alexandre,

---

(1) La garde prétorienne fut le premier corps de
troupes oisives qu'on connut chez les Romains : cet
abus ne s'introduisit que dans la décadence de la République et de la liberté ; et nous savons combien il
en hâta la ruine. Dans l'origine, leur nombre fut de
9 à 10 mille. Vitellius le porta jusqu'à 16, et sous
l'Empereur Sévère il alla jusqu'à 50. Voyez Juste
Lipse, *de magnitudine romana*, liv. 1, chap. 4. Hérodien, liv. 3, p. 131. Auguste ne laissa dans la capitale que trois cohortes de ces gardes ; mais Tibère
appela près de lui le corps entier : résolution fatale,
qui décida du sort de l'univers, et fit disparoître
jusqu'à l'ombre de la liberté. Voyez Tacite (*Annal.*
lib. 4, chap. 2) Suétone (*vie d'Auguste*, chap. 37).

On ne pouvoit donner le nom de troupes oisives
aux légions des provinces. On sait qu'elles n'habitoient pas dans les villes, mais qu'elles restoient

qui, marchant à la tête de leurs phalanges,
furent par-tout accompagnés de la victoire;
ni Attila, ni les Barbares, qui renversèrent
l'empire Romain ; ni les Germains , qui
triomphèrent de Varus et de ses légions ; ni
Timur-Beg, ni Gengiskan, qui, sorti du
fond de la Corée, subjugua la moitié de la
Chine , la moitié de l'Indostan, presque
toute la Perse jusqu'à l'Euphrate, les frontières de la Russie, Casan, Astracan, et
toute la grande Tartarie ; ni Charlemagne,
qui combattit contre toute l'Europe conju-
rée, pour étendre les limites de sa monarchie
et fonder celle des papes ; en un mot, aucun
de ces peuples guerriers, aucun de ces illustres
conquérans n'eut jamais l'idée de conserver,
en tems de paix, cette armée qu'il avoit
opposée à l'ennemi pendant la guerre. Le
citoyen devenoit soldat lorsque le besoin
l'exigeoit ; il cessoit de l'être lorsque le besoin cessoit (1). Ce système militaire, adop-

---

toujours campées, et qu'elles étoient sans cesse en
mouvement, soit pour de nouvelles conquêtes, soit
pour se conserver un domaine toujours contesté, et
qui entretenoit les vaincus dans une guerre sourde,
mais continuelle.

(1) Les nations anciennes étoient plus libres que
les modernes, parce qu'elles étoient armées. Tout
citoyen étoit soldat, le camp étoit sa ville ; il portoit

té dans tous les siècles et chez toutes les nations, fut pour la première fois, depuis l'exemple fatal des tyrans de Rome, changé en France sous le règne de Charles VII. Ce

---

le fer qui assuroit sa liberté. C'étoit ordinairement à ses propres dépens qu'il défendoit son pays. Dans les beaux jours de Rome, l'usage des armes étoit réservé à cette classe de citoyens qui devoient nécessairement s'intéresser au sort de la patrie, et qui avoient un patrimoine à défendre. Denis d'Halicarnasse (liv. 4, chap. premier) nous assure que le plus pauvre soldat Romain, qui portât les armes à cette époque, possédoit plus de 900 livres, somme très-considérable, dans un tems où le numéraire étoit si rare.

Dans les républiques de la Grèce, aucun citoyen ne pouvoit se dispenser d'aller à la guerre, à l'exception de celui que la loi privoit de cet honneur, ou qui en étoit exempté par un privilége accordé à son âge, ou par quelque autre prérogative. S'il refusoit d'y aller, on lui ôtoit tous ses droits de citoyen. (Voyez Eschine, *in Ciepsiphont.* et Démosthène, *in Timocrat.*) Ainsi que les premiers Romains, ils marchoient toujours à leurs dépens.

Les Cariens furent les premiers d'entre les Grecs qui servirent pour de l'argent. Cela les rendit si méprisables dans ces tems d'héroisme et de liberté, que dans l'ancienne langue des Grecs Καρες et *Mancipia* étoient synonymes. Ce fut Periclès qui le premier introduisit chez les Athéniens la coutume de payer le soldat pendant la guerre. (Voyez Potter. *Archæologiæ græcæ,* lib. 14, cap. 11.)

prince, profitant du crédit que lui avoient fait acquérir ses victoires sur les Anglais, et se servant habilement des impressions de terreur que ces redoutables ennemis avoient gravées dans l'ame de ses sujets, fit réussir une entreprise que ses prédécesseurs n'avoient pas même osé tenter. Sous le prétexte d'avoir toujours quelques forces sur pied pour se défendre des incursions imprévues que les Anglais auroient pu faire dans ses Etats, en congédiant ses autres troupes, il se réserva neuf mille hommes de cavalerie et seize mille d'infanterie (1).

Cette innovation, qui porta le premier coup à la liberté civile des Français, fut la cause d'une révolution universelle dans le système militaire du reste de l'Europe. Alors chaque prince crut être obligé de se tenir en défense contre une nation toujours armée. Au lieu de se réunir tous contre celui qui s'étoit mis dans un état de guerre perpétuelle ; au lieu de forcer Charles VII à licencier les troupes qu'il s'étoit réservées, chacun s'empressa de suivre son exemple. Le système d'entretenir une armée sur pied fut aussitôt adopté dans toutes les nations de l'Europe. Chaque peuple s'arma, non

____

(1) Hist. de Ch. V, tom. 1, introduct.

pour être en guerre, mais pour vivre en paix.

Ce désordre, né dans la France, s'accrut ensuite dans la France même; puis, par contre-coup, dans le reste de l'Europe. Nous devons à Louis XIV cette excessive multiplication de troupes, qui, comme on l'a déjà dit, nous offrent le spectacle de la guerre, au milieu de la paix la plus profonde, et qui ont fait de presque toute l'Europe un quartier d'hiver, où le soldat fourrage, reste dans l'inertie, et consomme.

Pour entretenir ce corps inutile, l'Europe est opprimée, et la population languit. On épuise les subsistances des peuples, pour alimenter un million deux cent mille célibataires qu'il faut renouveler sans cesse avec d'autres célibataires qu'on enlève à la multiplication de l'espèce. N'est-ce pas là une *antropophagie* monstrueuse, qui dévore dans chaque génération une portion du genre humain? On ne cesse de déclamer contre le célibat des prêtres; cependant, parmi les prêtres, il y en a de vieux et d'inutiles à la population, et l'on voit ensuite avec indifférence le célibat de cette multitude d'hommes qui sont l'élite de la jeunesse et l'ame de la reproduction. Mais tant que le système militaire de l'Europe subsistera dans l'état où il est aujourd'hui, le célibat des troupes sera un mal nécessaire.

Le tems n'est plus où les seuls vassaux, les seuls propriétaires des terres faisoient à leurs dépens le service militaire. Aujourd'hui les troupes ne sont composées que de mercenaires qui n'ont d'autre fortune qu'une solde à peine suffisante pour leur entretien. Qui est-ce qui nourriroit leurs femmes et leurs enfans ? Puisque ce n'est pas tant encore le célibat des troupes qui empêche les progrès de la population, que la misère occasionnée dans l'État par leur entretien ; cet obstacle, au lieu de diminuer, ne feroit que s'accroître, si, pour mettre le soldat en état de se marier, on augmentoit sa paie.

Les troupes ne pourront donc cesser d'être célibataires, tant qu'elles seront mercenaires ; et elles seront mercenaires, tant qu'elles seront continuellement sur pied. Ne seroit-il pas possible qu'un législateur vînt à bout de remédier à ces maux ? ne pourroit-il pas, dans l'état actuel des choses, rétablir en quelque sorte le systême militaire des anciens, sans faire courir aucun risque à sa nation ? Examinons cet objet.

Projet de réforme dans le systême militaire actuel.

Ce n'est point une digression inutile ou étrangère au sujet qui va m'occuper : je perdrois mon tems , et je ne serois qu'un vain déclamateur , si , parlant des maux qui nous accablent , je laissois à d'autres le soin de chercher les remèdes propres à les détruire. Ce seroit affliger la société, sans lui être utile. Voyons donc quel systême il conviendroit de suivre , pour détruire le double obstacle qu'oppose à la population le systême militaire actuel. Examinons d'abord si ce systême est aujourd'hui nécessaire.

Je ne sais s'il exista jamais un tems où il pût être indispensable , pour la sûreté des peuples , d'entretenir des armées sur pied. L'établissement trop récent de cette perpétuité des troupes, m'en fait douter. Ce qu'il y a de très-certain, c'est que, s'il a jamais existé un tems où cela ait été nécessaire , le nôtre n'est point dans ce cas. Aujourd'hui , que la communication des peuples est universelle , que les princes marchent environnés de tant d'yeux étrangers, qu'une nation ne peut armer un bâtiment de guerre , sans que dans peu de jours toute l'Europe en soit informée ; nous n'avons à craindre ni des incursions subites, ni des guerres imprévues ; et il est inutile de chercher à s'en garantir. Cette espèce de terreur panique ne peut donc autoriser aujourd'hui l'usage des armées sur pied.

On le justifiera beaucoup moins par l'avantage qui en résulte pour la tranquillité intérieure de l'Etat. Ce n'est point une soldatesque effrénée, toujours prête à soutenir des rebelles, lorsque l'oppression armera le citoyen contre le souverain, que l'on doit regarder comme un garant bien sûr de cette tranquillité. La justice et l'humanité des princes, voilà le seul bouclier que l'on puisse opposer aux fureurs du peuple, voilà le vrai soutien des trônes, et la seule arme dont les gouvernemens doivent se servir. La soldatesque, disoit *Antonin*, est inutile à un prince qui fait connoître à ses peuples qu'en lui obéissant, ils obéissent à la justice et aux lois (1).

Que l'on rende les nations heureuses, alors un esprit séditieux ne trouvera point de partisans, et si par hasard il en trouve, tout le

---

(1) Voyez Hérodien, Vie d'Antonin.

Non exercitus, neque thesauri regni præsidia sunt ; verum amici quos neque armis cogere, neque auro parari queat, officio et fide parantur. **Sallust.**

peuple s'armera contre lui, et il deviendra
la victime de l'indignation publique. Pourquoi donc élever une digue contre un torrent
qui ne peut être dangereux ? N'est-il pas plus
utile d'engager les princes à être justes et
humains pour leur propre intérêt, comme
ils le sont aujourd'hui par leurs vertus seules ?
Sans la garde prétorienne, Tibère auroit-il
proscrit la moitié des Romains ? Caligula
auroit-il réduit ses sujets à regretter Tibère ?
auroit-il fait pâlir le sénat ? C'est un abus
bien exécrable de la politique et de l'autorité, que de chercher un moyen d'assurer
les oppressions. Je laisse à Machiavel le soin
d'en discuter les avantages et les dangers.
Un tel examen, s'il n'étoit fait d'une manière équivoque, flétriroit à jamais la mémoire de cet écrivain. Mon but est d'assurer
la félicité des peuples, et non les oppressions
d'un despote. Un prince toujours armé peut
devenir, quand il lui plaît, le maître absolu
d'un peuple désarmé. Mais est-ce bien le véritable intérêt d'un prince ? Une expérience
aussi ancienne que la société même ne nous
a-t-elle pas fait voir que cet empire absolu,
cette autorité sans bornes, à laquelle tant
de rois sont parvenus, ou se sont efforcés
de parvenir ; cette toute puissance despo-
tique que l'ambition d'un ministre offre au

prince comme le but de la souveraineté, que l'adulation lui montre comme un droit incontestable, que la superstition sanctifie et place sur le trône au nom des dieux, que la stupidité des peuples dégradés a quelquefois encensée et défendue, n'est autre chose qu'une épée à deux tranchans, toujours prête à blesser la main de celui qui s'en saisit.

Auguste, environné de ses cohortes prétoriennes, et persuadé de la fidélité de ses légions, trouvoit néanmoins, dans l'étendue de son pouvoir, la source éternelle de ses frayeurs : il savoit que si ses troupes pouvoient le faire triompher des efforts impuissans d'une révolte ouverte, elles ne pouvoient de même le garantir du poignard d'un républicain déterminé. Il savoit que les Romains, encore pénétrés de vénération pour la mémoire de Brutus, auroient loué le premier citoyen qui eût imité son exemple. Ce ne fut que dans la diminution apparente de son pouvoir, qu'il chercha la sauve-garde de sa sûreté. Son intérêt seul l'avoit rendu d'abord l'ennemi de la république ; cet intérêt le porta ensuite à s'en déclarer le père.

Non, il n'y a, il ne peut y avoir de sûreté pour les princes, que dans la vertu, dans l'amour des peuples, dans la modération du
gouvernement

gouvernement, et dans la sagesse des lois (1). Le tyran est donc le seul homme qui ait besoin d'une troupe dont les bras puissent le défendre contre un peuple toujours irrité et toujours opprimé. Mais qui le défendra contre ses propres défenseurs ? Il faut qu'il en soit ou l'esclave ou la victime : il n'est maître que du choix. Pour être respecté de ses sujets, il faut qu'il respecte lui-même ses gardes. Il dépend de leur caprice de le faire révérer comme un Dieu, ou de le mettre en pièces comme un malfaiteur. L'exemple des maîtres de Rome en est une preuve. Leurs statues étoient adorées. L'adulation et la crainte leur rendoient les honneurs divins. Mais bientôt on brisoit les statues ; la divinité disparoissoit et l'adoration se changeoit en mépris, dès que le poignard avoit fait cesser la crainte publique. La même garde prétorienne, qui faisoit adorer le tyran, le faisoit fouler aux pieds toutes les fois qu'il cessoit de lui plaire. Devenue le seul soutien du trône, elle l'ensanglanta plus souvent qu'elle ne le défendit. Avec son secours, le tyran renversoit les lois, écrasoit le sénat et le peuple ; mais à la fin il étoit immolé par

---

(1) *Qui duro sceptra sævus imperio regit, timet, timentes ; motus in auctorem redit.* (Senec.)

Tome II.   F

elle-même. Sous ses auspices, il faisoit trembler tout le monde, mais il trembloit lui-même à la vue de pareils défenseurs. Il étoit en même tems, au gré des cohortes prétoriennes, l'objet le plus vil ou le plus respecté. Les statues, les médailles, les apothéoses appartenoient donc aux cohortes, et non au fantôme qui les obtenoit.

Vainement, pour soutenir le système des armées sur pied, allégueroit-on les avantages que des corps disciplinés et bien instruits peuvent avoir dans la guerre sur une troupe de citoyens qui n'ont laissé la houe et la charrue que peu de jours avant une bataille ; ces avantages ne sont que trop compensés par la mollesse que l'oisiveté des garnisons inspire au soldat. Deux ou trois mois d'exercice et de manœuvres suffiront pour former à la guerre un cultivateur robuste et endurci au travail, tandis que trois semaines de fatigue détruiront dans un seule campagne, des légions entières de soldats agiles et disciplinés, qui ne sont point accoutumés à la fatigue et à la rigueur des saisons (1).

____

(1) En Suède, où tout soldat est cultivateur, où il vit des productions de ce champ, appelé *Bostell*, que le gouvernement lui donne pour se nourrir, en Suède, dis-je, le soldat n'est pas moins aguerri

Mais que dirons-nous du courage ? Je crois que ce sentiment, qui naît de la connoissance de sa propre force, peut animer tous les cœurs ; mais je pense aussi que le soldat

----

qu'ailleurs ; mais il est plus robuste et plus en état de supporter les fatigues de la guerre. A l'exception de dix régimens étrangers, le reste des troupes de ce pays, qui monte à quatre-vingt-quatre mille hommes, est entretenu de cette manière. L'Etat en a retiré un double profit, puisque ce corps., en même tems qu'il rend la nation respectable, cultive une étendue immense de terres qui , jusqu'à l'époque de cette sage institution, étoient restées incultes.

Probus s'est rendu célèbre à jamais dans les fastes de Rome, pour avoir conservé la discipline des troupes qui lui furent confiées , en les occupant aux travaux de la campagne. Il les exerça à couvrir de vignes les côteaux fertiles de la Gaule et de la Pannonie. Il défricha des terrains stériles, dessécha des marais, et les convertit en riches pâturages. Voyez *Aurel. vict. in Prob.*

Probus ne fut pas le seul d'entre les Romains qui connut les avantages de ce systême : les mains victorieuses des soldats de Rome se consacrèrent souvent à des travaux publics, dans des pays dont leur valeur les avoit rendus maîtres.

C'est un reste de l'ancien esprit des peuples barbares, dont nous descendons , de croire que l'homme de guerre doit ou combattre , ou rester dans l'oisiveté.

mercenaire, affoibli par l'oisiveté, en sera toujours moins susceptible que le cultivateur robuste. Toute l'histoire offre des preuves de cette vérité. Nous-mêmes, nous en avons un témoignage domestique, que nous a fourni la dernière guerre contre la maison d'Autriche, soutenue avec tant de gloire par l'auguste père de notre souverain, pour la défense de ces royaumes. Ceux qui résistèrent avec le plus de courage à l'ennemi, ceux qui osèrent les premiers s'exposer et se sacrifier pour la patrie, ce furent les régimens provinciaux, composés de paysans, tirés de la charrue peu de semaines avant l'action. Je ne sais pas si ces mêmes régimens, accoutumés maintenant aux mouvemens ridicules de la tactique moderne, montreroient aujourd'hui le même courage.

La misère de l'Etat et les obstacles qu'oppose à la population l'incontinence publique, fomentée par le célibat et l'oisiveté des soldats; tous ces effets funestes de la perpétuité des troupes l'emportent de beaucoup sur les avantages que cette perpétuité peut produire, relativement à la sûreté intérieure et extérieure des nations. Voyons maintenant si l'on éviteroit ces maux, et si l'on se procureroit ces avantages avec un système militaire tout-à-fait différent.

Une nation, quelque pauvre qu'elle fût, pourroit avoir trois cent mille combattans toujours prêts à la défendre ; s'ils ne cessoient point, en tems de paix, d'être cultivateurs, artisans, citoyens libres, et pères. Quelques exemptions , quelques prérogatives , par exemple, un droit exclusif de port d'armes, une préférence dans la distribution de ces charges qui n'exigent que de l'honneur et de la fidélité de la part de ceux qui doivent les exercer ; pourroient mettre le gouvernement en état de choisir parmi ces citoyens les hommes les plus propres à défendre la nation en tems de guerre, et à la faire respecter en tems de paix. Les citoyens s'empresseroient à l'envi de se faire inscrire dans le registre militaire, si l'obligation du soldat se bornoit à défendre la patrie en tems de guerre. Tout avantage, quelque petit qu'on le suppose, est un dédommagement suffisant pour un péril incertain et éloigné. Les troupes ne seroient point alors composées de mercenaires et de malfaiteurs échappés aux rigueurs de la justice : alors ce ne seroit plus une honte d'être soldat. Pendant la guerre, les désertions seroient plus rares, parce qu'un citoyen qui possède quelque propriété, qui a une femme et des enfans, n'abandonne pas aussi volontiers son poste, qu'un mercenaire qui trouve toujours du profit à revendre sa personne à un autre prince, et qui ne perd rien en perdant sa patrie.

Avec ce systême on éviteroit encore un autre désordre. Comme d'après la manière dont la guerre se fait aujourd'hui, aucune nation ne peut conserver une armée assez nombreuse pour qu'il soit possible de résister à l'ennemi, sans avoir besoin de faire de nouvelles levées ; aussitôt qu'on est menacé d'une guerre, on a recours à la violence. Quel triste spectacle ! quel présage funeste ! Ces citoyens, qui n'ont pu se cacher, qui n'ont pu fuir, ou se soustraire, à l'aide de quelques priviléges ou avec de l'argent, à des levées aussi despotiques, sont garrottés et traînés devant un subdélégué dont les fonctions sont toujours odieuses, et les sentimens de probité toujours suspects au peuple. Les parens de ces malheureux les accompagnent ; ils remettent en tremblant au subdélégué les noms de leurs enfans, et attendent la décision du sort. Alors un billet noir sort de l'urne fatale, et marque les victimes que le prince sacrifie à la guerre. Cette cérémonie, accompagnée des larmes des pères, du désespoir des mères, des sanglots des épouses ; quel courage peut-elle inspirer à ces nouveaux combattans, à qui tout annonce une mort certaine?

Non, ce n'est point à ce prix qu'on achète les vrais soldats; ce n'étoit pas ainsi que les peuples du Nord, qui ravagèrent l'Europe, étoient appelés pour aller à la guerre. Les Halains, les Huns, les Gépides, les Turcs, les Goths, les Francs étoient tous les compagnons, non les esclaves, de leurs chefs barbares. Un appareil aussi triste et aussi lugubre ne précédoit point alors les horreurs du combat, et sans doute la guerre ne commenceroit pas aujourd'hui sous d'aussi terribles auspices, si les soldats s'obligeoient volontairement à défendre la patrie, si l'on n'usoit contre eux d'aucune violence, et si le sort ne fixoit point leur destinée.

Enfin ces cultivateurs, ces artisans, ces propriétaires, ces soldats libres pourroient aussi être formés aux évolutions militaires: avant d'être enrôlés, ils recevroient une instruction convenable. Pendant ce court espace de tems ils seroient nourris aux dépens de l'Etat. On pourroit ensuite faire tous les deux ou trois ans une revue générale. Les inspecteurs commis à cet effet par le gouvernement, feroient alors une tournée dans les provinces, et parcourroient chaque pays, pour examiner les soldats qui s'y trouvent, et leur rappeler les exercices qu'on leur auroit enseignés. La présence continuelle des officiers, tous choisis dans le nombre des plus nobles et des plus riches propriétaires de chaque pays, offriroit aux soldats les moyens d'être exercés les jours de fête, et ces officiers ne manqueroient pas de prendre ce soin, même en offrant des prix à leur émulation, afin de prouver leur zèle au prince, qui récompenseroit leur vigilance avec une monnoie inappréciable, l'honneur. Alors ceux-ci, sans dissiper leurs revenus au milieu des vices et de l'oisiveté des garnisons, serviroient le souverain, sans abandonner leurs terres, qui seroient améliorées par leur présence habituelle.

Enfin dans les pays de frontières, dans les places d'armes, la garnison pourroit être suppléée par une garde bourgeoise, qu'on changeroit tous les jours, et deux régimens suffiroient pour garder la personne sacrée du prince.

C'est ainsi que, sans surcharger les peuples et sans arrêter les progrès de la population, on pourroit pourvoir à leur sureté au dehors et à leur tranquillité au dedans.

Je sens que ce projet est informe ; mais dans l'exécution, les gouvernemens, beaucoup mieux instruits que moi sur les besoins des Etats, suppléeroient à ce que j'ai négligé de proposer.

Qui sait si un jour la modération des princes n'exaucera pas les vœux d'un politique obscur, en entreprenant une réforme qui pourroit faire changer de face à l'Europe? désir plein de justice et d'humanité, qui ne laisse aucun remords à l'ame qui l'a conçu! Faudra-t-il, j'ose le dire avec un écrivain célèbre, faudra-t-il que les soupirs de l'homme vertueux, pour la prospérité des nations, soient toujours vains, tandis que ceux de l'ambitieux et de l'insensé sont si souvent satisfaits et secondés par le sort? Non, les trônes ne sont plus inaccessibles aux progrès des connoissances utiles. La politique, éclairée par la raison, a commencé, ce me semble, à faire connoître aux princes que la félicité des peuples doit seule régler l'exercice de l'autorité. Ils savent que la force est l'instrument de celui qui veut régner sur une nation d'esclaves, mais que les bonnes lois, la modération, la douceur sont les seules chaînes qui unissent les vrais citoyens au Souverain.

Il paroît que l'expérience commence à les convaincre qu'il est inutile de tenir tant de bras toujours levés sur la tête des peuples, puisque, si leurs sujets tremblent devant leurs

troupes, leurs troupes fuient devant l'ennemi.
Malgré les prestiges de l'opinion et de l'erreur, ils sont forcés d'avouer que, dans une
nation qui ne seroit pas opprimée, tous les
citoyens deviendroient soldats lorsque le
besoin l'exigeroit ; que ces soldats seroient
autant de Spartiates, autant d'Athéniens,
autant de Romains, intéressés comme eux à
la défense de la patrie ; qu'alors l'ennemi ne
gagneroit rien en gagnant une bataille, parce
qu'il trouveroit toujours une résistance nouvelle, tant qu'il trouveroit de nouveaux citoyens à combattre (1) ; qu'alors les guerres
seroient rares et justes, et les victoires honorables ; qu'alors les triomphes seroient purs ;
qu'ils ne seroient point accompagnés des soupirs des malheureux qui ont payé, par la perte
de leurs parens ou par le sacrifice de leur subsistance, la gloire et les usurpations de l'ambitieux qui les a trahis ; qu'alors les béné-

____

(1) La conquête des Gaules coûta dix ans de fatigues, de victoires, de négociations à César, et n'e
coûta, pour ainsi dire, qu'un jour à Clovis, à la tête
d'une poignée de Francs. Clovis, âgé de 15 à 16
ans, étoit-il plus grand général que César ? les Francs
étoient-ils plus vaillans que les Romains ? Non.
César avoit à combattre contre des peuples qui
avoient toujours été libres ou heureux, et Clovis
trouva les Gaules opprimées et asservies depuis plus
de cinq siècles : voilà toute la différence.

dictions du peuple seroient les chants de victoire qui annonceroient le passage du héros qui a sauvé la patrie; qu'alors on pourroit, sans offenser la divinité, l'appeler le Dieu bienfaisant, le Dieu des armées; qu'alors enfin les ministres des autels pourroient, sans frémir, le supplier de bénir leurs bannières.

La certitude de ces principes, aujourd'hui répandus dans les palais des rois; les progrès glorieux que commence à faire la liberté chez le peuple même qui le premier introduisit le système des armées sur pied, et qui le premier en éprouva les funestes effets; le zéle des écrivains qui s'efforcent à l'envi d'éclairer les princes, et de les prévenir contre les séductions de leurs ambitieux ministres, et, plus que tout cela, l'évidence de la vérité, me font espérer qu'un jour on entreprendra la réforme dont je viens de parler. La nation, qui sera la première à l'exécuter, sera la première à en ressentir les avantages. En réformant ses troupes de terre, elle se mettra en état de mieux protéger la mer, ce territoire commun de toutes les nations, sur lequel elles ont des droits égaux, mais dont la souveraineté, par l'effet de la force, est concentrée dans un petit nombre d'Etats, ce territoire qui rend tous les peuples voisins, et qui les expose à tous les dangers comme à tous les avantages des pays limitrophes, ce territoire enfin sur lequel chaque peuple devroit entretenir quelques forces capables de conserver la liberté générale, seule et unique loi qu'une nation ait le droit de donner aux autres.

Il seroit d'abord à propos que la marine militaire remplaçât les grandes armées de terre. Celles-ci, comme nous l'avons fait voir, causent la misère des peuples sans les défendre, et celle-là les défend, non-seulement sans les appauvrir, mais en les enrichissant. Ce n'est point le tems de parler de tous les avantages qui résulteroient pour une nation, des progrès de la marine militaire : je pourrois aussi démontrer comment la population elle-même y gagneroit : mais je serois trop long, si je voulois offrir en détail le tableau de tous ces avantages. Je me contente ici d'avoir rapidement exposé cette vérité.

Il est donc évident que la réforme des troupes sur pied, sans compromettre la sûreté de la nation, enleveroit deux grands obstacles à la population, le célibat des soldats, et le célibat que leur entretien fait naître dans les autres classes de citoyens. En détruisant ces deux sources de maux, on détruiroit encore un autre vice politique, qui ne nuit pas moins au progrès de la population, et dont l'activité est toujours relative au nombre des célibataires et à la misère nationale. Ce vice est l'incontinence publique.

CHAPITRE VIII.

Dernier obstacle à la population : l'incontinence publique.

Réflexion terrible ! les vices et les désordres ont, pour ainsi dire, une filiation réciproque : les uns naissent des autres, et ceux-là donnent une nouvelle énergie à ceux-ci. La misère et le célibat forcé de quelques classes de citoyens, en empêchant les mariages, font naître l'incontinence publique, et l'incontinence publique diminue le nombre des mariages. Où la corruption règne, l'homme ne se soucie pas de s'enchaîner par le mariage, et où il y a beaucoup de pauvres ou de célibataires forcés, là doit régner la corruption. La nature veut être satisfaite ; peu savent la vaincre. Il faut donc avoir une épouse, ou s'abandonner à une femme publique. Les bonnes mœurs nous offrent la première ; la misère et le célibat forcé ne nous laissent que la seconde.

Un citoyen, qui ne peut avoir une femme légitime, trouve dans l'incontinence publique le moyen de se dédommager de cette privation. Les sens sont satisfaits, mais la gé nération reste oisive. Cette maladie, qui d'abord n'attaque que ceux que la misère, ou le gouvernement, ou les lois condamnent au célibat, ne tarde pas ; lorsque le nombre s'en est accru dans la nation, à devenir contagieuse ; elle se communique à toutes les classes de l'Etat.

La corruption devient alors générale, et l'aversion pour le mariage le devient aussi. C'est la volupté qui fait détester au riche le plus doux des liens, c'est la misère qui le fait détester au pauvre. L'artisan aime mieux partager le fruit de ses sueurs avec une femme qu'il peut quitter quand il lui plaît, qu'avec une épouse dont on est bientôt fatigué, lorsqu'on a perdu le goût des plaisirs de l'innocence. Enfin toutes les autres classes des citoyens regardent le mariage comme le tombeau du bonheur et de la liberté. Les plaisirs ne sont rien pour l'homme corrompu : il est incapable d'apprécier cette paisible et secrète satisfaction de deux époux, qui naît de leur union intime, de leur amour réciproque, et des devoirs doux et sacrés qu'ils remplissent en formant l'esprit et le cœur de leurs enfans.

Ces jouissances sont trop simples, trop uniformes, trop délicates pour lui. Les plaisirs grossiers sont les seuls que puissent éprouver des cœurs dépourvus d'honnêteté. Or ce sont ces plaisirs, qu'on appelle aujourd'hui *les grands plaisirs de la vie* dans toutes les nations de l'Europe; où, pour notre malheur, et pour la ruine de la population, cette classe de célibataires, qui ne fait d'autre vœu que celui de s'abstenir du mariage, s'est multipliée à l'infini. C'est là qu'à la honte de notre espèce et de notre siècle, on voit exister un autre vice qui a déjà fait de grands progrès; vice si exécrable, que lorsque j'ai voulu le nommer, la pudeur m'a imposé silence; vice qui dégrade l'humanité, en donnant à un sexe toutes les foiblesses de l'autre, et fait à la nature le plus cruel outrage. Quel vide ne doit pas laisser dans la population cet excès de l'incontinence publique! est-il étonnant que, dans la plupart des nations, sur cent hommes il se fasse à peine un mariage par an (1)? Mais, ce désordre, qui, dans tous les tems, attaqua la population est devenu plus meurtrier que

---

Qu'on lise les calculs de M. Sussmilch : il dit qu'en Hollande, sur 64 personnes l'on compte un mariage. tandis que dans la Suède on en compte un sur, 126; dans la Marche de Brandebourg, dans la Finlande, 1 sur 103; à Berlin, 1 sur 110; en Angleterre, 1 sur 98, 115, 118.

jamais,

jamais, depuis que l'Amérique s'est vengée en quelque sorte de tous les maux que nous lui avons faits. Depuis cette époque, la prostitution dépeuple doublement les nations; en même tems qu'elle éloigne les hommes du mariage, elle frappe ceux qui se livrent à ce vice, d'un fléau destructeur de la fécondité et de la vie, d'un fléau qui, après avoir été la peine du crime, cause encore la mort de l'innocence; et qui, n'épargnant pas même la postérité de celui dont le sang en a été souillé, fait naître une race dégénérée, abatardie, monument de la dépravation et de l'infortune d'un de ses auteurs. Quelle digue le législateur opposera-t-il à ce torrent de l'incontinence publique? imitera-t-il l'exemple de Théodose, qui, pour bannir la prostitution de Rome, ordonna que l'on démolit les maisons de prostitution (1)?

Établir une pareille loi, ce seroit faire d'un pays entier une seule maison de débauche; ce seroit mettre en danger l'honnêteté conjugale, et détruire un mal par un mal encore plus grand.

Le seul moyen d'arrêter les progrès de

____

(1) Voyez l'ouvrage de Zepper, qui a pour titre, *legum Mosaïcarum forensium explanatio*, lib. 4. cap. 18.

l'incontinence publique, c'est d'anéantir, ou du moins d'affoiblir les causes qui la produisent et qui la fomentent. Que le nombre des célibataires diminue, que les lois et le gouvernement, faisant naître dans l'Etat l'aisance générale, permettent à chaque citoyen de se marier ; et vous verrez alors l'incontinence et la prostitution diminuer sensiblement dans la nation, puisque leurs progrès sont toujours, comme nous l'avons fait voir, relatifs au nombre des célibataires et à la misère publique (1).

Nous en avons une preuve de fait dans les anciennes colonies anglo-américaines. Qu'on lise ce qu'en disent le docteur Franklin et l'abbé Raynal, et l'on verra comment un certain bien-être général, réparti sagement par la première distribution des terres et par le cours de l'industrie, y multiplie le nombre des mariages ; et comment tout cela conspire à conserver par-tout les mœurs et l'honnêteté. Le libertinage n'a pas encore paru dans cette heureuse région, où chacun est en état de prendre une compagne. Le libertinage, qui est toujours une suite de la

____

(1) Je parlerai, dans le cours de cet ouvrage, des autres moyens qui dépendent de l'éducation, des mœurs et de la puissance paternelle.

misère, n'a pu encore inspirer à ses heureux habitans le goût de ces jouissances recherchées, de ces plaisirs brutaux, dont l'apprêt et les frais usent et fatiguent tous les ressorts de l'ame, et amènent les vapeurs de la mélancolie après les soupirs de la volupté. Les hommes n'y consument point, dans un célibat vicieux, les plus belles années de la vie. Lorsqu'ils se marient, la longue habitude du vice n'a point émoussé leurs organes ; la sensibilité de leur cœur n'est point énervée par les plaisirs dont ils ont joui ; ils n'apportent point à l'autel sacré de l'amour un cœur indigne de cette adorable divinité. Les femmes sont encore ce qu'elles doivent être, douces, modestes, sensibles et bienfaisantes : elles ont toutes les vertus qui perpétuent l'empire de leurs charmes. C'est dans les bois de la Floride et de la Virginie, dit l'abbé Raynal, c'est dans les forêts même du Canada qu'on peut aimer toute sa vie ce qu'on aima pour la première fois, l'innocence et la vertu, qui ne laissent jamais périr la beauté toute entière.

Tel est l'état des mœurs de l'Amérique. Quel triste parallèle avec celles de l'Europe !

On vient de voir les principaux obstacles

qui s'opposent aux progrès de la population de l'Europe , et les moyens d'y remédier : je crois en avoir assez dit à cet égard. Il est tems de passer à l'autre objet des lois politiques et économiques : il faut parler des richesses.

CHAPITRE IX.

Second objet des lois politiques et économiques. Les richesses.

Il fut un tems où les lois n'avoient d'autre but que de former des héros, et où la pauvreté étoit le premier degré de l'héroïsme. On craignoit les richesses, et c'étoit avec raison, comme nous l'avons observé. Quand les richesses ne sont que le fruit de la conquête et non du travail du cultivateur, de l'artisan et du marchand, elles doivent nécessairement corrompre les peuples, fomenter l'oisiveté, et accélérer la ruine des nations. Ainsi Sparte domina dans la Grèce, tant que les lois de Lycurgue tinrent l'or et l'argent éloignés de la Laconie, et Rome offrit le spectacle d'un peuple grand et vertueux, tant que ses citoyens ne sacrifièrent qu'à des dieux faits avec du bois ou de l'argile. Mais l'état des choses est bien changé. Ce ne sont plus les tributs des peuples soumis, le butin, le prix des alliances, ou ces titres fastueux de roi, que César, Pompée, et les patriciens de Rome vendoient au plus offrant (1), qui enrichissent aujourd'hui les

____

(1) Sueto. *In Cæsar.* c. 34, 45, 54. Cic. *Ad. Attic.* lib. 14, ep. 12.

Etats. Un travail assidu, protégé par de bonnes lois et par une administration sage; voilà ce qui produit maintenant l'opulence. Autrefois les peuples qui possédoient des richesses, végétoient dans l'oisiveté la plus profonde; ils étoient par conséquent toujours à la veille de devenir la proie du despotisme. Aujourd'hui les nations les plus riches sont celles où les hommes sont les plus laborieux et les plus libres. Nous n'avons donc aucun motif de craindre les richesses, nous devons au contraire les desirer; et le premier objet des lois est de les faire naître, parce qu'elles sont la seule source du bonheur des peuples, de la liberté civile au dedans, et de la liberté politique au dehors.

Persuadés de cette grande vérité, que je n'ai fait que rappeler ici, mais que j'ai démontrée ailleurs (1), recherchons maintenant quels sont les moyens les plus propres à introduire les richesses dans une nation, et à les y conserver. Nous parlerons ensuite de la manière de les distribuer avec le moins d'inégalité possible.

____

(1) Voyez le livre premier, où j'ai parlé du rapport des lois avec le génie et le caractère des peuples.

CHAPITRE X.

Des sources des richesses.

L'AGRICULTURE, les arts, le commerce ; telles sont les trois sources des richesses. L'agriculture nous donne les productions de la terre : avec les arts on en augmente la valeur, on en étend l'usage, on en fait accroître la consommation : par le commerce, on les échange, on les transporte, et on leur communique ainsi une valeur nouvelle. La première donne la matière ; la seconde, la forme ; et la troisième, le mouvement. Sans la forme et sans le mouvement, on peut avoir la matière ; mais sans la matière, il ne peut exister ni forme ni mouvement : d'où nous devons conclure que la principale source des richesses, et même la seule, c'est l'agriculture. Il n'y a donc que les nations agricoles qui puissent subsister par elles-mêmes : celles qui ne peuvent se livrer qu'au commerce ou aux manufactures, doivent dépendre nécessairement des nations agricoles. Toute propriété qui n'est pas fondée sur l'agriculture, est donc précaire : toute richesse qui ne vient pas de la

terre, est donc incertaine (1) : tout peuple
qui renonce aux avantages de l'agriculture ;
qui, aveuglé par les profits éblouissans des
arts et du commerce, néglige les profits
réels des productions de son territoire ; qui

(1) La situation de la Hollande est une preuve de
cette vérité. Cette nation, qui peut, sans contredit,
se regarder comme la plus riche de l'Europe, qui a
un territoire très-borné et une population considérable, qui tire sa grandeur de toute autre source
que de l'agriculture, e t-elle assurée de conserver
long - tems sa prospérité ? A quels dangers n'est-elle
pas exposée ? combien de maux ne peut-on pas lui
faire ? Son commerce, fruit d'une grande économie
et d'une grande industrie, est toujours exposé à des
atteintes qu'il lui est impossible de prévenir, et auxquelles il lui est aussi impossible de remédier. L'Angleterre lui a dejà porté un coup mortel par son acte de
navigation, et par ses traités avec la Russie et avec
le Portugal. Elle auroit pu faire perdre encore à ce
peuple son commerce de Cadix, par la grande facilité qu'elle avoit acquise de donner telle extension
qu'elle vouloit à son commerce clandestin entre la
Jamaique et les Colonies espagnoles. Déjà les villes
anséatiques sont en possession d'une partie de son
commerce de cabotage, ainsi que de celui de fret et
de commission. Pour la priver des avantages que lui
procure son commerce sur les bords du Rhin, il
suffiroit que le roi de Prusse établit une douane à
Wesel. Le commerce actuel du Danemarck ne se
fait qu'aux dépens de celui des Hollandais. Les profits de leur agriculture, c'est-à-dire, de leur pêche

préfère, en un mot, la forme à la matière, méconnoît donc ses véritables intérêts. On peut le comparer à cet avare insensé, qui, séduit, par l'appât du gain, au lieu de placer son argent chez un riche propriétaire, aime mieux le remettre entre les mains d'un fils de famille dérangé, qui bientôt lui fera perdre tout à-la-fois son capital et ses revenus. Ces conséquences me paroissent aussi simples que le sont les principes dont elles découlent.

---

de harengs et de baleines, sont infiniment diminués. Ils ne font plus le commerce d'assurance, qu'ils faisoient autrefois pour une grande partie de l'Europe, et dont ils tiroient un revenu considérable. Enfin, il suffit d'observer le cours actuel des choses en Europe, pour prévoir que chaque peuple aura tôt ou tard un commerce relatif à la nature de son pays et à l'accroissement de son industrie, et les Provinces-Unies verront tous les jours diminuer leur commerce, à mesure que les autres nations étendront le leur.

Tel est le sort d'un peuple dont la prospérité n'est pas fondée sur l'agriculture. En faisant attention aux efforts de toutes les nations, pour se passer de l'industrie étrangère, j'ose prédire que, dans moins d'un demi-siècle, les seules nations riches de l'Europe seront celles qui donneront le plus de soin à l'agriculture, et recueilleront le plus de productions de leur territoire.

Laissons au lecteur le soin d'en juger, et posons pour principe incontestable, que dans toute nation où l'agriculture peut être cultivée avec avantage, les lois, sans négliger les progrès des arts et du commerce, doivent toujours les subordonner à ceux de l'agriculture ; que c'est elle qu'il faut considérer d'abord ; qu'il faut la regarder comme l'objet principal, comme le grand intérêt auquel tous les autres intérêts viennent se réunir, et comme le fondement éternel sur lequel le législateur doit élever l'édifice de la richesse nationale.

Ce principe établi, passons à l'examen des obstacles qui, dans la plus grande partie de l'Europe, s'opposent aux progrès de l'agriculture, et que les lois doivent nécessairement s'efforcer de détruire. Pour mettre de l'ordre dans ces recherches, je diviserai tous ces obstacles en trois classes. Dans la première, seront compris tous ceux qu'y oppose le gouvernement ou l'administration ; dans la seconde, ceux qui sont produits par les lois ; dans la troisième, ceux qui naissent de la grandeur immense des capitales.

CHAPITRE XI.

Première classe des obstacles qui s'opposent aux progrès de l'agriculture : ceux qui naissent du gouvernement.

Sı l'écrivain qui ose tracer le tableau des vices des gouvernemens, commet un crime dans les pays où règne le despotisme, et où une politique obscure et mystérieuse crée les soupçons et dirige les vues d'un corps aristocratique, timide, parce qu'il est foible ; cet écrivain exerce au contraire un acte de justice et de bienfaisance dans un pays tel que le mien, où le gouvernement, instruit par l'expérience, commence à sentir la nécessité de détruire toutes les causes de ces anciens désordres qui attaquent la félicité publique. Le devoir du philosophe est de hâter l'instant des réformes, et d'épargner à une nation beaucoup d'épreuves qu'elle feroit à ses dépens, et que souvent elle devroit payer bien cher. C'est une vérité si sensible, que je ferois une injure à l'esprit de modération des princes de l'Europe, si, en parlant des obstacles qui arrêtent les progrès de l'agriculture dans la plus grande partie des nations, retenu par un vil sentiment de foiblesse et d'adulation, je gardois le silence sur les obstacles les plus puissans, ceux qui naissent du gouvernement.

L'*administration*, qui devroit être le soutien de la prospérité des peuples et de l'opulence des nations ; l'*administration*, qui ne devroit jamais faire sentir son influence que pour applanir la route du bonheur ; l'*administration*, qui devroit adopter pour règle générale de sa conduite, ce grand principe de tout gouvernement : laisser faire, et se mêler le moins qu'il est possible de tout ce qui se fait ; l'*administration*, dis-je, pour s'être écartée de ce principe salutaire, est devenue, dans la plus grande partie des nations, la source féconde des obstacles les plus nuisibles aux progrès des arts, du commerce, et surtout de l'agriculture. Le premier des obstacles qui s'opposent aux succès de celle-ci, est sans contredit le défaut de liberté dans le commerce de ses productions.

Une erreur, née d'une supposition fausse, a fait croire aux gouvernemens, que le mouvement naturel du commerce pouvoit faire sortir d'un État une partie même de ce qui étoit nécessaire à sa consommation intérieure. Pour se délivrer de cette terreur panique, on a fermé les ports des nations, environné leurs frontières de gardes , établi les peines les plus rigoureuses contre quiconque oseroit exporter clandestinement quelques denrées nécessaires à la vie ; expédient fatal , qui a détruit la propriété , ruiné l'agriculture , anéanti le commerce , appauvri les campagnes , dépeuplé les empires, et multiplié les disettes dans la plupart des Etats de l'Europe. En vain l'on a cherché de nos jours à démontrer l'évidence de cette erreur ; en vain la plume des écrivains politiques a peint des couleurs les plus fortes le fléau produit par ce préjugé funeste : l'ancien systême , combattu par tant d'écrivains , par tant de philosophes , et même par le vœu public , s'est conservé sans la plus légère atteinte. Les entraves qui existoient auparavant , existent encore. Les chaînes qui lioient le commerce des blés et de quelques autres productions , n'ont point été brisées : on a fait plus ; dans plusieurs endroits on les a resserrées : par-tout le commerce languit sous leur poids. Les philosophes , après avoir inutilement élevé la voix contre ces vexations , attendent avec impatience que les malheurs des peuples soient parvenus à leur dernier période , puisqu'il n'y a que l'excès du mal qui puisse réveiller les gouvernemens de leur longue et profonde léthargie.

Ne pourrai-je, dans un ouvrage de cette nature, traiter un objet aussi important, sans ajouter quelques idées aux réflexions de ceux qui m'ont précédé ? Quelque difficile que soit cette entreprise, quelque infructueuse même qu'elle puisse être, je ne dois rien négliger. Je commencerai par fixer l'état de la question.

On a dit que le motif qui porte les gouvernemens à enchaîner le commerce de plusieurs denrées nécessaires à la vie, c'est la crainte qu'il ne survienne une disette : mais dans quel cas la disette existe-t-elle ? Il y en a de deux sortes : ou la quantité des denrées qui se trouvent dans l'Etat, est au-dessous de celle que la consommation intérieure exige ; ou le prix en est tel, qu'une portion des citoyens est hors d'état de s'en procurer. S'il se trouve donc la quantité de denrées nécessaires à la consommation intérieure, si le prix de ces denrées est cher, mais qu'en même tems il soit tel que tous les citoyens soient en état d'en avoir ; on ne peut pas dire en pareil cas que la disette existe. En Angleterre, par exemple, le grain coûte ordinairement le double, le triple de ce qu'il coûte dans beaucoup de villes d'Italie. Dira-t-on pour cela qu'en Angleterre il y a toujours une disette de grains ?

Voyons maintenant si l'une ou l'autre de ces deux espèces de disettes peut naître de la liberté illimitée du commerce des porductions de la terre, ou si elles ne sont pas plutôt toutes les deux l'effet de la privation ou de la limitation de cette liberté. Supposons que le commerce d'une denrée soit entièrement libre, alors quel sera l'usage que le propriétaire en fera ? Il la vendra au plus offrant. Si celui-ci est un négociant étranger, il la fera sortir de l'Etat. Si c'est un citoyen, il la vendra à un citoyen, avec cette différence cependant qu'en cas d'égalité des deux enchères, le citoyen aura toujours la préférence, à cause de la sûreté de la convention. Je ne compte ici ni les frais et les risques du transport, ni le paiement des droits d'exportation, s'il y en a d'établis, parce que je suppose tout cela à la charge de l'acheteur.

Supposons encore que la quantité des récoltes d'une nation surpasse la quantité nécessaire à la consommation intérieure ; il est certain qu'alors l'intérêt général de l'Etat exigeroit qu'on en fît sortir l'excédent, et que le pays n'en conservât que la quantité proportionnée à ses besoins. Une liberté illimitée permettroit - elle d'arriver précisément à ce but ? Examinons cette question. C'est un axiome dans la science économique, que le prix d'une marchandise quelconque est en raison directe des demandes, et en raison inverse de la quantité de cette marchandise et du nombre des vendeurs. Donc, dans notre supposition, les propriétaires de la denrée dont il s'agit seront obligés, pour la vendre avec avantage, de l'envoyer hors du pays, et de la faire passer dans celui où la quantité de cette denrée est inférieure à celle que demande la consommation. A mesure qu'elle sortira de l'État, le prix augmentera au dedans, et à mesure qu'il en passera chez l'étranger, le prix diminuera au dehors. Le profit de l'exportation ira donc toujours diminuant, et par l'accroissement du prix au-dedans, et par la domination du prix au-dehors. Lorsqu'enfin, après plusieurs tours et retours, les prix des deux nations se trouveront au niveau, le bénéfice venant à cesser, le mouvement cessera, et avec la liberté la plus grande, il ne sortira pas de l'État la plus petite portion de cette denrée.

On m'objectera peut-être ici que ce niveau dans les prix de deux nations pourroit bien n'avoir lieu que lorsque la nation qui aura vendu se sera défait non-seulement de son excédent, mais encore d'une partie de ce qui lui est nécessaire pour sa consommation intérieure. Alors, ajoutera-t-on, la disette

ne

ne seroit-elle pas un effet de cette liberté illimitée, qu'on désire tant ? Cette objection ne peut avoir de force que dans le seul cas où l'on voudra nier l'existence de cet ordre immuable qui règne dans toutes les parties de la nature.

Si l'on ne veut pas adopter une pareille opinion, on verra que la terre offre chaque année une reproduction égale à la consommation universelle : il n'y a qu'un misanthrope insensé, dit le judicieux Comte Verri, qui puisse croire que les hommes sont condamnés à faire décider par le sort, lequel d'entr'eux doit mourir de faim (1). Pour nous, considérons cet objet d'un œil plus tranquille, et nous aurons des idées plus vraies et plus consolantes. Enfans d'une immense famille répandue sur la surface du globe, invités à nous aider les uns les autres, il nous est facile de reconnoître que l'auteur de la nature nous a pourvus abondamment de tout ce qui est nécessaire aux besoins de la vie. Le commerce, s'il étoit libre, en secondant ses desseins, suppléeroit, par l'excédant d'un pays, aux besoins d'un autre, et pourroit seul maintenir par-tout, dans un

____

(1) Meditazioni sullà economica publica. §. 8.

équilibre périodique, le besoin et l'abondance.

Voyons si l'évidence de cette vérité peut être affoiblie par une objection raisonnable. On a dit que le danger dont est menacée la nation qui a vendu sa denrée, est que le bénéfice de l'exportation ne vienne à cesser quand on aura exporté non-seulement tout l'excédant, mais encore une partie du nécessaire. Or supposons que cela arrive (chose d'ailleurs très-difficile, par plusieurs raisons que je laisse au lecteur le soin de découvrir), supposons, dis-je, que cela arrive ; cette nation éprouvera-t-elle pour cela une disette de cette denrée, si le commerce est libre ? Quel motif a engagé les propriétaires à l'envoyer dans le pays qui en avoit besoin ? L'espoir d'un gain considérable, d'un prix toujours plus fort que celui qu'on leur en offroit chez eux. Ce même motif engagera donc une autre nation à faire chez celle-ci des envois de cette denrée dont elle s'est privée pour approvisionner un autre pays. La même liberté, qui sembloit devoir la réduire à manquer du nécessaire, lui ramènera l'abondance : ses ports, toujours ouverts à l'entrée comme à la sortie, recevront d'un côté et donneront de l'autre. Alors les prix se trouveront toujours à un juste niveau, et l'on ne verra plus ces révolutions subites

qui effraient les gouvernemens, et forcent
à faire faillite le négociant, le propriétaire
et le cultivateur.

Il n'est donc point à craindre que la plus
grande liberté dans le commerce de quelque
denrée que ce soit, puisse jamais produire
dans un Etat cette première espèce de disette
qui naît du défaut de la quantité nécessaire
à la consommation intérieure. Voyons maintenant si elle peut produire la seconde, c'est-
à-dire, l'augmentation excessive du prix,
en faisant hausser la denrée à un tel point,
qu'une portion des citoyens soit hors d'état
de la payer. Cela ne peut jamais arriver,
et je le prouve par deux raisons. La première est fort simple. Dans quel cas, je le
demande, le prix d'une marchandise dont
il existe dans l'Etat une quantité suffisante
pour ses besoins, y est-il trop cher et y excède - t - il le juste niveau ? C'est lorsque la
quantité qui s'y trouve est réunie en peu de
mains. Alors plus de concurrence entre les
vendeurs ; alors le nombre de ceux qui vendent étant très-petit, le prix de la marchandise doit, conformément à nos principes,
augmenter énormément ; alors enfin le monopole est inévitable. Eh bien, ce désordre
est précisément celui qu'on évite par la liberté du commerce. Si chaque propriétaire

peut faire tel usage qu'il veut des productions de ses terres, chaque propriétaire sera le négociant de ses productions : il ne voudra pas, soyons-en persuadés, renoncer à cet avantage. Les liens artificiels, les prohibitions seront les seules choses capables de le forcer à livrer ses denrées à un monopoleur, faute de savoir en tirer parti. Voila la première raison.

La seconde est fondée sur la conséquence nécessaire qui résulte de l'augmentation même du prix, lorsque cette augmentation ne tourne pas au profit de trois, ou quatre monopoleurs, mais des propriétaires des terres. Ceux-ci sont-ils riches ? l'Etat est riche : sont-ils pauvres ? l'Etat est pauvre aussi. Toutes les classes de la société doivent convenir que leur sort est uni à celui des propriétaires des terres. L'artisan qui fait leurs vêtemens, leurs maisons, leurs meubles, les instrumens nécessaires à la culture de leurs champs, qui pourvoit, en un mot, à leurs jouissances et à leur luxe ; le mercenaire qui les sert ; l'homme de loi qui les défend ; le négociant qui trafique pour eux ; le marinier et le voiturier qui transportent leurs denrées, etc. : tous ces individus travailleront davantage, et seront mieux payés par les propriétaires, s'ils vendent leurs denrées plus cher. Si les non-propriétaires sont obligés d'acheter ces objets à plus haut prix, il faudra que les propriétaires leur donnent un plus haut prix de leurs ouvrages. Le prix des denrées sera donc cher, mais il n'excédera point les moyens de ceux qui doivent le payer.

D'après ces réflexions que j'ai présentées avec la plus grande brièveté possible, on peut assurer qu'aucune de ces deux espèces de disette ne peut être l'effet d'une liberté illimitée dans le commerce des productions des terres. Voyons actuellement si l'une et l'autre sont les suites ordinaires de la privation de cette liberté.

Quand l'expérience ne nous apprendroit pas combien on éprouve de disettes dans les pays où règne ce système funeste, malgré la fertilité du sol et la régularité des saisons; la raison suffiroit seule pour nous démontrer que l'on doit être exposé à ce fléau. Pour nous en convaincre, reprenons notre supposition, afin que le parallèle entre les deux systèmes soit plus exact.

Supposons que la quantité de la récolte d'une denrée dont le commerce est gêné, surpasse celle que sa consommation intérieure exige, quel usage fera-t-on de ce surabondant? Ou on le laissera se gâter à la source de la reproduction, ou, par le moyen d'une permission d'exporter accordée par le gouvernement avec des restrictions, et précédée d'informations, de recherches, et de calculs, il sortira enfin de l'Etat. Or, dans l'un et l'autre cas, je dis que la culture de cette denrée éprouvera tous les contre-coups des obstacles que le gouvernement oppose à son commerce, et que la nation est exposée au péril imminent d'une disette. Rien de plus certain dans le premier cas. En laissant l'excédant s'altérer et se détruire par les défenses rigoureuses de l'exporter, on doit nécessairement avilir le prix de la denrée, et même à un tel point, si cet excédant est considérable, que le laboureur découragé ne voudra plus en continuer la culture. Dans le second cas, l'effet sera le même quant à la culture; mais le dommage sera encore plus grand pour l'Etat. Cette assertion a l'air d'un paradoxe; je vais en démontrer la vérité.

Dans les pays où le commerce d'une denrée n'est pas libre, avant que le gouvernement sache si la quantité qu'il y en a dans l'Etat surpasse celle qui est nécessaire à la consommation intérieure, il doit s'écouler un long espace de tems. Les fraudes qu'on peut commettre dans cette recherche, la difficulté de faire un calcul dont toutes les données sont incertaines; tout cela exige le plus scrupuleux examen de la part du gouvernement. Ainsi, l'on ne permettra l'exportation de cet excédant que plusieurs mois après la récolte, c'est-à-dire, après que les possesseurs de terres, contraints par là nécessité, l'auront déjà vendu, après que toute la denrée aura déjà passé dans les mains des monopoleurs. Que résultera-t-il de là ? L'exportation faite, aussitôt le prix de la denrée augmentera, sans que les propriétaires des terres puissent en profiter, parce qu'elle a déjà été vendue à vil prix, dans un tems où la concurrence des vendeurs, la quantité de la denrée, et la rareté des demandes sembloient se combiner entre elles pour en rendre la valeur très-modique. En conséquence, le même motif qui les auroit détournés de la culture de cette denrée dans le premier cas, les en détourne encore dans le second, avec cette différence cependant que les frais de culture étant plus considérables lorsque l'exportation a fait augmenter le prix de la denrée, leur motif sera encore plus puissant. De plus, comme le profit de cette exportation est tout entier pour les monopoleurs et non pour les propriétaires, les non-propriétaires, dont le sort dépend toujours, comme on l'a remarqué, de celui des possesseurs des terres, ne pouvant em-

ployer leurs bras et leurs ressources, ou au
moins ne trouvant point à les employer avec
plus d'avantage qu'auparavant, parce que
la misère des propriétaires ne leur permet
point de faire les dépenses qu'ils feroient,
s'ils étoient riches ; les non - propriétaires,
dis-je, verront, après l'exportation, le prix
de cette denrée augmenter, sans que la possibilité de le payer augmente chez eux en
proportion.

Il suit de là, que, dans le premier cas,
l'abondance d'une année produira dans la
suivante l'espèce de disette qui naît du défaut de quantité ; tandis que dans le second
cas elle produira, dans la même année,
l'espece de disette qui naît de la cherté ; et
l'année d'après, celle qui naît du défaut de
quantité. Lors donc que le commerce d'une
denrée est gêné par quelques entraves, une
exportation permise accidentellement, loin
d'être utile, est très - dangereuse, et plus
dangereuse que la prohibition même (1).

____

(1) Je n'entreprendrai point de démontrer ici l'absurdité du systéme proposé par *Melon*, de régler
l'exportation sur le prix de la denrée. Un de mes
compatriotes (*Galliani*) l'a réfuté de la manière la
plus satisfaisante, dans un ouvrage qui fait beaucoup
d'honneur à notre patrie. Cet ouvrage est écrit en

Donc, sous quelque aspect que l'on considère cette interposition du gouvernement, un tel défaut de liberté dans le commerce des productions est toujours fatal à la population, parce qu'il diminue la subsistance, et funeste à l'agriculture, aux arts, à l'industrie, parce qu'il décourage et ruine les propriétaires.

Mais ce ne sont pas là tous les obstacles que le gouvernement oppose aux progrès de l'agriculture : il y en a d'autres que je me contente de rapporter, pour éviter les répétitions, tels que, 1º. la variation continuelle des impôts sur les terres ; 2º. l'aliénation des revenus publics ; 3º. la nature de quelques droits ; 4º. la manière de les percevoir ; 5º. l'énorme quantité d'hommes qu'on enlève à l'agriculture, non pour servir et défendre la nation et le prince, mais pour

---

francais ; il a pour titre : *Dialogues sur le commerce des blés.* J'aurois pu profiter, dans ce chapitre, des lumières de cet écrivain, si, avant de le commencer, je n'eusse pas fait vœu de fermer tous les livres qui traitent de cette matière, et de ne consulter absolument que ma propre raison. Je ne prétends pas cependant refuser à cet écrivain le tribut de mon admiration. J'avoue que ses dialogues m'ont étonné. Il est impossible d'écrire sur une matière aussi sèche avec plus d'élégance et de goût.

les tromper l'un et l'autre dans la perception des revenus de l'Etat ; 6º. le systême militaire actuel. J'ai déjà parlé de ce dernier obstacle avec assez de développement. Quant aux autres, j'en parlerai dans le cours de ce livre, où la suite de mes idées et la distribution de la matière me permettent d'observer ces désordres dans toute leur étendue, et de m'arrêter aussi sur le choix des moyens propres à y remédier.

CHAPITRE XII.

Seconde classe des obstacles qui s'opposent aux progrès de l'agriculture : ceux qui naissent des lois.

LES Athéniens sacrifioient aux Dieux inconnus ; pour nous, nous devrions sacrifier au Dieu que nous connoissons, afin qu'il nous préservât des erreurs que nous ne connoissons point. Cette prière publique, que la providence ne dédaigneroit pas d'exaucer, nous feroit peut-être enfin appercevoir dans notre Législation quelques erreurs, qui, si elles ne détruisent pas entièrement l'agriculture, l'entretiennent au moins dans cet état d'engourdissement où nous la voyons ; état que le déclamateur attribue aux vices des hommes ; le vulgaire, aux fléaux du ciel ; le cultivateur, à l'intempérie des saisons ; le faiseur de projets, à l'imperfection des machines et des instrumens propres à faciliter la culture ; mais que le philosophe seul, qui observe et médite, trouve dans les vices des gouvernemens, et dans les principes de leur Législation.

Il y a chez plusieurs peuples de l'Europe
certaines lois qu'on diroit faites uniquement
pour détruire l'agriculture. A la tête de ces
lois, je vois celle qui défend aux propriétaires des terres d'entourer leurs champs de
murs, de les environner de haies ou de fossés.
Si l'on n'avoit pas démontré, par la raison
et par l'expérience, combien la clôture des
terres est avantageuse aux récoltes, combien
elle accélère la reproduction, combien elle
tempère les rigueurs du froid et rompt l'im-
pétuosité des vents, si destructeurs surtout
dans la saison du printems ; si l'expérience
de l'Angleterre n'avoit pas fait voir que le
produit des terres closes surpasse d'un quart
au moins celui des terres qui ne le sont pas,
et que cette clôture est surtout infiniment
utile à celles qui sont en pâturage ; si, dis-je,
on n'avoit pas démontré tout cela, afin de ne
laisser aucun doute sur l'injustice d'une loi
qui cause tant de maux à l'agriculture, il
suffiroit de parcourir les campagnes, pour
voir combien cette prohibition décourage le
cultivateur. Et comment ne le décourageroit-
elle pas, quand il voit la moitié de sa récolte
perdue chaque année, parce que son champ
doit rester ouvert aux animaux qui viennent
le dévaster, aux voitures qui passent à tra-
vers pour éviter les mauvais chemins, et aux

bestiaux, qui, sous la protection même de la loi, viennent y commettre des excès de toute espèce ?

Je demandois un jour à un cultivateur, homme de bon sens, pourquoi il n'y avoit dans son champ aucune espèce de plants, et surtout point de mûriers blancs, tandis que ces arbres sont si précieux aujourd'hui que la soie est devenue un des principaux objets de l'industrie ? « Monsieur, me répondit-il après avoir poussé un profond soupir, j'entends trop bien mes intérêts pour avoir négligé cette culture, si la loi me l'eût permis. Il est vrai qu'elle ne me défend pas expressément de planter dans mon champ tout ce qu'il me plaira, mais il existe une loi très-expresse qui me défend de le clorre. Or sachez que dix chèvres seulement suffiroient pour détruire, quelques heures après qu'elles y seroient entrées, cinq cents jeunes plants de mûriers blancs, si j'osois les y mettre... Quand j'aurois le droit d'empêcher tout animal d'entrer dans mon champ, droit que la loi ne m'accorde que pendant quelques mois de l'année (1) ; quand j'aurois ce droit, pourrois-je subvenir aux dépenses néces-

____

(1). Depuis le tems des semailles jusqu'à celui de la récolte.

saires pour garder comme il faut un champ ouvert de tous les côtés ? N'y auroit-il pas de la folie à faire de si grands sacrifices pour améliorer un fonds que les lois condamnent à languir dans l'inaction ? Qu'elles me permettent de le clorre ; qu'elles me permettent d'exercer dans mon champ le même droit que j'exerce dans ma maison ; qu'enfin elles me rendent la liberté de disposer de ce qui m'appartient, et vous verrez au bout de peu de jours toute ma terre garnie de mûriers blancs, d'oliviers, et de toute autre espèce d'arbres et plantes que je pourrois y élever avec succès ».

Cette réponse simple et naïve du bon cultivateur me frappa d'étonnement. J'en conclus d'abord qu'une telle loi devoit nécessairement être fort nuisible aux progrès de l'agriculture. Je songeai ensuite au coup fatal qu'elle porte aux droits sacrés de la propriété. Je ne conçois point comment les législateurs l'ont si peu respectée. Quand la clôture des terres seroit une chose indifférente pour les progrès de l'agriculture, quand elle seroit utile à quelques citoyens, je ne vois dans la loi qui la défend qu'une injustice manifeste, qu'un attentat contre les droits imprescriptibles de la propriété.

Il ne faut pas confondre des règles bonnes

pour conduire un ordre religieux, avec des lois qui sont faites pour diriger une société civile. Dans un cloître tout est à tous ; rien n'est individuellement à personne : les biens forment une propriété commune. C'est, dit un écrivain célèbre (1), un seul être qui a vingt, trente, quarante, mille, dix mille têtes. Il n'en est pas ainsi d'une société. Là, chacun est un être particulier, qui possède une portion de la richesse générale dont il est le maître, et le maître absolu ; dont il peut user, et même abuser selon son caprice. Quand même le bien public exigeroit qu'il en usât d'une certaine manière, le législateur ne doit pas le lui prescrire expressément : il doit recourir aux voies indirectes ; il doit combiner ses intérêts de façon que ce propriétaire fasse de sa propriété l'usage que la loi désire, mais qu'il le fasse volontairement et sans l'ordre exprès de la loi.

Voici la différence qui existe entre un État bien administré, et celui qui l'est mal. Dans le premier, les hommes vont directement et les lois indirectement. Dans le second, c'est l'inverse. Dans le premier, le

---

(1) L'auteur de l'Histoire Philosophique et Politique des établissemens des Européens dans les deux Indes.

législateur, se servant de l'intérêt particulier du citoyen, le fait agir comme il convient, sans l'y contraindre, et même sans lui découvrir son but; dans le second, il l'aigrit, l'irrite, le dispose à devenir réfractaire, en lui montrant l'intention, la volonté, la force publique, et en lui cachant ses intérêts.

Par exemple, la loi de l'empereur Pertinax, qui vouloit qu'un champ qu'on auroit laissé inculte appartînt à celui qui le cultiveroit, alloit trop directement à son but. Pour protéger l'agriculture, elle portoit atteinte à la propriété, qui doit être la première divinité du législateur (1).

Lorsqu'une terre est à moi, je puis la dévouer à la stérilité, et le respect du droit de propriété exige que la loi me permette

____

(1) Il ne faut pas confondre la loi de Pertinax avec celle de Valentinien, de Théodose et d'Arcadius, qui met le premier occupant en possession des terres abandonnées, pourvu que deux années se passent sans réclamation de la part du véritable maître. Celle-ci ne détruit point la propriété, parce que quiconque abandonne ce qui lui appartient, et voit d'un œil indifférent un autre s'en rendre maître, montre un consentement tacite que la loi interprète en faveur du nouveau possesseur.

d'être

d'être à cet égard un mauvais citoyen. Si au contraire la loi m'ordonne de cultiver cette terre, et de la cultiver comme elle le juge à propos, je n'en suis plus le maître; je ne suis qu'un simple administrateur, dépendant de la volonté d'autrui.

D'après ces réflexions, que dirons-nous de la loi qui défend au propriétaire de clorre son champ? Quand même elle pourroit être utile, sous quelque point de vue, aux progrès de l'agriculture, comme l'étoit la loi de Pertinax, cela suffiroit-il pour la justifier de l'outrage qu'elle fait au droit de propriété? Est-il permis, pour produire un bien, de faire une injustice? Mais si cette loi, loin d'être favorable à l'agriculture, en est destructive; si, en même tems qu'elle attaque et renverse tous les principes de la propriété, elle décourage le cultivateur, au point qu'il ne veuille plus, comme on l'a vu, ni planter, ni semer, ni cultiver; si, en un mot, elle est tout-à-la-fois injuste et pernicieuse; ne devra-t-on pas la regarder comme l'opprobre de nos codes et comme la branche la plus informe de cette antique et monstrueuse Législation qui gouverne aujourd'hui tous les peuples de l'Europe?

Un esprit de pâturage a dicté cette loi dans des siècles de barbarie; le même es-

prit fait subsister encore les communes dans
une grande partie de l'Europe. Ces terres,
qui appartiennent à tout le monde, et qui
par conséquent n'appartiennent à personne;
ces terres qui, dans chaque nation, forment
un espace immense dévoué à la stérilité;
ces terres qui, vendues aux particuliers,
feroient augmenter de près d'un tiers la masse
de la reproduction annuelle; ces terres enfin
qui pourroient fournir à un législateur éclairé
les moyens de commencer la grande réforme
du système universel des impositions; ces
terres, dis-je, sont condamnées à languir,
pour donner la nourriture à quelques bestiaux que l'indigence y conduit, parce
qu'elle ne trouve pas plus d'occupations
qu'elle n'a de propriété. La crainte de nuire
à cette classe infortunée de citoyens, qui
cependant seroit la première à profiter de
la vente des communes, détourne nos législateurs d'une entreprise qui feroit peut-être
en Europe changer de face à l'agriculture.
Malheureuse condition de l'humanité! la
barbarie, l'ignorance, les préjugés, tout,
jusqu'à la pitié même des législateurs, conspire à sa misère! Mais ce ne sont pas les
seuls obstacles que les lois opposent aux progrès de l'agriculture (1): il y en a d'autres

____

(1) Dans quelques pays de l'Europe, le proprié-

dont une partie se trouve mêlée parmi les débris encore existans du systême féodal.

Lorsque ce fatal systême étoit celui de toute l'Europe, lorsque l'anarchie des fiefs subsistoit dans toute sa force , les métaux n'entroient point dans les contributions publiques ou particulières. Les nobles servoient l'Etat, non pas de leur argent, mais de leurs personnes , et les vassaux payoient leurs redevances en denrées et en journées de travail. De là vinrent les dimes sur toutes les productions , et cette prestation de services

---

taire d'un fonds ne peut le vendre sans la permission du gouvernement, ni en consommer les productions, s'il ne demeure dans le territoire du pays où ce fonds est situé. Voilà encore une de ces lois trop directes , et qui, loin de remplir le but qu'elles se proposent d'être utiles à l'agriculture, sont au contraire un très-puissant obstacle à ses progrès. Il en est résulté, dans ces pays, un tel dégoût pour la possession des terres, qu'il ne s'y trouve personne qui veuille les acheter, et par conséquent les faire valoir. L'agriculture languit dans les entraves d'une loi ridicule et pernicieuse, qui cependant avoit en vue de la protéger. Soyons persuadés que toute atteinte , toute restriction que l'on porte aux droits précieux de la propriété, est le plus grand obstacle qu'on puisse opposer à l'industrie des hommes, et que toute extension qu'on donne à ces droits est le plus grand bien que les lois puissent lui faire.

I 2

que le baron exigeoit de ses vassaux, et que les barbares appeloient *corvée*. Ces désordres, qui sont la ruine de l'agriculture, auroient dû disparoître entièrement à la chûte du systême féodal : mais l'évènement ne répondit point aux espérances des peuples. Chaque prince, devenu seul maitre dans ses Etats, réforma, comme magistrat, quelques abus nés du prétendu droit de la guerre, qui détruit tous les autres droits : mais une infinité d'usurpations, consacrées par le tems, furent respectées, malgré les réclamations de l'intérêt public et de la liberté. La plus grande partie des servitudes personnelles s'est perpétuée dans beaucoup de nations de l'Europe, et les dimes établies sur toutes les productions de la nature, espèce d'impôt qu'on auroit dû abolir ou changer, sont, pour le malheur de l'agriculture, encore en usage dans la plupart des seigneuries modernes.

Il est un autre droit barbare, reste antique de la féodalité, qui subsiste presque universellement : c'est celui de la chasse. Les peuples du Nord, dont il est honteux pour nous que nous ayons conservé les lois, étoient chasseurs par caractère et par nécessité. Lorsqu'ils eurent passé dans les climats du Midi, qu'ils eurent dépouillé l'empire chancelant de ses plus belles provinces , qu'ils se furent rendus maîtres des pays les plus favorisés par la nature , ils ne purent oublier leur ancien état. Ils ne voulurent point renoncer à la chasse. Mais comme ce n'étoit plus le besoin , mais le plaisir , qui les y appeloit ; cet exercice , après avoir été pour la misère un moyen de subsistance , devint un objet d'amusement qui fit les délices de l'opulence et de la grandeur.

Le baron disposa seul en souverain du droit de chasse dans son fief. Pour en jouir sans peine, pour multiplier les victimes de son oisiveté destructive , chaque seigneur voulut avoir , aux dépens de ses vassaux , une étendue de terre considérable, réservée pour lui seul ; de manière que partout où le signe de sa puissance étoit élevé, on trouvoit une quantité prodigieuse d'animaux privilégiés , autorisés à ravager les campagnes , et destinés à ne périr que par ses mains. Ce droit , qui porte le caractère de toute la barbarie des tems où il est né , ce droit, contraire à la propriété , à l'intérêt public , et qui nuit si cruellement aux progrès de l'agriculture , non - seulement on ne l'a pas aboli , mais il s'exerce encore , dans une partie de l'Europe, de la manière la plus rigoureuse. Si cet usage existe dans les pays

où il ne reste plus que l'ombre de la féodalité, quelles horreurs doit-on commettre
dans ceux où ce monstre conserve encore
toute son ancienne force ?

Que dirons-nous du Danemarck, de la
Pologne, d'une grande partie de l'Allemagne et de la Russie, où la philosophie,
dont les lumières ont éclairé le reste de
l'Europe et fixé les droits de l'humanité,
n'a pu jusqu'à ce jour anéantir la servitude
de la *glèbe* ? Qui le croiroit ? cette espèce
d'esclavage subsiste encore en entier dans
quelques pays qui, depuis plus de dix siècles,
vantent leur liberté et combattent pour elle.
Cette liberté réside dans quelques milliers
de nobles et de prêtres. Le reste de la nation est composé de serfs attachés au sol
sur lequel ils sont nés, qui ne connoissent
ni la propriété réelle, ni la propriété personnelle ; qui cultivent un terrain qui n'est
point à eux, et dont toutes les productions
appartiennent au tyran qui les opprime. Incertains sur leur fortune, qui n'est point déterminée par le résultat de la récolte, ils
sont privés des douceurs de l'espérance, ce
sentiment si précieux, l'unique aiguillon du
travail. C'est la crainte du bâton, toujours
levé sur eux, qui les tient éveillés. Cesse-
t-on un seul instant de les menacer ? ils re-

tombent dans une paresse léthargique ; la
culture des champs est interrompue ; et la
nature irritée venge , par la stérilité , les
outrages que la loi fait au cultivateur. Est-
il étonnant que l'agriculture offre dans ces
pays le spectacle le plus triste ? Pourroit-
elle prospérer sous la verge de la tyrannie,
au milieu des menaces de la force , et de
la rage du désespoir, au milieu de l'avilissement , de la bassesse, et de l'ignorance?
Je ne finirois pas , si je voulois considérer
séparément tous les obstacles que les lois
féodales opposent aux progrès de l'agriculture dans les différens États de l'Europe.
Comme ces lois ne sont point partout les
mêmes (1); comme dans une même nation

---

(1) Chez nous , par exemple , et chez quelques
autres nations, la réunion des fiefs au fisc , au défaut
des héritiers collatéraux au quatrième degré ; la prohibition d'aliéner les biens féodaux , et l'extinction
de tous les cens , lorsque le fief est réuni , doivent
encore être comptés parmi les établissemens dont les
suites sont les plus funestes aux progrès de l'agriculture , et qui naissent tous du système féodal. Je
n'en parle point ici , parce que j'ai jeté quelques idées
sur ce sujet dans le quatrième chapitre de ce livre
où j'ai considéré les obstacles que les lois qui empêchent la circulation des fiefs, opposent à la multiplication des propriétaires.

elles varient suivant les privilèges accordés dans les concessions des fiefs ; comme enfin le défaut d'uniformité, ce signe caractéristique d'une Législation défectueuse, est proprement le vice naturel des codes féodaux, il me seroit impossible de faire connoître tous ces obstacles, sans entrer dans des détails qui demanderoient un ouvrage particulier. Il me suffit d'avoir exposé les plus grands et les plus communs de tous ces obstacles. Ceux qui sont particuliers à un pays, n'entrent point dans mon plan (1).

Je passe enfin à un autre désordre, qui

---

(1) Les dîmes des ecclésiastiques sont aussi un des plus grands obstacles que les lois opposent aux progrès de l'agriculture dans presque toute l'Europe. Rien n'est si facile que d'assigner une autre source à la subsistance du sacerdoce. Nous le ferons voir dans le cinquième livre de cet ouvrage, où nous examinerons la manière dont l'Etat devroit pourvoir à l'entretien du clergé : j'ai déjà fait quelques réflexions à cet égard dans les chapitres précédens.

En Angleterre, on paie encore des dîmes à l'église; mais les prêtres ont accepté volontairement une rétribution fixe, indépendante du résultat de la récolte. Le docteur Young observe que dans les pays où cette convention n'a pas été faite, dans les pays où la dîme varie suivant les récoltes, l'agriculture a extrêmement souffert. Voyez Young, *Arithmétique politique*, première partie.

n'est ni particulier à un Etat, ni peu considérable ; qui ne naît point de la loi, mais
de l'injustice de ses ministres, et qui prouve
combien les bonnes lois mêmes sont inutiles,
lorsque le système entier de la Législation
est défectueux.

CHAPITRE XIII.

Continuation du même sujet.

QUE diroit-on d'un pays où les mauvaises lois sont observées, et où les bonnes restent sans exécution ? Tous les présages ne concourent - ils pas à le menacer d'une ruine prochaine ? Or tel est malheureusement l'état de beaucoup de nations en Europe.

Nous avons dans notre droit commun, ainsi que dans notre droit municipal, quelques lois fort utiles pour protéger les choses nécessaires aux travaux de la culture, et pour veiller à la sûreté, à la tranquillité, au bien-être du cultivateur. Les anciens codes des lois romaines nous ont transmis un grand nombre d'établissemens faits par les empereurs sur cet objet. Nous savons que Constantin le Grand défendit, sous peine de mort, à ceux qui étoient chargés de la perception des droits du fisc, d'inquiéter le laboureur indigent (1). Il fit encore plus : comme parmi les charges supportées par les provinces, étoit celle de fournir des bœufs pour

---

(1) Cod. Théod. liv. 12, tit. 30, loi 1.

les voitures publiques, Constantin excepta de cette contribution les bœufs qui servoient au labour (1). Non contens de cela, les Empereurs Honorius et Théodose voulurent encore, par d'autres lois, mettre les laboureurs à l'abri de cette espèce d'ennemis cachés, qui, se couvrant du manteau de la loi, se répandent dans les campagnes, arrachent à la charrue les bœufs qui y sont attachés, et enlèvent au malheureux cultivateur jusqu'aux instrumens du labourage. Ces princes défendirent au créancier qui saisiroit les meubles de son débiteur, de lui prendre ce qui pouvoit servir à la culture de la terre. Les esclaves, les bœufs, et tous les instrumens de labourage étoient compris dans cette prohibition ; et quiconque contrevenoit à la loi, devoit subir la peine de mort (2).

Les Empereurs Valens et Valentinien ne négligèrent pas un objet si important, et la plupart des codes municipaux de l'Europe ont confirmé ces établissemens de la politique romaine dans quelques-unes de

____

(1) Cod. Théod. liv. 8, tit. 5, loi 1.

(2) Voyez la loi 8, cod. *quæ rei pig. oblig. pass.* et les lois du code Théodosien, citées ci-dessus.

leurs parties (1). Mais tout le monde sait combien ces lois sont peu observées chez le plus grand nombre des nations, combien on a trouvé de moyens pour les éluder, combien d'attentats se commettent contre la plus juste des immunités, contre celle qui regarde comme sacrés les instrumens destinés à la reproduction.

Le bœuf, le cheval, cette portion même de la récolte mise en réserve pour la semence, tout est la proie du créancier avide, tout est englouti par les cent bouches toujours ouvertes de l'hydre fiscale.

Le systême d'expliquer l'esprit de la loi, systême destructeur de la liberté civile, a offert à nos magistrats le moyen le plus étrange que l'on puisse imaginer pour en éluder le véritable sens. Lorsqu'un créancier poursuit un laboureur insolvable, si ce laboureur a un bœuf, le magistrat veut qu'il le donne en paiement à son créancier,

---

(1) Henri III, Charles IX, Henri IV, Louis XIII, et Louis XIV en France, et chez nous, les pragmatiques et les constitutions du royaume ont confirmé ces sages lois ; mais, j'ose le dire, très-inutilement On a trouvé le moyen de les éluder, et les réclamations universelles de la philosophie n'attestent que trop l'existence de ce désordre.

et croit le vœu de la loi satisfait, quand
il a défendu à celui-ci de le vendre à la
boucherie. Qu'importe, dit-on, que le bœuf
ait pour maître celui-ci plutôt que celui-
là ? ne suffit-il pas, pour remplir l'intention du législateur, que la culture ne soit
pas privée de cet instrument de la reproduction ?

Il faut donc supposer que les empereurs
Romains et tous les législateurs qui ont ensuite confirmé leurs réglemens, ont cru qu'il
n'y avoit dans la nature qu'un nombre fixe
de bœufs propres à servir au labour, et
qu'un homme ne pouvoit s'en procurer
qu'aux dépens des autres hommes. Fut-il
jamais une idée plus absurde ? peut-on expliquer l'esprit d'une loi d'une manière plus
extravagante ? Si Montesquieu n'avoit pas
été plus heureux dans cette sorte de travail,
son nom, qui fait aujourd'hui la gloire de
sa patrie, ne feroit que remplir une ligne
de plus dans la liste des misérables glos-
sateurs. Si les gouvernemens, les lois, les
magistrats, si tout, en un mot, concourt
à rendre insupportable l'art le plus ancien
et le plus nécessaire ; pouvons-nous espérer
que les campagnes deviendront fertiles,
qu'elles produiront d'abŏndantes moissons
au milieu des sueurs et des larmes de l'in-

digence et sous les pas destructeurs de l'oppression ? Lorsque tous les priviléges et
toutes les exemptions sont pour les villes,
et toutes les charges pour les campagnes ;
lorsque le nom de paysan est devenu, pour
ainsi dire, une injure ; lorsque la condition
même de celui qui va dans les villes vendre
sa personne au plus offrant, est devenue
plus favorable que celle de l'honnête agriculteur qui nourrit le souverain et la patrie;
lorsqu'il y a plus de profit à faire le métier
de mendiant dans les grandes villes, qu'à
travailler dans les campagnes ; lorsqu'enfin
les murmures et les sanglots des malheureux
cultivateurs sont entendus avec indifférence
et même avec mépris, tandis que dans les
capitales on sacrifie tout aux cris insensés
d'une foule d'êtres sans propriété, sans honneur, et dont le seul mérite est d'être toujours inquiets et toujours turbulens ; lors,
dis-je, que tel est le systême politique du
siècle, doit-on s'étonner de voir dans
presque toutes les nations de l'Europe s'é-
lever de plus en plus, aux dépens des campagnes, ces colosses fastueux des capitales,
qui semblent contribuer à la splendeur des
États, mais qui, dans le fait, les accablent
de leur poids, et ne servent qu'à perpétuer

l'erreur où sont les gouvernemens sur la prospérité de leurs peuples?

C'est de ce désordre funeste, de ce désordre qui frappe la terre de stérilité, que je parlerai dans le chapitre suivant. J'y examinerai les principales causes du mal, et j'indiquerai les remèdes dont il est susceptible.

CHAPITRE XIV.

*Troisième classe des obstacles qui s'op-
posent aux progrès de l'agriculture ;
ceux qui naissent de la grandeur excessive des capitales.*

LE vulgaire, toujours ébloui par tout ce
qui est grand, admire les grandes villes et
les capitales immenses : le philosophe n'y
voit qu'autant de tombeaux somptueux
qu'une nation expirante élève et aggrandit
pour y placer ses cendres au milieu de
l'éclat et du faste. Je ne dis pas que dans
un empire bien gouverné il ne doive point
exister de capitale. L'étymologie du mot
annonce qu'elle est à un Etat ce que la
tête est au corps. Mais si la tête est trop
grosse, que tout le sang y monte et s'y
arrête, le corps devient apoplectique, toute
la machine se décompose et périt. Or la
plupart des nations de l'Europe sont malheureusement dans cet état. La capitale, qui
devroit être une portion de l'empire, est
maintenant le tout, et l'empire n'est plus
rien. Le numéraire, qui est comme le sang
du corps national, s'y est arrêté, et les

veines

veines qui devroient le transporter dans l'intérieur de l'Etat, se sont rompues ou obstruées. Les hommes attirés par l'appât de l'argent, ont abandonné les campagnes, pour fixer leur séjour dans les lieux où s'accumulent les richesses de la nation. Hommes et richesses, tout s'est rassemblé sur le même point. Ils se sont entassés les uns sur les autres, laissant derrière eux des espaces immenses, et chacune de ces grandes capitales est devenue une seconde Rome qui renfermoit tous ses citoyens dans ses murs. Tel est l'état actuel d'une grande partie des nations de l'Europe, état incompatible avec les progrès de l'agriculture et avec la prospérité des peuples. Soutenir le contraire, ce seroit nier un axiome incontestable de la science de l'économie rurale. Cet axiome est que la terre, indépendamment de sa fécondité, produit toujours à proportion de ce qu'on lui donne. Or on lui donnera toujours peu, tant que la capitale rassemblera tout ce qu'il y a de citoyens riches dans la nation ; tant que le propriétaire abandonnera le soin de ses biens-fonds à un régisseur qui se souciera fort peu de les améliorer ; tant que l'argent qui se rend dans la capitale n'y ira que pour s'y engloutir ; tant que des dépenses

outrées ne permettront point au propriétaire qui y demeure, de mettre en réserve
une partie de ses revenus pour servir à l'a-
mélioration de ses terres; tant que des milliers d'hommes qui pourroient cultiver la
terre et multiplier ses productions, pour-
suivis par la misère, se sauveront dans les
capitales pour y mendier un pain qu'ils
pourroient procurer aux autres, ou pour
vendre leur oisiveté à quelque riche plus
oisif qu'eux. Enfin l'on donnera toujours peu
à la terre, tant qu'on en livrera la culture
aux foibles mains de l'indigence.

Voilà les suites nécessaires de la grandeur
excessive des capitales; voilà les obstacles
que ce désordre oppose aux progrès de l'a-
griculture. Afin de remédier à ce mal, un
prince de notre siècle a fait défense à tous
les cultivateurs de son royaume d'établir
leur demeure dans les villes. Aucune loi n'a
jamais mieux manqué son but : loin de protéger l'agriculture, elle l'a dégradée; et la
population de ces villes, au lieu de diminuer, s'est encore accrue. Tous les remèdes
sont inutiles, et les maux continuent d'exister, quand on ne travaille point à en détruire les causes. Or il y a un grand nombre
de ces causes qui concourent à élever la
grandeur des capitales sur les ruines des

campagnes. Je les divise en deux classes. J'appelle les unes *nécessaires*, les autres *abusives*. Il faut opposer aux premières une sorte de contre-poids; les secondes ont besoin d'une réforme.

Voyons donc, avant tout, quelles sont les causes *nécessaires* et quel contre-poids on pourroit opposer à leur force toujours active.

La capitale, considérée comme le siége du gouvernement, doit nécessairement attirer dans son sein beaucoup de richesses et beaucoup d'hommes. Chaque propriétaire étant obligé de payer à l'Etat un impôt sur ses rentes ou sur ses biens-fonds, et l'industrie de chaque individu lui devant. plus ou moins, selon les lois ou les usages fiscaux de chaque pays, selon les droits établis sur les consommations, sur les exportations, sur les matières premières, sur les manufactures, etc. toutes ces sommes immenses vont nécessairement s'engloutir dans la capitale. Les ministres du souverain et de l'Etat, les magistrats des tribunaux supérieurs, les courtisans, et ceux qui sont chargés de ce nombre infini d'emplois qu'exige l'organisation politique du gouvernement ; toutes ces personnes consomment dans la capitale, non-seulement leurs pensions ou leurs appointemens, mais encore les revenus de leurs biens-fonds. L'ambition, l'espoir de faire fortune, l'attrait du plaisir, de ce plaisir plus raffiné et qui prend à chaque instant des formes nouvelles dans une grande ville, le faste de la cour et des courtisans, l'horreur naturelle de l'homme pour la vie obscure, le goût même de la société, sont autant de torrens qu'on ne peut arrêter, et qui, entraînant dans la capitale beaucoup d'hommes et de richesses, l'aggrandiront toujours davantage, si les lois, pour réparer, autant qu'il est possible, le mal que fait à l'Etat un tel ordre de choses, n'établissent une sorte d'équilibre entre les richesses des campagnes et celles de la capitale. Voyons donc comment on pourroit y parvenir.

Tous les êtres de la nature sont enchaînés les uns aux autres : les biens et les maux ont une filiation réciproque : d'un seul mal naissent beaucoup de maux ; un seul bien produit une infinité d'autres biens. Que l'on rende le commerce intérieur plus libre et l'exportation plus facile ; que l'on bannisse des campagnes la misère, le plus terrible fléau de l'agriculture, et l'on aura trouvé le moyen de diminuer ces grandes masses qui concourent à la détruire. Alors le propriétaire, pouvant ajouter aux profits du commerce ceux de l'agriculture, ne quittera point ses terres, qui, pour lui procurer tant d'avantages, demanderont continuellement sa présence. Le paysan, qui pourra toujours retirer de son travail un prix raisonnable, si les propriétaires font valoir leurs fonds, aimera mieux demeurer à la campagne, que d'aller dans une capitale faire le métier de mendiant, métier qui répugne à la nature, et auquel l'homme ne se détermine que par un besoin extrême, ou par une habitude contractée dès l'enfance. Enfin les propriétaires et les laboureurs ne se soucieront plus de vivre dans la capitale, ils ne sortiront plus de chez eux, et bientôt on verra diminuer le nombre, si prodigieux aujourd'hui dans les grandes villes, de ces êtres qui font un trafic infame de leur liberté, et dont la condition ne diffère du véritable esclavage, que par le droit qu'ils ont encore de pouvoir changer de maître ; droit qui, joint à la facilité de pouvoir être congédiés au moindre caprice, les expose à un danger que ne court point l'esclavage lui-même, je veux dire celui de mourir de chagrin, ou de passer dans l'indigence les tristes jours de leur vieillesse.

Tel est le premier contre-poids qu'on

pourroit établir. La multiplication des propriétaires seroit le second. Dans toutes nations, plus le nombre des propriétaires augmente, plus celui des grandes propriétés
diminue. Nous avons déja démontré que les
grandes propriétés sont la ruine de la population. Elles ne sont pas moins funestes
à l'agriculture, soit par l'abus que ces propriétaires font de leur sol, soit parce qu'ils
attirent dans les capitales tous les hommes
et toutes les richesses. Vingt ou trente petits
propriétaires qui posséderoient entre eux
des terres que nous voyons réunies dans la
main d'un seul homme, n'agiroient pas certainement comme lui. Hors d'état de se
livrer aux dépenses qu'exigent le luxe de
la capitale et de la cour, ils resteroient dans
les provinces, ils habiteroient les campagnes,
ils feroient valoir leurs domaines ; et bien
convaincus du besoin de leur présence, ils
ne songeroient point à s'en éloigner. Il n'en
est pas de même du grand propriétaire : pour
lui, rien de plus insupportable que la vie -
champêtre. Il ne peut vivre qu'à la cour,
ou près d'elle. Il est gêné, éclipsé, humilié :
n'importe ; sa folle ambition le retient dans
la capitale, comme l'unique séjour du bonheur. Là, pour montrer son luxe et ses richesses, il occupe et profane tous les genres

de manufactures et d'arts ; là, il entretient
une quantité prodigieuse de gens oisifs qui
servent bien plus à son faste qu'à sa commodité ; là enfin, il dissipe ses revenus et
ceux de ses descendans. C'est ainsi que les
grandes propriétés contribuent à l'agrandissement des capitales. Il est donc certain que
le démembrement de ces grandes masses et
la multiplicité des petits propriétaires seroient encore un contre-poids très-utile pour
les campagnes, pourvu que cela fût opéré
par des lois sages et bien combinées.

L'établissement de beaucoup de manufactures dans l'intérieur de l'Etat, en faci-
litant l'écoulement des richesses que tant de
sources transportent dans la capitale, ne
contribueroit pas moins à en diminuer l'excessive grandeur. Cet établissement feroit
prospérer l'agriculture en ouvrant une route
par laquelle une portion des richesses de
la capitale pourroit refluer dans l'intérieur
de l'Etat ; les manufactures à leur tour en
tireroient un très-grand avantage, parce
que le prix des denrées étant toujours moins
haut dans les provinces que dans la capitale, le manufacturier dépensant moins,
ses ouvrages seroient à meilleur marché, et
la consommation générale seroit plus grande.
Nous savons qu'une entreprise de cette na-

ture eut le plus grand succès sous le ministère de Colbert. Qu'on ne m'oppose donc point l'objection ordinaire de l'extrême difficulté, de l'impossibilité. Le germe salutaire de l'industrie peut se développer dans les provinces comme dans les capitales. Partout les hommes naissent avec le désir d'améliorer leur sort et de profiter de tout ce qui les environne. Le vice seul des lois, l'avidité seule des Gouvernemens peuvent les décourager, les réduire à la nécessité de renoncer à leurs premières vues, et inspirer une sorte d'inertie à l'homme, par sa nature, l'être le plus actif. Sans offrir des récompenses, sans encouragemens, sans beaucoup de peine, on verroit naître bientôt les effets les plus heureux. Il suffiroit de détruire les obstacles. Chez nous, par exemple, pour rendre la vie aux manufactures dans les provinces, il suffiroit de délivrer les soieries de tous les droits dont elles sont accablées, et de *l'esclavage* auquel ce genre de commerce est soumis. Le ministère actuel s'est déjà occupé de l'un de ces objets. Si ce premier pas ne peut pas encore procurer tout le bien qu'on desire, il est au moins pour nous un sûr garant de la vigilance du gouvernement. Cela suffit pour lui donner des droits à notre reconnoissance. Puisque l'expérience ne nous a que trop appris à nous estimer heureux, quand on ne multiplie pas nos maux, combien ne faudra-t-il donc pas chérir une administration qui cherche à les diminuer ?

Enfin l'accroissement de la circulation intérieure, un plus grand nombre de chemins publics, de canaux de communication, etc. ; tout cela sert à maintenir l'équilibre entre les provinces et la capitale. Mais comme ces objets doivent être plutôt l'ouvrage de l'administration que celui des lois, je laisse à d'autres le soin de les traiter.

Après avoir parlé des causes *nécessaires* qui concourent à l'agrandissement des capitales, et du contre-poids qu'on pourroit opposer à leur force toujours active, voyons quelles sont les causes que nous avons appelées *abusives* : celles-ci demandent, non pas un contre-poids, mais une réforme.

La première et la plus préjudiciable de toutes c'est l'appel aux tribunaux de la capitale, des jugemens rendus par ceux des provinces. Il est aisé de voir combien d'hommes et de richesses ce fatal systême attire dans les capitales, aujourd'hui surtout que l'esprit de chicane est devenu l'ame des nations ; aujourd'hui que la multiplicité des lois rend toute prétention soutenable ; aujourd'hui enfin que les procès sont dispendieux et éternels.

Mon dessein n'est point de me déclarer contre un droit que je regarde comme précieux à la liberté civile, contre le droit que la loi donne à chaque citoyen d'appeler devant un tribunal supérieur, de la sentence d'une jurisdiction subalterne. La confiance publique peut être trompée, et l'appel est le plus raisonnable de tous les moyens propres à arrêter les désordres de cet abus. Mais ces tribunaux supérieurs ne pourroient-ils pas être établis dans les provinces mêmes? Chaque province ne pourroit-elle pas avoir le sien? Le trésor du prince souffriroit-il d'un léger sacrifice qu'on feroit au bien public? Il suffiroit peut-être de supprimer trois ou quatre charges fastueuses et inutiles, pour pouvoir procurer cet avantage à l'Etat, sans faire le moindre tort au fisc; l'on ne verroit plus alors dans la capitale une si prodigieuse quantité de gens de robe, qui consomment la cinquième partie des richesses de la nation; tant de malheureux plaideurs qui viennent s'y ruiner, tant d'autres citoyens qui s'accoutument au séjour de la ville, dans l'intervalle de tems que leurs affaires les obligent d'y consacrer, et qui finissent par s'y fixer pour toujours, séduits par les plaisirs qu'elle leur offre.

En Angleterre, un tel désordre n'existe point. Les jurés sont toujours pris dans les endroits où le différend a commencé. Ils doivent avoir un président, ou être convoqués par l'un des douze *grands juges d'Angleterre*. Ceux - ci se partagent tout le royaume, et chacun d'eux va, dans le cours de l'année, faire sa tournée dans son département, pour faire juger tous les procès. Or comme le tems de son séjour dans chaque pays est fixé, que le moment de son passage d'un endroit dans un autre est déterminé, si les jurés n'ont pas encore pu venir à bout de s'accorder à cette époque, le juge part de l'endroit, et emmène les jurés avec lui. Ce sont donc les magistrats, ce sont les jurés qui voyagent en Angleterre, et non les malheureux plaideurs.

Le rétablissement des présidiaux en France sembloit devoir être le premier pas du gouvernement vers cette heureuse innovation. Ces tribunaux de province, destinés à juger par appel en dernier ressort les affaires qui n'excédoient pas une somme déterminée par les lois, avoient, depuis plus d'un siècle, perdu leur ancienne vigueur. L'Edit de 1774 les avoit fait sortir de cette léthargie à laquelle la puissance législative les avoit condamnés. Les applaudissemens de la nation et de l'Europe avoient récompensé le zèle du prince qui l'avoit dicté. Mais, malheureusement pour les peuples, l'intérêt particulier étouffe souvent les réclamations de l'intérêt général. On a fait modifier l'édit, et la modification en a détruit tous les avantages. Cet évènement fait naître une réflexion bien affligeante pour l'humanité; c'est qu'il faut beaucoup d'efforts pour la délivrer des maux qui l'oppriment, et qu'il en faut très-peu pour la priver des avantages qu'on lui avoit procurés.

L'appel aux tribunaux des capitales est donc la première cause, non pas nécessaire, mais *abusive*, qui, plus que toute autre, en produit l'agrandissement, et qu'on pourroit détruire avec facilité. La seconde cause, c'est l'existence des *priviléges* accordés à ceux qui l'habitent.

Je n'examinerai point s'il seroit à propos de retrancher du droit public des nations l'article des priviléges. Je laisse à d'autres l'examen de cette question. Je dirai seulement, que si l'économie civile exige qu'il y ait dans l'Etat une classe d'hommes favorisée d'une manière particulière, la faveur doit être pour celle qui le mérite le plus par son utilité, c'est-à-dire, pour celle qui nous alimente. Mais la justice distributive a rarement dirigé les opérations des gouvernemens. L'intérêt et la crainte sont deux passions qui ont trop d'empire sur notre cœur. Quoique le prince ait à sa disposition toutes les forces de l'Etat, il ne laisse pas de craindre ceux qui le craignent; et comme l'on a toujours plus de peur de l'objet qui est près de soi que de celui qui en est éloigné , quoique peut-être il soit plus redoutable, les habitans des capitales, se trouvant plus près du trône que les autres citoyens, ont toujours inspiré plus de crainte , et ce sont eux que le gouvernement a favorisés le plus et opprimés le moins. Il fut peut-être un tems où cette funeste politique étoit pardonnable aux princes. Lorsque leur puissance étoit divisée, ou, pour mieux dire, écrasée par toutes les contre-forces de la féodalité; lorsqu'une partie de leurs sujets étoit esclave de l'autre; lorsqu'ils n'étoient rois que dans les capitales de leurs royaumes, ils avoient au moins un motif qui pouvoit les engager à sacrifier les intérêts de la nation à ceux de la capitale, à satisfaire aux dépens de l'agriculture l'avidité des hommes qu'ils voyoient environner de plus près leurs trônes chancelans, à s'efforcer même d'en augmenter le nombre. Mais aujourd'hui leur situation est tout-a-fait différente : la plénitude de leur puissance se fait également sentir dans toutes les parties de leurs vastes Etats. L'intérêt particulier des princes s'unit avec celui de la nation pour adopter un systême contraire. Aujourd'hui la richesse des campagnes doit décider de la force du souverain, de l'opulence publique, et de la sûreté du gouvernement. En un mot, le même motif n'existe plus : l'ignorance seule et la force invincible que le tems donne aux désordres, peuvent conserver cette partialité funeste, qui blesse toutes les lois de la justice et de la politique, et qui attaque l'intérêt général d'une société, pour être utile en apparence à une partie de ses membres.

Enfin si l'on transféroit dans l'intérieur de l'Etat certaines maisons publiques, par exemple, les hôpitaux des pauvres, ceux des enfans trouvés, ceux des fous, ceux des invalides, etc., on redonneroit aux provinces une sorte de vie, et l'on diminueroit en même tems la grande population des capitales.

L'expérience nous apprend qu'un seul régiment qui forme la garnison d'une ville de province, suffit pour l'enrichir. Combien d'endroits ces maisons publiques, transférées dans différentes parties de l'Etat, n'enrichiroient-elles donc pas? Les capitales perdroient beaucoup, j'en conviens, de leur magnificence et de leur dignité ; ces monumens de bienfaisance, enfouis dans le fond des provinces, resteroient sans doute cachés aux yeux du voyageur qui n'est curieux de voir que la capitale d'un Etat ; mais peut-on mettre le bien public en comparaison avec les applaudissemens d'un voyageur frivole et ennuyé ? C'est ce bien public qui fait la véritable grandeur des nations ; voilà le vrai faste qui relève l'éclat des trônes et rend la souveraineté plus auguste. *In multitudine populi dignitas Regis.* Or la population languira toujours tant qu'on laissera languir l'agriculture, et l'agriculture ne fleurira jamais, tant que la capitale ne tirera sa richesse et sa population que de la désolation et de la misère des campagnes ; tant qu'elle sera remplie de propriétaires enlevés à leurs terres ; de valets arrachés à la charrue, de jeunes filles perdues pour l'innocence et le mariage, et d'hommes consacrés au faste et à l'ostentation, instrumens, victimes, objets, ministres et jouets de la mollesse et de la volupté. Je m'apperçois que je me suis abandonné, dans ce chapitre, à quelques détails trop minutieux ; mais je prie ceux qui m'accuseront de cette faute, de se rappeler ce que j'ai dit en traçant le plan de ce livre, qu'il en est de la science du gouvernement et des lois,

comme de la nature, où les fibres les plus
secrètes des plantes, les fibres cachées dans
les entrailles de la terre, sont celles qui nour-
rissent les bois les plus majestueux. Beaucoup
de petites causes réunies peuvent produire
les plus grands maux.

CHAPITRE

CHAPITRE XV.

De l'encouragement qu'on pourroit, après avoir détruit les obstacles, donner à l'agriculture, en la rendant honorable pour ceux qui l'exercent.

Avant qu'il y eût dans le monde des héros destructeurs des hommes, depuis long-tems le genre humain révéroit les noms d'Osiris, de Cérès, et de Triptolème. On ne connoissoit alors d'autres richesses que celles des champs ; alors une abondante moisson étoit le plus grand bienfait de la nature. Les hommes n'avoient point l'imprudente folie d'envoyer, sous la protection d'un Dieu, une flotte ou une armée, à qui l'ambition donnât des ailes pour voler à la destruction d'une partie de leurs semblables ; mais prosternés devant quelques mottes de terre amoncelées, ils immoloient sur ces autels de la nature, des victimes aux Dieux pour obtenir la fertilité de leurs champs. A ces motifs d'intérêt et de besoin, les premiers législateurs des peuples joignirent l'aiguillon de la gloire et des honneurs, pour encourager les hommes à la culture de la terre. Ils virent que cette occupation méritoit, plus que tous les autres genres de travail, la protection des lois. Ils virent combien il importoit que le cultivateur et son art fussent distingués. Dans la Perse, on établit une fête solennelle, destinée à consacrer cette opinion glorieuse, et à retracer la dépendance réciproque du genre humain. Tous les ans, le huitième jour du mois que les Perses appellent *Correntruz*, les fastueux monarques de cet empire se dépouilloient de leur vaine et inutile pompe; environnés d'une grandeur plus réelle, on les voyoit se confondre dans la classe la plus utile de leurs sujets. L'humanité reprenoit alors ses droits, et la vanité déposoit ses distinctions absurdes. On voyoit assis à la même table, avec un égal honneur, avec les dehors d'une égale dignité, les habitans de la campagne, les Satrapes, et le grand roi. Toute la splendeur du trône sembloit destinée à donner de l'éclat au cultivateur. Le guerrier et l'artiste étoient exclus de cette pompe à laquelle la loi n'admettoit que ceux qui cultivoient la terre. Mes enfans, leur disoit le prince, c'est à vos sueurs que nous devons notre subsistance; ce sont nos soins paternels qui assurent votre tranquillité. Puisque nous ne pouvions donc nous passer les uns des autres, regardonsnous comme égaux, aimons-nous comme frères, et que la concorde règne toujours parmi nous (1).

Depuis un très-grand nombre de siècles, la Chine célèbre une fête semblable. Tous les ans, pendant huit jours consécutifs, le chef de la nation exerce la profession de laboureur. Il conduit une charrue, trace un sillon, remue la terre avec une bêche, et distribue quelques emplois à ceux qui se sont le plus distingués dans l'art du labourage (2).

Enfin nous savons combien chez les Romains, dans les premiers tems de la république, les lois, les mœurs, la politique du gouvernement, et le culte même concouroient à rendre l'agriculture honorable. Nous savons que la première institution religieuse de Romulus fut celle des prêtres Arvaux, dont les fonctions étoient d'implorer les Dieux pour la fertilité des champs; que la première monnoie eut pour empreinte un bouc ou un bœuf, emblêmes de l'abondance, et que les tribus des campagnes furent préférées à celles des villes; afin de rendre plus favorable la condition de ceux qui culti-

____

(1) Voyez Hyde, *de relig. Pers.* cap. 19.
(2) Recueil des voyages qui ont servi à l'établissement de la compagnie des Indes.

voient la terre. Les consuls, les dictateurs,
les premiers magistrats de la république étoient
laboureurs ; souvent ils se faisoient honneur
de donner à leurs familles un surnom qui
rappelât à leur postérité l'occupation favorite de ses pères (1).

Telle fut l'idée honorable que l'on eut à
Rome de l'agriculture dans les premiers
siècles de la république. Si dans des tems
postérieurs les choses changèrent de face ;
si presque toutes les nations, arrivées à un
certain état de grandeur, ont toujours ab-
horré les causes qui avoient le plus contri-
bué à les y faire parvenir ; si Rome, dans
l'ivresse de ses conquêtes, abandonna la culture des terres ; si Sparte en chargea les Ilotes ;
si les Barbares qui renversèrent l'Empire,
laissèrent aux esclaves la charrue et le hoyau,
pour se saisir du bouclier et de l'épée ; si,
depuis la découverte du Nouveau-Monde,
les nations Européennes, éblouies par l'é-
clat de l'or, ont préféré les mines de l'Amérique aux champs les plus fertiles de l'Europe ; si l'Espagne abandonna la culture
aussitôt qu'elle vit dans ses mains les métaux
d'un nouvel hémisphère ; si la France négli-

---

(1) Les surnoms de Pison, de Lentulus, de Cicéron, et beaucoup d'autres, sont célèbres dans
l'histoire de Rome.

gea, sous le ministère de Colbert, les avantages réels que l'agriculture produit, pour
hâter les progrès de ses manufactures ; si
enfin l'art le plus nécessaire, le plus honoré
dans d'autres tems, a été, pendant un si grand
nombre de siècles, négligé, dégradé, et avili ;
nous ne devons point en être surpris, en faisant attention à la marche ordinaire de l'esprit humain, qui, avant de retourner au
point d'où il est parti, doit parcourir tous
les espaces qui l'environnent. Mais sommes-
nous encore éloignés de ce point ? pouvons-
nous espérer de revoir l'agriculture dans son
ancien éclat ? Malgré l'influence puissante
des anciennes erreurs et de l'ignorance des
siècles passés ; malgré la révolution funeste
qu'a produite dans notre manière de penser
la longue durée de la Législation des Barbares, de leurs usages, de leurs maximes, et des
lois extravagantes de la chevalerie et de l'honneur ; malgré, dis-je, les efforts combinés
d'une partie existante encore de tous ses maux,
dont le poids a si long-tems accablé l'Europe ;
pouvons-nous espérer de voir le cultivateur
honoré, distingué par les lois, par les gouvernemens, et par l'opinion publique elle-
même ? Les progrès rapides des connoissances humaines, les académies d'agriculture
établies dans plusieurs Etats de l'Europe,

les récompenses accordées à quelques découvertes utiles, ce grand nombre de cultivateurs
philosophes qui ont paru dans ces derniers
tems; tout cela suffit-il pour justifier nos espérances? Oui : mais dans un seul cas, lorsque les gouvernemens commenceront par
s'occuper du bien-être du cultivateur.

Soyons convaincus de cette vérité : l'honneur est un ressort qui peut agir dans tous
les cœurs, lorsqu'on sait le faire mouvoir. A
cet égard, les hommes sont partout à-peu-
près les mêmes; partout ils seront toujours
réveillés par les distinctions et les récompenses. Mais avant que le paysan sache ce
que c'est que l'honneur, il faut qu'il sache ce
que c'est que l'aisance et la commodité. Un
cœur oppressé par l'indigence n'a d'autre
sentiment que celui de sa misère. Or cette
misère se perpétuera dans la classe la plus
nécessaire, dans la classe qui rend les services les plus importans à la société, tant
qu'on laissera subsister les causes qui la produisent : elle se perpétuera tant que les lois
permettront que toutes les propriétés de l'E-
tat soient réunies dans les mains d'un petit
nombre de citoyens; tant que les substitutions conserveront, durant une suite de siècles non interrompue, des pays entiers dans
les mêmes familles; tant que le clergé sécu-

lier et régulier engloutira une grande partie des biens-fonds de la nation ; tant qu'on ne réformera point les lois féodales et tous les abus qui en naissent ; tant que dans les campagnes de l'Europe le colon *serf de la glèbe*, ou mercenaire libre, cultivera sans cesse un terrain dont ni le sol, ni les fruits ne lui appartiennent ; tant que les taxes exorbitantes, injustes, ou au moins mal assises, forceront le cultivateur à gémir sous le poids du travail le plus opiniâtre, poids insupportable toutes les fois qu'il n'est point allégé par l'espérance d'améliorer son sort : cette misère enfin se perpétuera tant que ces causes, jointes à celles dont on a parlé dans les chapitres précédens, ne seront point détruites. Que l'on entreprenne donc cette réforme salutaire ; que l'on procure une certaine aisance aux cultivateurs ; que partout on accomplisse les vœux du bienfaisant Henri IV qui désiroit que le paysan pût avoir chaque jour de fête une poule sur sa table ; qu'alors, afin d'achever ce grand ouvrage, on ajoute à tant d'ordres fastueux qui décorent le noble oisif, et qui font partie de l'ornement des cours, un nouvel ordre, symbole de la paix et du travail ; que cet ordre soit la récompense du laboureur qui aura le mieux cultivé son champ, et du propriétaire qui aura su, par son industrie et par sa vigilance, donner un nouveau prix au fonds de terre qu'il possède; que le souverain illustre cet ordre en le portant; qu'il ne l'accorde qu'avec la plus grande réserve, et qu'après avoir examiné avec la plus scrupuleuse exactitude le mérite de ceux qui le recherchent; que dans chaque province de l'Etat il y ait une société de cultivateurs philosophes, chargés de répandre dans les campagnes les germes salutaires de cette science, et de balancer les droits de ceux qui se seront rendus dignes de la récompense fixée par la loi; que ceux enfin qui l'auront méritée et obtenue, participent aux mêmes droits, et jouissent des mêmes priviléges que les lois ont accordés à une noblesse acquise jusqu'à présent, ou par la destruction des hommes, ou par l'exercice d'une charge de judicature dont on a quelquefois abusé : alors l'agriculture, illustrée, cesseroit d'être l'occupation des hommes les plus vils de l'Etat. L'homme riche s'y livreroit pour charmer ses ennuis; elle rempliroit les momens de loisir du magistrat; elle seroit une source de délices pour le philosophe et l'homme de lettres, comme elle le fut jadis pour l'orateur Romain (1). L'homme

---

(1) *Omnium rerum,* dit Cicéron, *ex quibus aliquid*

dissipé ou plongé dans la mollesse se familia-
riseroit avec les occupations et avec le genre
de vie du laboureur ; il se guériroit de ses
préjugés ; il apprendroit à connoître le prix
du travail, surtout celui de l'agriculture, et
il ouvriroit son cœur à des sentimens de bien-
veillance et d'estime pour ceux qui l'exercent.
De son côté, le cultivateur, animé par cette
considération et par l'espoir de jouir un jour
d'un honneur que ses bras lui offrent et qu'il
est assuré d'obtenir en le méritant, sentiroit
renaître son courage. Il acquerroit une nouvelle force ; tout se perfectionneroit par ses
soins ; la classe la plus nécessaire se multiplieroit ; les campagnes deviendroient plus
peuplées : alors la terre que nous habitons
et que nous voyons aujourd'hui languir avec
nous, lorsque la nature l'appelle à la fécondité, les plaines qui n'offrent à nos yeux que
des déserts, et qui sont la honte de nos lois
et de nos mœurs, commenceroient à se trans-
former en autant de champs fertiles : alors
nos États fleuriroient, enrichis par l'agriculture et par l'industrie, qui fuient aujourd'hui
loin de nous.

---

*exquiritur, nihil est agricultura melius, nihil uberius,
nihil dulcius, nihil homine libero dignius.*

CHAPITRE XVI.

Des Arts et des Métiers.

Sɪ l'agriculture mérite d'être considérée comme la première source et comme la base de la richesse des peuples, on ne doit pas pour cela négliger les arts. Dans le systême de l'économie politique, le premier rang appartient à la culture des terres ; mais les arts ont au moins droit au second.

Lorsque l'agriculture est portée au plus haut degré de perfection ; lorsque sous ses auspices la population s'est considérablement accrue et qu'elle est supérieure à celle que demandent les travaux de la campagne ; lorsque l'abondance même des choses nécessaires à la vie invite l'homme à rechercher celles qui peuvent la lui rendre plus agréable ; lorsqu'enfin une infinité de bras doivent rester oisifs, s'ils ne sont employés à donner une certaine forme aux productions du sol, il faut nécessairement qu'une partie des habitans de ce pays se porte vers les arts. Alors, pourvu que ce peuple ne soit point dévoué à l'oppression ou entraîné par le fanatisme des conquêtes, il jouit en même tems des avantages de l'agriculture et de ceux de l'industrie. Ce que ses soins ont fait naître, son habileté le perfectionne. Tel fut le sort des Indes et de la Chine, de la Perse et de l'Egypte. Ils possédèrent avec tous les trésors de la nature les plus brillantes inventions de l'art. Tel eût encore été le sort de l'Italie, si elle eût pu cesser un instant d'être esclave ou de combattre.

La nature même des choses amène donc un peuple à l'exercice des arts et au travail des manufactures, et le législateur doit guider ses premiers pas dans cette nouvelle carrière. Je parlerai dans ce chapitre de la marche que je crois la plus utile à suivre. C'est une des opérations les plus difficiles de la Législation économique. Le caractère de l'homme, toujours près de se jeter dans les extrêmes, est la première cause de cette difficulté. Les deux plus grands ministres que la France ait eus (1) tombèrent tous les deux dans cette erreur, l'un en négligeant les arts, l'autre en les protégeant trop. Il faut se tenir dans un juste milieu, protéger les arts, sans nuire à l'agriculture.

Le premier objet de la Législation économique est donc de combiner les progrès des

____

(1) Sully et Colbert.

arts et des métiers avec ceux de l'agriculture. Pour y parvenir, le législateur doit encourager les arts qui emploient le plus de matières premières, c'est-à-dire, de productions du sol. Cette vérité, malheureusement trop ignorée, mérite d'être approfondie.

Supposons deux ouvriers dont chacun gagne annuellement, par son industrie, une somme égale à 1000, mais avec cette différence que l'un d'eux emploie dans sa manufacture une quantité de productions du sol égale à 10, et que l'autre en emploie dans la sienne une quantité égale à 1000 : or, je le demande, laquelle, de l'industrie du premier ou de celle du second, procurera le plus d'avantages à l'Etat ? J'ose dire que ce sera l'industrie du second, et cela pour deux raisons : l'une, parce que, dans le cas où les ouvrages de ces deux manufactures seront vendus à l'étranger, le premier ne fera rentrer dans l'Etat qu'une quantité de numéraire égale à 1010, tandis que le second y fera rentrer une quantité égale à 2000. L'autre raison est l'intérêt de l'agriculture. Si ses progrès dépendent de la consommation, celui qui doit employer une quantité de productions du sol égale à 1000, consommant 99 fois plus que celui qui n'en doit employer que 10, le surpassera en utilité dans cette proportion.

Tels sont les avantages des manufactures qui emploient beaucoup de productions du sol, sur celles qui en emploient peu. Telle est la raison pour laquelle le législateur doit protéger les premières beaucoup plus que les secondes : mais cette règle générale a ses exceptions. Dans la science des lois tout est relatif. Tous les pays ne sont pas propres à la culture. Il y en a que la nature a condamnés à la stérilité ; il en est d'autres dont le territoire est fort petit, et dont les productions sont infiniment au-dessous de ce qu'exige la consommation intérieure. Or, dans ces pays, comme ce sont les arts et le commerce, et non l'agriculture, qui peuvent être les sources de la richesse, et que dans ce cas le législateur doit chercher plutôt à diminuer la consommation qu'à l'accroître, parce qu'elle doit être tirée toute entière, ou au moins pour la plus grande partie, de chez l'étranger, les manufactures qui emploient le moins de matières premières, doivent y être préférées à celles qui en emploient davantage (1).

____

(1) Ce que je dis ici de la diminution de consommation, n'a point de rapport avec la diminution de

Il faut donc que les lois qui dirigent les arts et les manufactures dans les pays agricoles, soient tout-à-fait différentes de celles qui les dirigent dans les pays stériles.

Or la différence de climat et de situation n'a pas moins d'influence dans cette partie de la Législation économique qui concerne les arts. Je crois avoir suffisamment démontré cette vérité dans le premier livre de cet ouvrage, où j'ai parlé du rapport des lois avec le climat et la situation du pays. Il me semble donc inutile de répéter ce que j'ai déjà dit : je me contenterai seulement d'y ajouter quelques réflexions indispensables dans un traité qui embrasse tous les peuples, et qui les considère dans toutes les circonstances possibles où ils peuvent se trouver.

Supposons, par exemple, qu'une nation soit absolument au milieu des terres, que son sol soit fertile, mais que celui de ses voisins le soit également, ou du moins assez pour ne pas avoir besoin d'elle à cet égard ; supposons qu'éloignée de tout fleuve navigable, et environnée de montagnes, elle se

population, dont on ne sauroit trop desirer les progrès dans les pays stériles, comme dans les pays fertiles.

trouve hors d'état de pouvoir transporter au loin ses productions en nature, ou les ouvrages de ses manufactures qui, employant une quantité considérable de matières premières, fournissent des objets très-difficiles à exporter : dans cette nation, comme le législateur ne peut hâter les progrès de l'agriculture que par la consommation intérieure, ni se procurer, à l'égard du commerce extérieur, une balance avantageuse que par le moyen des arts dont les ouvrages sont d'un transport facile ; le nombre des artisans et des ouvriers dans tous les genres n'y sera jamais trop considérable. Chez ce peuple, on pourroit adopter sans risque le systême de Colbert ; chez lui enfin la facilité de la subsistance, occasionnée par l'abondance des productions du sol, ouvriroit à ses manufactures le débouché de leurs marchandises, au dehors, par l'avantage qu'elles pourroient avoir dans la concurrence avec celles des autres nations ; et la multiplication des manufacturiers pourroit soutenir et animer les progrès de l'agriculture.

Je conviens cependant que la prospérité de cette nation ne seroit que précaire ; dépendante des seuls produits de l'industrie, elle dureroit tant que les autres nations trouveroient leur intérêt à les acheter. Or, aussitôt que la balance avantageuse de son commerce commenceroit à multiplier ses richesses ; aussitôt que l'accroissement de son numéraire feroit hausser le prix de la main-d'œuvre ; aussitôt que les marchandises de ses manufactures, venant à renchérir, commenceroient à perdre dans le commerce cet avantage qui en facilitoit le débit, elle retomberoit nécessairement dans l'état auquel sa position la condamne, dans l'état de pauvreté. Je ne connois qu'un seul remède à ce mal. Il faudroit que cette nation craignît autant une balance avantageuse du commerce, qu'une balance désavantageuse. Il faudroit qu'elle tâchât de vendre beaucoup aux étrangers, pour multiplier, par le débit de ses marchandises, la consommation intérieure. Mais elle devroit aussi acheter beaucoup d'eux, afin que l'avantage et désavantage, dans cet échange, fussent toujours réduits à rien ; alors les ouvrages de ses manufactures, restant toujours au même prix, elles pourroient avoir un avantage constant dans la concurrence ; alors l'agriculture, liée dans cet Etat aux progrès des arts, pourroit prospérer ; alors enfin cette nation pourroit jouir, dans la médiocrité de ses richesses, de cette prospérité qu'elle ne connoîtroit point dans la misère, et qu'elle

perdroit

perdroit bientôt, si elle se trouvoit dans une opulence excessive. Il y a plus d'un empire en Europe à qui ces principes ne peuvent être étrangers. Je laisse au lecteur le soin d'en faire l'application.

Après avoir examiné succinctement les principes particuliers qui devroient diriger la législation économique de l'Etat que nous avons supposé, reprenons les principes généraux de cette théorie.

La providence, voulant que les nations soient unies, comme les hommes, par les liens des besoins réciproques, a donné à chacune d'elles quelque chose qui lui est propre et qui la rend, pour ainsi dire, nécessaire aux autres. C'est le devoir du législateur de tirer de ce bienfait le plus grand avantage possible. Si le territoire renferme quelque production particulière, il doit en encourager la culture. Si quelque espèce de manufacture, par le concours de plusieurs circonstances favorables, comme du climat, de la situation, de la nature des eaux, etc., y existe exclusivement, ou peut s'y perfectionner mieux que par-tout ailleurs, il doit la protéger avec plus de soin ; mais il ne doit pas chercher à sortir de la dépendance où il est, à cet égard, d'une autre nation, en faisant violence ou à la nature de son sol,

ou à l'industrie du citoyen, par l'introduction de ces plantes exotiques dont le sort
seroit de rester toujours étrangères, toujours
imparfaites dans son pays.

Les arts et les métiers ont donc besoin de
la direction secrète des lois. Ils ont encore
un plus grand besoin de leur protection. Mais
en quoi cette protection doit-elle consister?
Je le répéterai sans cesse : il faut d'abord
commencer par lever les obstacles. Or les plus
grands obstacles qui s'opposent aux progrès
des arts, ce sont tous ces établissemens,
toutes ces lois qui tendent à diminuer la concurrence des ouvriers. Les meilleurs réglemens, les meilleures lois, les meilleurs
établissemens possibles ne seront jamais suf-
fisans pour rendre les ouvrages plus parfaits,
sans l'émulation, sans la concurrence. A
mesure que la concurrence augmente, l'artisan cherche à perfectionner sa manufacture, pour surpasser celle des autres. Il sait
que c'est un moyen sûr d'attirer les marchands et d'en obtenir la préférence. Il sait
que plus il a de concurrens, plus il doit faire
d'efforts pour les surpasser. Or ce raisonnement, que chaque artisan fait en lui-
même, et qu'on peut regarder comme l'unique instrument de la perfection des arts, ce
raisonnement ne peut être que le résultat
d'une grande concurrence. Concluons donc

que les lois qui détruisent cette concurrence
si nécessaire, ou qui la restreignent, sont
le fléau des arts et des métiers. Tels sont surtout les droits de *maîtrise* ou les *corporations*.

L'idée de faire un corps particulier de
chaque art et de chaque métier, de donner
à ce corps des statuts, de régler l'appren-
tissage qu'il faut faire, l'examen qu'il faut
subir, les qualités dont il faut être doué ;
la crainte de voir les manufactures du pays
tomber en discrédit chez les étrangers, par
l'ignorance, par la négligence, et par la
mauvaise foi des artisans ; la vanité et l'ambition des législateurs qui veulent se mêler
de tout et tout diriger ; leur inexpérience ;
qui les a toujours fait recourir aux remèdes
directs, sans songer que ces remèdes, comme
nous l'avons remarqué, ne remplissent jamais
leur but et ne servent qu'à détruire la liberté
du citoyen : toutes ces idées et tous ces motifs ont fait naître, ont perpétué, dans les
différens Etats de l'Europe, le systême pernicieux des corps de métiers et des droits de
maîtrise.

Un homme ne peut exercer un art mécanique sans le consentement du corps entier
des gens de cet art. Ce consentement ne
s'obtient qu'en payant une certaine somme,

qui varie suivant les corps. Qu'un citoyen n'ait pas de quoi la payer, en vain il cherche à montrer ses talens, son habileté, les progrès qu'il a faits dans cet art : le corps dont il veut devenir membre ne demande rien autre chose que ce qui lui manque, de l'argent. Tous ses autres avantages sont plutôt un obstacle à son admission. Ses talens, au lieu de lui procurer l'indulgence du corps, effraient ses rivaux : animés d'un esprit de ligue et de monopole, ils craignent la concurrence qui naît du nombre des individus et de leur mérite.

Le citoyen n'est donc pas toujours libre de choisir l'art ou le métier qui lui convient. Avant de consulter ses dispositions naturelles, il doit examiner ses ressources pécuniaires. Si le prix du droit de maîtrise dans la profession où il croit pouvoir le mieux réussir, excède ses facultés, il faut qu'il y renonce, pour en prendre une qui coûte moins, mais aussi pour laquelle il a moins de dispositions. Que résulte-t-il de ce désordre ? Que toutes les professions sont remplies de mauvais ouvriers. Celles qui demandent le plus de talent (1) sont exer-

---

(1) Histoire Philosophique et Politique des établissemens et du commerce des Européens dans les deux Indes.

eées par les mains qui ont le plus d'argent; les plus viles et les moins chères tombent souvent à des gens nés pour exceller dans un art distingué. Les uns et les autres, dans un métier dont ils n'ont pas le goût, négligent l'ouvrage et perdent l'art. Les premiers, parce qu'ils sont au-dessous; les seconds, parce qu'ils se sentent au-dessus.

De ce premier désordre naissent beaucoup d'autres maux, tels que les procès, les cabales, les fraudes, les injustices, qu'on voit régner sans cesse, et entre les différens corps, et entre les individus d'un même corps. Ajoutez-y encore des pertes considérables de tems pour d'inutiles et mystérieuses formalités, des monopoles inévitables, des vexations et des persécutions continuelles que les magistrats intéressés de ces ridicules républiques font éprouver aux ouvriers qui cherchent à se distinguer dans leur métier, telles sont les tristes suites d'une institution qui arrête les progrès des arts, et porte atteinte à la *propriété personnelle* du citoyen. Pour le malheur de l'humanité, la plus juste, la plus sacrée de toutes les propriétés, celle que l'homme acquiert en naissant, a été dans tous les tems la moins respectée par les législateurs. Chez les Athéniens, la loi défendoit d'exercer deux arts à la fois (1). Il falloit donc qu'un homme versé dans deux arts différens se contentât d'un seul, et fît le sacrifice des avantages que l'autre eût pu lui procurer. Nos législateurs n'ont point senti l'injustice et la barbarie de cette loi; ils ont pris d'ordinaire chez les anciens ce que ceux-ci avoient de plus absurde.

Qu'un homme cultive un ou plusieurs arts, qu'il les exerce bien ou mal, le législateur ne doit point se mêler de cela. Il peut s'en reposer sur l'acheteur, qui, sur ce point, est le juge le plus impartial. L'acheteur saura bien distinguer l'ouvrier ignorant et négligent, de l'ouvrier actif et instruit; il saura bien punir l'un et récompenser l'autre. L'artisan le plus habile et le plus honnête, environné d'acheteurs, mettra ses concurrens dans la nécessité de suivre son exemple, ou de mourir de faim, sans qu'il soit besoin de l'interposition de la loi.

Ce qu'on a dit des corporations et des droits de maitrise, on doit le dire aussi des priviléges exclusifs par lesquels le gouvernement accorde à un seul homme le droit

---

(1) *Duas artes ne exerceto.* Démost. *in Timocratem.*

d'exercer un art qu'il interdit au reste des citoyens. Si les droits de maitrise diminuent la concurrence et l'émulation, les priviléges les détruisent entièrement : voilà toute la différence.

Il suit de là, que le premier objet de la protection que les lois doivent aux arts, est d'exciter la concurrence et l'émulation, par la suppression des causes qui les diminuent ou qui les détruisent. L'autre consiste à les délivrer de toute taxe ou contribution. Chaque espèce d'industrie devroit en être exempte. Nous démontrerons cette vérité quand nous parlerons des impôts.

Enfin, après avoir levé tous les obstacles, il faudroit s'occuper des encouragemens. Quelques distinctions honorables (1), quelques récompenses pécuniaires pourroient procurer au législateur le moyen d'encourager les arts et de favoriser les uns plus que les autres, suivant que les intérêts de l'Etat l'exigeroient. Une foible récompense, accordée d'une manière éclatante, flatteroit la

-----

(1) Les lois d'Athènes accordoient une distinction honorable à l'ouvrier qui avoit surpassé les autres dans son art. *Peritior in sua arte publice in Pyraneo epulator, primamque sedem occupato.* Voyez Petit, *de legib. att. lib.* 5, *tit.* 6, *de artibus.*

vanité de l'artiste, sans être à charge à l'Etat. L'autorité peut tout quand elle veut. Si elle fait éclore le génie, si elle crée les philosophes et forme des légions de Césars, de Scipions, de Regulus, avec le seul ressort de l'honneur, combien ne lui sera-t-il pas facile de faire fleurir des arts qui ne demandent ni les talens des uns, ni la valeur des autres ! L'augmentation des commodités de la vie, des plaisirs de la société, des richesses de l'Etat, seroit le premier fruit de ce bienfait : le progrès des sciences en seroit le second.

« Le flambeau de l'industrie éclaire à la fois un vaste horison. Aucun art n'est isolé. La plupart ont des formes, des modes, des instrumens, des élémens qui leur sont communs. La mécanique seule a dû prodigieusement étendre l'étude des mathématiques. Toutes les branches de l'arbre généalogique des sciences se sont développées avec les progrès des arts et des métiers. Les mines, les moulins, les draperies, les teintures ont agrandi la sphère de la physique et de l'histoire naturelle (1) ». L'architecture a perfec-

---

(1). Histoire Philosophique et Politique des établissemens et du commerce des Européens dans les deux Indes, *liv.* 19, *chap.* 113.

tionné l'art de la géométrie : elle a souvent trouvé la proportion avant la règle, et l'expérience l'a conduite à la théorie. Avant que les mathématiciens eussent démontré que l'édifice le plus solide est celui où la perpendiculaire, tirée du sommet, va rencontrer le point du milieu de la base, déjà les Egyptiens avoient élevé leurs pyramides, et avoient vu que c'est la forme la plus stable qu'on puisse donner à un édifice. Les progrès des arts et des métiers sont donc inséparables de ceux des sciences. On pourroit alléguer mille preuves à l'appui de cette vérité; mais elles seroient déplacées en cet endroit : je me contente de l'avoir établie, pour exciter le zèle des législateurs.

Après la culture des terres, c'est donc la culture des arts qui convient le plus à l'homme. L'une et l'autre font aujourd'hui la force des Etats ; mais l'une et l'autre ont besoin d'un esprit qui les anime ; et cet esprit, c'est le commerce.

CHAPITRE XVII.

Du Commerce.

APRÈS avoir parlé de l'agriculture et des arts, après avoir analysé ces deux sources de la richesse des peuples, mes recherches seroient imparfaites si je ne parlois pas du commerce.

Le commerce a éprouvé sur la surface de la terre une infinité de vicissitudes. Dans l'antiquité la plus reculée, il fleurissoit en Asie (1); il acquit une nouvelle activité dans

---

(1) Erasthène et Aristobule, suivant Strabon, (liv. 11), rapportoient l'autorité de Patrocle, qui assuroit que les marchandises des Indes passoient dans la mer Noire, et M. Varron, comme on peut le voir dans Pline, liv. 6, chap. 17, dit que du tems de Pompée, pendant la guerre contre Mithridate, les Romains apprirent qu'on alloit en sept jours des Indes dans la Bactriane, et jusqu'au fleuve Icare qui se jette dans l'Oxus; que de là les marchandises traversoient la mer Caspienne, et entroient dans l'embouchure du Cyrus, et qu'enfin il ne falloit que cinq jours de route pour atteindre le Phase qui conduisoit au Pont-Euxin. On ne peut douter que toutes les nations qui habitoient cet espace ne fussent commerçantes. Qu'on lise aussi ce que dit Strabon, liv. 11, au sujet du passage des marchandises allant du Phase au Cyrus.

les mains des Phéniciens ; nombre de colonies lui durent leur existence (1) ; il transporta à Tyr, à Sydon (2), et à Carthage toutes les richesses de l'ancien hémisphère : après avoir long-tems régné dans les murs d'Athènes, de Corinthe, de Rhodes, et de plusieurs autres républiques de la Grèce, il disparut devant les légions victorieuses des Romains. Il se seroit ensuite totalement éteint en Europe, lorsque les barbares l'inondèrent, si Venise, Gênes, Pise, Florence, et quelques petites républiques d'Italie, à l'ombre de leur foiblesse même, ne l'eussent conservé. Durant l'anarchie des fiefs, il fut borné, dans presque toute l'Europe, au sim-

----

(1) Personne n'ignore que les Phéniciens fondèrent quantité de Colonies pour le commerce. Ils en eurent dans la mer Rouge et dans le golfe Persique. Ils en eurent dans beaucoup d'iles de la Grèce, sur les côtes de l'Afrique et de l'Espagne. Ils pénétrèrent dans l'Océan, et allèrent jusqu'aux îles Cassitérides, c'est-à-dire, la Grande-Bretagne, et jusqu'à Tuse, qu'on croit être l'Irlande. Il ne leur manquoit que la boussole pour être les Hollandais de l'antiquité.

(2) Homère, suivant l'observation de Strabon, liv. 16, ne parle que de Sydon, et fait voir clairement que, dans l'origine, le plus grand commerce étoit entre les mains de ses habitans.

ple trafic d'un village avec un autre bourg,
et rarement il passa les limites d'une pró-
vince : enfin, après tant de révolutions, il
est devenu aujourd'hui le soutien, la force,
et l'ame des nations. Il ne m'appartient pas
d'examiner quelles sont les causes dont le
concours a produit cet effet. Ce qui est certain, c'est que cet accord universel des nations, qui, dans d'autres tems, obligeoit
chaque peuple à devenir guerriers, nous oblige
actuellement à devenir commerçans. Le
commerce étant ainsi devenu comme essentiel à l'organisation et à l'existence des corps
politiques, ne doit pas être négligé dans le
systême d'une bonne Législation : c'est au
législateur de le protéger et de le diriger ;
c'est à lui de voir quelle espèce de commerce
convient à sa nation, et est la plus propre
à la nature de son gouvernement. Il doit le
garantir des obstacles que les contributions
et les impôts, lorsqu'ils sont mal placés,
peuvent opposer à ses progrès ; des priviléges exclusifs et des prohibitions qui les
génent ; des réglemens minutieux et qui re-
tardent sa marche. Il doit combiner l'intérêt de son Etat avec celui des autres nations ;
opération difficile , mais nécessaire , que
l'Europe n'a pas encore su exécuter, et dont
les avantages lui sont absolument inconnus,

mais sans laquelle la prospérité d'un peuple
sera toujours incertaine et précaire.

C'est au législateur de chercher les moyens
de donner à la circulation intérieure la plus
grande célérité, et au commerce extérieur
la plus grande extension possible. Il doit,
dans un petit nombre de réglemens, em-
brasser de grandes choses, puisqu'un des
plus puissans obstacles aux progrès du commerce est la multiplicité des lois qui le
concernent. Ces lois doivent enfin, par la
rigueur des peines et par d'autres moyens
que j'indiquerai, établir la confiance publique et particulière, qui doit être la
base de la morale et de la politique des nations commerçantes.

Je traiterai tous ces objets séparément dans
les chapitres suivans. Je vais commencer
par examiner quel est le commerce qui convient aux différens pays et aux différens
gouvernemens.

CHAPITRE XVIII.

Du commerce qui convient aux différens pays et aux différens Gouvernemens.

IL est aisé de sentir comment telle espèce de commerce qui convient à un pays, ne convient point à un autre. Certainement un pays stérile ne peut prétendre au commerce d'un pays fertile ; et un pays fertile ne doit point, quoiqu'il le puisse, imiter à cet égard celui qui ne l'est pas.

Par exemple, le commerce d'économie est le seul qui convienne aux peuples qui habitent un pays stérile (1). Ne pouvant tirer aucunes productions de leur sol, ils sont obligés de subsister aux dépens des étrangers : il faut qu'ils aillent chercher chez une nation les productions qui y sont surabondantes, afin de les porter à la nation qui en est privée : il faut qu'ils échangent l'excédant de l'une avec l'excédant des autres ; et c'est de cet échange, toujours avantageux, qu'ils doivent tirer leur subsistance et leurs

______

(1) Il est question ici des pays stériles qui sont sur les bords de la mer. On parlera dans la suite de ceux qui sont situés au milieu des terres.

richesses. Voilà pourquoi de tout tems la vexation et la violence ont fait naître le commerce d'économie, lorsque les hommes ont été contraints de se réfugier dans des marais, dans des îles, sur les sables de la mer, et sur des écueils même. C'est ainsi que Tyr, Venise, et les villes de la Hollande furent fondées. Des hommes fugitifs y trouvèrent leur sûreté. Les élémens combattoient pour eux, et arrêtoient les armes victorieuses des ennemis. Mais cette même cause, qui les mettoit à l'abri des persécutions, les forçoit ou de mourir de faim, ou de recourir au commerce d'économie.

Or, dans les pays fertiles, les hommes ne sont point réduits à cette espèce de trafic, pour subvenir à leurs besoins. Comme la fécondité du sol, jointe aux avantages de la culture, leur procure une surabondance dans quelques genres, tout ce qu'ils ont à faire, est d'échanger cet excédant avec les objets qui leur manquent. Le grand objet de la Législation économique dans ces pays, consiste à multiplier ce surabondant et à diminuer ce défaut : il consiste à procurer aux denrées que l'on exporte un débouché facile, et à faire ensorte que dans l'échange la quantité de ce qu'on donne surpasse toujours la quantité de ce qu'on reçoit, afin que ce qui reste soit payé avec les richesses de convention, dont l'introduction continuelle fera toujours, tant qu'elle sera modérée, pencher de leur côté la balance de la richesse relative des nations.

Mais outre la fertilité et la stérilité du sol, la situation du pays et son étendue doivent encore servir à déterminer l'espèce de commerce qui lui convient le plus. Un pays, par exemple, dont le territoire est peu considérable, qui a beaucoup de ports, qui a des fleuves et des canaux navigables, est plus propre au commerce d'économie. Au contraire, un pays fort étendu, qui a peu de ports, qui n'est baigné par la mer que d'un seul côté, doit toujours préférer le commerce de propriété (1). Si enfin aux incon-

---

(1) Si, par exemple, la Russie s'avisoit de préférer au commerce de ses denrées un trafic semblable à celui des Hollandais, de tous les peuples qui habitent cet immense pays, il n'y auroit que ceux qui sont les plus voisins du célèbre port de Cronstadt qui connoîtroient l'or et l'argent; tous les autres seroient condamnés à vivre d'échanges, comme faisoient leurs pères il n'y a pas encore long-tems. Ce trafic convient à la Hollande, parce que les veines, si j'ose m'exprimer ainsi, qui transportent l'argent dans l'intérieur des Provinces-Unies, sont si courtes, que la circulation s'y fait avec la plus grande promptitude. Mais que le territoire de la

véniens

véniens de la situation se trouvent encore réunis les inconvéniens du sol, si le territoire est petit et situé au milieu des terres : alors le législateur doit tourner tous ses soins vers les arts et les métiers ; il doit en faire les fondemens de son commerce (1). Par-là, Genève, sans être d'aucun côté baignée par la mer, sans avoir, pour ainsi dire, de territoire, est devenue une des plus riches villes de l'Europe ; par-là, elle s'est acquis la gloire de secourir Henri IV pendant les guerres de la Ligue, et de résister aux troupes de Charles-Emmanuel duc de Savoie ; par-là, elle a triomphé des trésors et de l'ambition féroce de Philippe II ; par-là enfin beaucoup de pays de l'Allemagne fleuriroient bientôt, malgré la foiblesse de leurs princes et l'indigence actuelle de leurs habitans.

Après avoir observé comment la qualité

Hollande devienne aussi étendu que celui de la France et de l'Espagne, et vous verrez bientôt cette circulation retardée. Peu de tems après vous la verrez interrompue, et cette interruption fatale finira par occasionner une convulsion qui entraînera nécessairement la ruine de ce corps politique.

(1) Je n'entreprendrai point de démontrer ces vérités, parce que ceux qui ont lu cet ouvrage de suite, verront qu'elles sont comme autant de résultats des principes que j'ai développés précédemment.

du sol, la situation et l'étendue du pays doivent influer sur le choix du commerce le
plus convenable et le plus avantageux, voyons quelle influence la nature du gouvernement doit y avoir.

Si nous voulons raisonner d'après les faits, si nous voulons nous en rapporter à l'expérience de tous les siècles, nous trouverons que le commerce d'économie est le plus ana-
logue au gouvernement de plusieurs, comme le commerce de propriété et de luxe l'est au gouvernement d'un seul. En commençant par l'antiquité la plus reculée, et parcourant les annales de l'industrie jusqu'à nos jours, nous verrons le commerce d'écono-
mie fleurir chez les Phéniciens, à Tyr, à Carthage, à Athènes, à Marseille, à Florence, à Venise, et dans la Hollande : nous verrons au contraire le commerce de pro-
priété et de luxe établi dans les empires de l'Asie, chez les Perses, chez les Mèdes, chez les Assyriens, et dans les monarchies modernes de l'Europe.

La raison en est fort simple. Dans le gou-
vernement de plusieurs, la frugalité est une vertu civile : le faste et le luxe en sont ban-
nis. Or cette espèce de commerce qui se ré-
duit à un simple trafic, exige, de la part de ceux qui l'exercent, une extrême fru-

galité, parce que, pour gagner continuellement, ils doivent se contenter d'un gain
modique, et gagner moins que tout autre,
pour avoir l'avantage de la concurrence. Il
résulte de là, qu'il est impossible que ce commerce soit exercé par un peuple chez lequel
le luxe est, pour ainsi dire, une chose in-
hérente à la constitution du gouvernement.
Par conséquent la même cause qui rend le
commerce d'économie analogue à la nature
du gouvernement de plusieurs, produit un
effet contraire dans le gouvernement d'un
seul. Mais toute règle a ses exceptions. Il
peut exister une république qui soit propre
au commerce de propriété et de luxe, et une
monarchie à laquelle le commerce d'économie convienne. Quelques circonstances
particulières, que je passe sous silence pour
ne point entrer dans des détails trop minutieux, et pour ne point répéter ce que
j'ai déjà dit dans cet ouvrage, quelques circonstances particulières, dis - je, peuvent
forcer le législateur à s'écarter de cette règle.
La science de la Législation a bien, il est
vrai, ses principes généraux, que le législateur ne peut pas ignorer ; mais il doit en faire
l'usage que fait l'orateur des préceptes de la
rhétorique. L'orateur fait servir les préceptes

N 2

au discours, et non le discours aux préceptes.

Je passe à la protection que l'on doit au
commerce. Cet objet, sur lequel presque tous
les écrivains du siècle ont exercé leur plume,
est bien négligé par les gouvernemens. Les
obstacles qui presque partout en arrêtent
les progrès, les attentats que l'on commet
sans cesse contre lui, les vexations qu'on
fait éprouver au nom des lois à ceux qui
l'exercent, le spectacle que nous offrent
toutes les frontières, tous les ports couverts
de satellites, dont le ministère ne sert à rien
autre chose qu'à garantir l'Etat de l'industrie de ses propres citoyens ; tout cela doit
être regardé comme autant de preuves que
les gouvernemens sont fort loin d'avoir fait
en faveur du commerce tout ce qu'ils doivent faire. Ils ont commencé par où il falloit
finir : ils ont offert quelques foibles secours,
mais ils ont laissé subsister les obstacles.

Instruit par l'expérience et par les fautes
des gouvernemens, je suivrai la méthode
contraire. Je parlerai d'abord des obstacles
que l'on devroit détruire, et ensuite de l'im-
pulsion qu'on devroit donner.

CHAPITRE XIX.

Des obstacles qui s'opposent aux progrès du commerce dans presque toute l'Europe.

A la tête de ces obstacles, je place le système actuel des *douanes*. Nous devons à la politique d'Auguste et aux malheurs de l'empire, l'origine de cet abus, dont toutes les nations de l'Europe éprouvent aujourd'hui les funestes effets. Les dépenses qu'exigeoient la conservation d'une autorité usurpée; la prodigalité nécessaire à un despotisme naissant; l'entretien des légions; l'avidité des cohortes prétoriennes; l'organisation du gouvernement d'un empire qui renfermoit dans ses limites presque toute l'Europe, et une partie considérable de l'Asie et de l'Afrique; enfin la grandeur excessive de ces dépenses, jointe à l'idée commune à tous les tyrans, de cacher au peuple les sommes immenses avec lesquelles il paie ses oppresseurs, et la perte de sa liberté; déterminèrent Auguste à établir une imposition générale sur tous les objets qui pouvoient se vendre (1), à mettre un impôt sur les legs et les hérédités (2), et à introduire le système fatal des douanes. Toutes les marchandises, qui se rendoient par mille canaux différens au centre commun de l'opulence et du luxe, devoient payer un droit qui, plus ou moins fort suivant les objets sur lesquels il tomboit, s'étendoit depuis le quarantième jusqu'au huitième de leur valeur (3).

---

(1) L'imposition sur les choses vénales fut établie par Auguste après les guerres civiles. On vit rarement ce droit excéder un pour cent; mais il se percevoit sur tout ce qu'on achetoit dans les marchés ou dans les ventes publiques, et s'étendoit depuis les acquisitions les plus considérables en terres et en maisons, jusqu'aux plus petits objets de la consommation journalière. Tacite nous apprend que Tibère fut contraint, pour appaiser le peuple qui se récrioit contre ce droit, de déclarer dans un édit que l'existence des troupes dépendoit en grande partie de cette contribution. (*Tacit.* annal. lib. 1 , cap. 78.)

(2) Cette taxe étoit de cinq pour cent sur la valeur du legs ou de l'hérédité, pourvu que la chose valût au moins cinquante ou cent pièces d'or. (*Dion*, liv. 55 , ch. 56.)

(3) Cette contribution se levoit, non-seulement sur les marchandises étrangères, mais sur celles des provinces de l'empire ; non-seulement sur les objets de luxe, mais sur les denrées de premier besoin.

Dans un pays où l'opulence venoit de toute autre source que du commerce, et où le commerce, au lieu d'être lui-même une source de richesses, étoit plutôt un moyen de faire écouler celles qui arrivoient de toutes les parties de la terre, l'introduction de ces douanes pouvoit être indifférente ; elle pouvoit même, à certains égards, être utile. Mais quel motif pourroit les justifier, aujourd'hui que les intérêts des nations ne sont plus les mêmes ?

Je ne puis m'empêcher de déplorer le malheur de l'humanité, quand je vois, au milieu de tant de lumières, et malgré la force de la vérité dont on s'occupe sans relâche à étendre l'empire, l'erreur élever encore sa tête triomphante. Condamner l'industrie à une sorte de peine pécuniaire ; obliger le marchand à payer une espèce d'amende qui augmente à proportion de l'avantage qu'il procure à l'État ; recevoir ses provisions les armes à la main ; environner tous les ports, hérisser toutes les côtes, tous les passages du commerce intérieur et ex-

---

Il n'y avoit de différence que dans la taxe, qui étoit plus forte pour les objets de luxe et pour tout ce qui venoit de chez l'étranger. (Voyez Pline, Hist. Nat. liv. 6. ch. 23, liv. 22, ch. 18.)

térieur, de satellites et d'espions, êtres vils, corrompus, soudoyés par l'Etat qu'ils trahissent, par le négociant qu'ils tourmentent, et par le contrebandier qu'ils protègent ; ouvrir la porte à toutes les fraudes, à toutes les vexations que les exécuteurs mercenaires d'une loi injuste peuvent imaginer ; forcer, en un mot, le négociant à penser qu'aux seules approches d'une douane on lui prépare un affront, s'il n'aime-mieux se laisser piller : telle est la politique actuelle des nations commerçantes. Est-ce là ce qu'elle devroit être ? sont-ce là les principes qui devroient diriger le systême économique, dans un siècle où le commerce est regardé comme l'objet important qui doit décider du sort des nations et du bien-être des peuples ? est-ce par de semblables voies que les corps politiques devroient se procurer aujourd'hui la partie la plus considérable de leurs revenus ? ne pourroit-on pas, sans en diminuer la masse, délivrer le commerce d'un tel obstacle ? ne seroit-il pas possible de combiner les intérêts du fisc avec ceux du commerce, de manière que les rois conservassent la même quantité de richesses, sans que leurs richesses fussent au même dégré funestes pour les peuples ? ne suffiroit-il pas enfin de donner une autre forme au systême des impositions, pour rendre le joug moins pesant, sans que le profit diminuât?

La possibilité de cette entreprise a été démontrée, jusqu'à l'évidence par les Philosophes de nos jours qui ont écrit sur les matières économiques. Mais leurs efforts ont été infructueux. La vérité qu'ils ont annoncée n'a pu pénétrer jusqu'aux trônes. Leurs écrits lumineux, en développant la théorie obscure des finances, n'ont servi qu'à rendre plus douloureux pour nous le poids des maux qui nous accablent, lorsque nous y avons vu combien il seroit facile de les détruire, et jusqu'où va la négligence de ceux qui devroient nous en délivrer. Pour le malheur des hommes, il semble que ceux qui sont à la tête de l'administration, ferment quelquefois les yeux à la lumière qu'on leur montre dans tout son éclat. Une réforme que demandent également la justice, le bien public, et l'intérêt des princes, n'a pas été tentée, n'a pas même été proposée dans les cabinets des rois, dans ces cabinets où l'on ne parle que de commerce, et où l'on ne cesse de le tourmenter.

Les choses sont restées dans cet état: partout on a laissé le commerce, tant intérieur qu'extérieur, embarrassé dans les chaînes des impositions fiscales. Par-tout son cours se trouve encore interrompu. Un citoyen industrieux a mille espions qui l'observent ; on diroit que le gouvernement le craint ; il ne peut passer d'un village dans un autre ; il ne peut, pour ainsi dire, faire un pas sans être arrêté, sans être taxé. S'il se livre à une entreprise au dehors, avant qu'il sache quel sera le succès de sa spéculation, la douane a déjà englouti une partie du bénéfice qu'il pourra faire. S'il cherche à cacher son entreprise, la crainte d'être surpris l'oblige d'endormir avec de l'argent nombre de satellites dont l'avidité et la mauvaise foi diminuent le profit de la contrebande, sans diminuer la crainte. Partout où il tourne ses regards, il trouve, ou des fraudes à prévenir, ou des espions à corrompre, ou des droits énormes à payer.

Au milieu de tant d'entraves, est-il possible que le commerce prospère ? Une plante que ne peut germer que dans le sein de la liberté, pourroit-elle fleurir au milieu de la servitude et de l'oppression ?

Ainsi, de toutes les réformes que l'on doit faire en faveur du commerce, celle du système actuel des douanes est le premier dont il faut s'occuper. Il faudroit détruire les obstacles que les douanes opposent au commerce intérieur et extérieur. Je le répète, pour parvenir à ce but, sans diminuer les revenus du fisc, ou pour compenser la perte qu'il pourroit éprouver, il faudroit donner une autre forme au systême général des impôts.

J'examinerai cet objet quand je parlerai de la théorie de l'impôt (1).

---

(1) On croit communément que les droits sur l'exportation des marchandises nationales sont un mal pour l'Etat, mais que les droits sur l'importation des marchandises étrangères sont un bien. Je réfuterai cette opinion en parlant de la théorie de l'impôt. Je me contente de présenter ici d'avance quelques réflexions sur les effets qu'a produits ce systême erroné dans le commerce de la Grande-Bretagne.

Le gouvernement, qui a toujours eu en vue de favoriser l'exportation des marchandises nationales, a chargé de droits excessifs l'importation des marchandises étrangères. Qu'est-il résulté de ce systême? 1°. Une quantité prodigieuse de contrebandes, opérations que les châtimens les plus sévères ne peuvent empêcher, toutes les fois qu'elles offrent un grand bénéfice. 2°. La diminution de son commerce d'économie. Quoiqu'il y ait en Angleterre une loi qui ordonne la restitution des droits en cas de réexportation, cet expédient ne compense point le tort que les droits mis sur l'importation font à son commerce d'économie. Cela est évident. Le négociant qui a acheté des marchandises, soit de l'Amérique, soit des Indes-Orientales, dans le dessein de les réexporter,

Je me hâte ici de dénoncer un autre abus qui est la honte de notre siècle et de notre

---

est obligé de débourser deux capitaux, l'un pour le prix des marchandises, l'autre pour les droits de douane. Sur le second capital, qui, vu l'énormité des droits d'importation, est le double du premier à l'égard de beaucoup d'articles ; il perd d'abord une partie du droit qu'il paie. Ce sont les satellites de la douane qui en profitent, et elle ne lui est point rendue lors de la réexportation. Il perd aussi l'intérêt de ce capital pendant tout le tems qu'il emploie à fabriquer ou à préparer son chargement. Cette double perte l'oblige à hausser le prix de ses marchandises ; ce qui ne manque pas d'en faire diminuer le débit dans les marchés étrangers. 3°. Un autre effet, également funeste au commerce de la Grande-Bretagne, doit son origine au même principe. Chez une nation commerçante, toute augmentation dans les frais de transport est une perte réelle pour l'État. Or les frais de transport ne peuvent être indépendans de ceux de construction, et la construction est chargée en Angleterre de droits excessifs. 4°. Ces mêmes droits empêchoient les Anglais de manufacturer, ou de mettre en poudre leur tabac de Virginie. Ce tabac, que l'on aimoit mieux, à cause de l'énormité des droits de douane sur l'importation, vendre directement aux étrangers, et que ceux-ci payoient deux deniers et demi sterling la livre, étoit vendu, dans l'intérieur de l'État, huit deniers un tiers. Ainsi, les étrangers, en le manufacturant, avoient sur les nationaux un avantage de trente-cinq pour cent. Ce ne sont point

politique, et dont tous les peuples ressentent les funestes effets, sans qu'aucun ose le premier y apporter remède. Je veux parler des jalousies de commerce, de la rivalité des nations. En supposant que cet obstacle ne soit pas plus dangereux que le premier, il est au moins plus difficile à détruire.

là des conjectures; ce sont des faits incontestables, qui devroient bien dessiller les yeux de ceux qui gouvernent, sur ces préjugés vulgaires, si funestes aux nations.

CHAPITRE XX.

Des jalousies de commerce et de la rivalité des nations.

Un principe aussi injuste que faux, également contraire à la morale et à la politique, a malheureusement séduit ceux qui prétendent régler les intérêts des peuples. On croit communément qu'une nation ne peut gagner sans que les autres perdent, et que le grand objet de la politique est d'élever sa propre grandeur sur la ruine d'autrui. Ce principe erroné, qui fut la base de la politique de Rome et de Carthage (1), et qui

(1) On sait avec quel esprit de jalousie les Carthaginois faisoient leur commerce. L'histoire nous apprend que Hannon, dans sa négociation avec les Romains, déclara que les Carthaginois n'auroient pas souffert qu'ils se fussent seulement lavé les mains dans les mers de Sicile ; il leur défendit de naviguer au-delà du promontoire Bello, de même que de commercer en Sicile, dans la Sardaigne, et en Afrique, au moins dans la partie soumise aux Carthaginois. Voyez *Polybe*, liv. 3, et *Justin*, liv. 43, ch. 5.

perdit ces deux républiques, a introduit en Europe une jalousie universelle de commerce, qui n'est autre chose pour les nations, comme l'a si bien dit un grand écrivain, qu'une conspiration secrète de se ruiner toutes, sans qu'aucune s'enrichisse.

Qui pourroit décrire les maux que cette funeste rivalité cause au commerce général et particulier des peuples ? Pour s'en former quelque idée, il suffit d'observer le système qui règle aujourd'hui le commerce des Etats de l'Europe : nous verrons une nation garder avec la plus grande jalousie une branche de commerce peu lucrative, qui l'empêche d'en entreprendre une autre beaucoup plus avantageuse, et cela dans la crainte que sa rivale ne s'en empare. Nous verrons chaque nation opposer des obstacles aux paisibles entreprises d'une autre nation, et jouir de ses pertes : nous les verrons toutes conjurées les

---

Quant aux Romains, leur politique destructive et leur patriotisme exclusif sont assez connus. Je me contenterai de rappeler une loi des empereurs Gratien, Valentinien, et Théodose, qui non-seulement défendoit de porter de l'or à ces peuples qu'ils appeloient barbares, mais qui ordonnoit encore d'user de toutes sortes de moyens pour lui ôter adroitement le peu qu'ils en avoient. *Liv. I, cod. commerc. et mercator.*

unes contre les autres : nous verrons la terre
embrasée par des guerres de commerce :
nous entendrons leurs foudres retentir de
l'un à l'autre pôle , sur les côtes de l'Asie ,
de l'Afrique, et de l'Amérique, sur l'Océan
qui nous sépare du Nouveau Monde , et
sur la vaste étendue de la mer Pacifique :
nous verrons la France et l'Angleterre, toujours ennemies , être toujours attentives aux
moyens de ruiner mutuellement leur commerce ; l'Espagne obligée de faire escorter
ses galions par des flottes formidables sur une
mer immense teinte de sang et couverte de
cadavres , malheureuses victimes de ses guerres contre les Anglais ; le Portugal devenir la proie d'une nation qui lui a fait plus
de mal par son alliance , par ses traités, et
par son commerce , qu'elle ne lui en auroit
fait par la guerre même ; la Hollande, cette
république qui devroit la première respecter
la justice et défendre la liberté générale de
l'industrie et du commerce, la Hollande négliger ses véritables intérêts, verser ses trésors , préparer sa ruine dans des guerres que
nul motif, ni de gloire, ni de liberté , ni
de sûreté, ne pouvoit l'engager à soutenir,
et qu'elle n'avoit entreprises que par une ambition démésurée, et par esprit de jalousie

et

et de rivalité (1) : nous verrons enfin le commerce, qui, de sa nature, est un lien de paix, devenir une source éternelle d'injustice, de guerre et de discorde, par cette funeste jalousie des nations, dont se ressentent aussi ces peuples qui voudroient jouir des avantages de la neutralité.

Dépouillons-nous de toute prévention ; prenons ce caractère d'impartialité qu'exigent les recherches politiques, et nous reconnoîtrons que l'intérêt particulier de chaque nation est si étroitement uni à l'intérêt universel, qu'une nation ne peut perdre ou gagner, sans que les autres participent à son sort. Qu'on me permette de jeter un coup-d'œil rapide sur les intérêts des nations de l'Europe, pour démontrer cette importante vérité.

Si nous commençons par l'Espagne, nous appercevrons que l'intérêt de cette nation seroit d'améliorer son agriculture, d'augmenter sa population, de rendre son commerce avec les Indes-Occidentales plus florissant, d'en hâter les progrès, et de donner

---

(1) Je ne parle point ici de la dernière guerre dans laquelle la conduite de la Hollande a été dictée par la force et par la crainte, non par la jalousie, ni par l'ambition.

Tome II. O

un écoulement à cette énorme quantité de métaux dont elle est inondée, en achetant les ouvrages de l'industrie étrangère (1). Or cet intérêt particulier de l'Espagne seroit l'intérêt de toute l'Europe. A mesure que l'agriculture s'y perfectionneroit, sa population iroit en augmentant : à mesure que sa population augmenteroit, elle sentiroit davantage le besoin de l'industrie étrangère. Elle seroit d'autant plus en état de payer cette industrie, que son commerce avec l'Amérique seroit plus avantageux, que ses vaisseaux lui rapporteroient plus d'or. Alors la France, l'Angleterre et l'Italie verroient les ouvrages de leurs manufactures plus recherchés par une nation qui est plus en état que toutes les autres de les acheter. Elles vendroient plus cher leur industrie, et achèteroient à meilleur marché les denrées de l'Amérique, devenues si nécessaires en Europe.

Si nous passons de l'Espagne au Portugal, nous verrons que le grand intérêt de ce pays, qui, malgré les trésors que le nouveau monde lui envoie chaque année, est extrêmement

---

(1) Nous avons établi cette vérité dans le troisième chapitre du premier livre, et nous la développerons mieux dans le cours de celui-ci.

misérable, parce que le gouvernement a négligé ce point essentiel ; nous verrons, dis-
je, que son grand intérêt seroit d'admettre
la plus grande concurrence possible, tant
dans la vente de ses propres marchandises,
que dans l'importation de toutes les marchandises étrangères ; et il est évident que
ce seroit aussi l'intérêt de toutes les autres
nations qui sont en état de lui en fournir.

On doit dire la même chose de la Russie.
Si cette nation se délivroit du monopole des
Anglais, comme devroit le faire le Portugal ; si elle favorisoit la concurrence des
nations du Midi dans le port de Cronstadt,
elle vendroit plus cher ses productions,
acheteroit à meilleur marché les marchandises étrangères, et elle procureroit à la fois
un grand avantage à toute l'Europe, en
ouvrant une nouvelle route à l'industrie et
au commerce de beaucoup de nations (1).

---

(1) Il est juste que je prévienne ici une objection
qu'on pourroit me faire. On me dira peut-être : si le
Portugal et la Russie se délivroient du monopole
des Anglais, comme il paroit que ces deux nations
seront bientôt obligées de le faire, sans doute il en
résulteroit un grand avantage pour elles-mêmes et
pour le commerce général de l'Europe ; mais dans
ce cas l'Angleterre ne perdroit-elle pas beaucoup ?
Voilà donc une circonstance où les intérêts de cette

Si de là nous tournons nos regards vers la France, nous nous convaincrons encore mieux de cette vérité. La France, soit par la fertilité de son sol, soit par le génie de ses habitans, semble n'avoir rien à desirer : habitée par des artisans et des ouvriers célèbres qui lui assurent l'empire du goût en

nation ne sont point unis aux intérêts des autres nations de l'Europe. Cela ne semble-t-il pas une exception à la règle ? Non. J'avoue que l'Angleterre, dès qu'elle ne pourroit plus faire que concurremment avec les autres nations le commerce de la Russie et du Portugal, n'en retireroit plus un profit aussi considérable qu'auparavant. Mais cette perte seroit sans doute, après quelque tems, compensée par un plus grand débit de ses marchandises : car l'opulence universelle, produite par la liberté générale du commerce, venant à multiplier les besoins en raison des moyens de les satisfaire, multiplieroit les demandes. Il y a plus : si l'Angleterre ne s'étoit pas volontairement engagée dans des guerres qui lui ont coûté tant d'hommes et tant d'argent, la balance trop avantageuse de son commerce auroit porté sa richesse à cet excès qui ramène la misère, comme je le démontrerai dans la suite. Si ce débouché, ouvert avec tant de violence, n'eût point existé, la perte de quelque avantage, loin d'être un mal pour elle, auroit été au contraire un très-grand bien. Ce ne seroit donc point le véritable, le constant intérêt de la Grande-Bretagne, qui pourroit lui rendre cette perte sensible ; ce seroit son ambition démésurée.

Europe, elle envoie plus de denrées et d'ouvrages de manufactures au dehors, qu'elle
n'en reçoit des étrangers. Or si la France
étoit aussi peuplée qu'elle pourroit l'être ; si
ses lois n'eussent point anéanti son agriculture ; si le systême de ses finances étoit plus
favorable à son commerce, sa prospérité
serviroit au bonheur du reste de l'Europe,
et seroit l'objet de l'admiration universelle.
Les étrangers auroient à meilleur marché les
productions de son sol et de son industrie,
et elle consommeroit une plus grande quantité des denrées et des marchandises étrangères qui lui manquent. Comme la prospérité de ses colonies augmenteroit en raison
de celle de la métropole, et que l'accroissement de leur population les mettroit en état
de perfectionner leur culture, il en résulteroit aussi pour les autres nations deux
avantages considérables. Les productions de
ses colonies, devenues nécessaires en Europe,
seroient achetées moins cher, dès que leurs
récoltes deviendroient plus abondantes ; et
en même tems que la France trouveroit en
Amérique un plus grand débit des ouvrages
de ses manufactures, ceux des manufactures
des autres nations auroient une concurrence
bien moins forte à soutenir ou à combattre
dans les marchés et dans les ports de l'Europe.

Enfin si elle n'eût pas renoncé presque entièrement aux bénéfices de sa pêche et de ses salines ; si elle apprenoit à mieux profiter des dons de la nature et des avantages de sa situation ; si l'Océan qui la baigne d'un côté, et la Méditerranée qui la baigne de l'autre, lui montroient l'inutilité de ses troupes de terre, et la nécessité de celles de mer ; si son gouvernement, engourdi depuis si long-tems et comme enseveli dans une profonde léthargie, ouvroit enfin les yeux, sa marine, élevée à ce degré de puissance où elle devroit être et où elle semble aujourd'hui vouloir parvenir, enrichiroit le commerce du nord. L'empire de la mer, disputé entre deux puissances d'assez égale force pour empêcher qu'aucune d'elles ne se l'appropriât, resteroit, au milieu de cette indécision, ouvert à toutes les nations, et la liberté du commerce de l'Europe n'auroit peut-être plus rien à craindre. C'est ainsi que les autres nations participeroient à la prospérité de la France (1).

____

(1) Je prévois qu'en lisant cet article sur les intérêts de la France, on me fera une autre objection. L'on dira que l'intérêt de cette nation est de protéger et d'entretenir les pirateries qu'exercent les Algériens et autres corsaires de la Méditerranée, puisqu'elle doit à eux seuls le trafic considérable

Mais que dirons-nous de l'Angleterre ? Je vois toute l'Europe soulevée contre cet empire ; je sens que l'humanité fait des vœux

---

qu'elle fait sur cette mer. Mais ce n'est certainement pas, ajoutera-t-on, l'intérêt des autres nations.

Je réponds à cela, qu'il est certain que l'intérêt des autres nations seroit que leur commerce ne fût point exposé aux périls dont la navigation est menacée sur une mer couverte de pirates. Cette crainte oppose de grands obstacles à leur commerce, et ma patrie en a malheureusement des preuves trop convaincantes. Mais quel est l'avantage que la France retire de cette terreur universelle ? D'avoir sur cette mer une sorte de préférence exclusive pour le transport des marchandises. Un pareil commerce de trafic et d'économie convient-il donc à cette nation ? D'après les principes que j'ai développés dans les chapitres précédens, ne devroit-elle pas renoncer à un commerce contraire à la nature de son gouvernement, à la fertilité de son sol, et à l'étendue de son territoire ?

Le commerce de propriété, le seul qui convienne à la France, n'a pas besoin, pour prospérer, de ce ressort destructif. Il deviendroit au contraire plus avantageux, à mesure que celui des autres nations deviendroit plus libre. L'évidence de cette vérité me dispense de toute démonstration. La France n'a donc aucun intérêt de soutenir les pirates qui infestent la Méditerranée, et cet exemple d'une politique détestable déshonoreroit à jamais cette nation, sans lui procurer aucun avantage réel.

O 4

pour l'indépendance de ses colonies , et qu'enfin deux grandes puissances conjurent sa ruine. Je ne suis point étonné de cet esprit de vengeance , de cette haine presque universelle contre une nation qui semble l'avoir achetée par ses injustices ; contre un État qui a toujours mieux aimé s'affliger de la prospérité des autres , que se réjouir de la sienne ; contre un peuple qui ne s'est pas contenté de devenir riche , mais qui n'a rien négligé pour l'être seul. Son patriotisme exclusif , semblable à celui des Romains , a dû lui attirer la haine de toutes les nations commerçantes , comme les vexations qu'elle a fait souffrir à ses colonies lui ont attiré celle de tous les amis de la modération et de la liberté , de tous les philosophes , défenseurs hardis , mais foibles , des droits sacrés de l'humanité.

Voyons cependant si , malgré les motifs que l'Angleterre a donnés aux autres nations de se réjouir de ses pertes , l'Europe , loin de desirer la ruine de cette nation , ne doit pas au contraire appréhender un tel événement. Voyons si l'intérêt général s'unit aussi dans cette occasion à l'intérêt particulier , et si tous les membres de la grande société que forme l'Europe , ne doivent pas craindre , autant que l'Angleterre , les malheurs qui peuvent résulter de l'indépendance de ses colons. Supposons que l'événement justifie la conduite des Américains (1) ; que ce peuple conserve sa liberté ; que cette révolution ait les suites les plus funestes pour l'Angleterre ; que la providence, qui décide du sort des empires, ait prononcé l'arrêt de destruction contre celui de la Grande-Bretagne ; supposons que cette nation, privée des avantages du commerce qu'elle faisoit avec ses colons, et que ses colons faisoient pour elle, affoiblie par une guerre longue et dispendieuse, écrasée sous le poids de la dette nationale, proscrite dans le Nouveau Monde et opprimée dans l'ancien, vit sa grandeur s'éclipser entièrement ; que sa liberté chancelante, soutenue quelque tems par ses richesses, se changeât en la plus dure des servitudes, et qu'elle devînt, ou la proie d'un conquérant, ou la victime d'un despote.

Alors qu'arriveroit-il aux autres nations ? La France seroit à la vérité débarrassée d'un ennemi redoutable. Ses manufacturiers, délivrés de la concurrence de ceux d'Angle-

____

(1) Il est inutile de rappeler au lecteur que les premiers volumes de cet ouvrage ont été écrits pendant la dernière guerre.

terre, vendroient leurs marchandises plus cher. L'Espagne recouvreroit ce que cette nation lui a enlevé, et verroit encore une fois dans ses mains les prétendues clefs de la Méditerranée. La Hollande, émule de l'Angleterre, croiroit peut-être, malgré la perte des sommes immenses qu'elle lui a prétées, avoir tout gagné par la ruine d'une république industrieuse et commerçante comme elle, mais plus favorisée de la nature au dedans, et plus respectée au dehors. Enfin la Russie, le Danemarck, et la Suède verroient peut-être avec plaisir la chûte d'une puissance qui a voulu dominer sur leurs mers. Mais ces espérances seroient-elles bien fondées? ces avantages, si grands en apparence, auroient-ils quelque chose de réel? ne seroient-ils pas plutôt les prestiges d'une fortune précaire, qui finiroit par la ruine universelle de l'Europe? Si les colonies anglaises restent indépendantes, quelle force retiendra celles des Espagnols, des Portugais et des Français? L'indépendance ayant une fois commencé de paroître dans l'Amérique anglaise, ne cherchera-t-elle pas à s'établir dans le reste de ce vaste continent? l'Amérique entière ne deviendra-t-elle pas alors indépendante de l'Europe? Or, qu'arrivera-t-il à notre commerce? que pourrons-nous échanger avec les productions de l'Amérique ? avec quoi pourrons-nous les payer aux propriétaires du Pérou, aux maîtres du Brésil ? Avec nos denrées ? Mais la plus grande partie de ces denrées croîtroit également en Amérique, si l'agriculture les demandoit à son sol. Avec nos manufactures, avec nos arts ? Mais ces manufactures, ces arts fleurissent déjà dans la Pensylvanie, au milieu du tumulte des armes et malgré les horreurs de la guerre. Les paierons-nous enfin avec les productions des Indes-Orientales ? Mais la perte de l'Amérique nous priveroit aussi de ce commerce, qu'elle seule nous met en état de soutenir. Sans les mines du Potosi, nous n'aurions ni les épiceries de l'Asie, ni les superbes toiles de Coromandel. Il peut donc arriver que le commerce de l'Europe subisse le sort de celui des Anglais ; et cependant l'esprit de rivalité a tellement aveuglé les gouvernemens, que plusieurs nations de l'Europe n'ont fait aucune difficulté de préparer les matériaux qui serviront un jour à élever l'édifice de l'indépendance générale, et qu'ils n'ont pas craint d'offrir du secours à ceux qui vont forger leurs chaînes.

En examinant la question du côté des colonies, il est évident que si leur dépendance de la Grande-Bretagne étoit telle qu'elle devroit être, celle d'un gouvernement juste, et non d'un gouvernement tyrannique ; si la liberté de leur commerce et tous leurs autres droits étoient respectés par la métropole, comme le sont ceux de leurs frères ; si la métropole ne faisoit plus une distinction absurde entre les intérêts de ses citoyens d'Amérique et les intérêts de ses citoyens d'Europe ; si, oubliant que la mer les sépare, elle ne voyoit dans ses provinces d'Amérique qu'un prolongement de son territoire d'Europe : alors la dépendance des colonies, loin d'arrêter les progrès de leur prospérité, ne feroit que la rendre plus sûre, en la garantissant des dangers auxquels leur entière indépendance pourroit les exposer : alors elles n'auroient aucun motif de craindre l'ambition de quelque esprit hardi et entreprenant, ni les discordes intestines qui pourroient s'élever dans le calme de la paix, ni les dissentions qui surviendroient entre elles, dissentions que la Grèce ne put prévenir entre ses républiques, et dont les Provinces-Unies n'ont point encore donné le spectacle, peut-être à cause de leur pauvreté locale : alors enfin l'Europe, sans être effrayée de leur prospérité, pourroit en ressentir l'heureuse influence.

Après avoir jeté un coup-d'œil rapide sur les intérêts des nations de l'Europe, je laisse au lecteur le soin d'examiner ceux de l'Italie, de l'Allemagne, du Danemarck et de la Suède. Les intérêts de ces quatre pays, dont les deux premiers tirent leurs richesses des productions du sol et des ouvrages de l'industrie, et les deux autres de leur commerce avec les Indes-Orientales, de leurs mines de fer et de cuivre (1), et de leurs bois de construction, etc., sont trop évidemment liés à ceux de toute l'Europe, pour que je me croie obligé d'en faire appercevoir les rapports. Je finirai par une courte digression sur la Hollande.

Les trois grandes sources de la richesse de cette république consistent dans son commerce avec les Indes-Orientales, dans ses colonies d'Amérique, dans son commerce de cabotage en Europe. Par son commerce avec les Indes, elle nous fournit les productions et les marchandises de l'Orient; objets qui nous sont devenus nécessaires : elle offre en même tems un débouché facile aux denrées et aux manufactures d'Europe,

____

(1) Ces mines forment un des objets les plus intéressans du commerce de la Suède.

et les rend ainsi précieuses pour nous. Par ses colonies d'Amérique, elle supplée au défaut de son territoire en Europe : elle peut réunir les avantages de l'agriculture et ceux du commerce ; elle peut réparer les maux que lui causent les progrès de l'industrie universelle ; elle peut être considérée comme une puissance territoriale ; en un mot, elle n'auroit qu'à délivrer ses colonies du joug des privilèges exclusifs qui les oppriment, on les verroit bientôt inonder l'Europe de leurs productions, et elle en feroit ainsi la base éternelle de sa prospérité. Enfin, par son commerce de cabotage, elle entretient l'abondance, et soutient la concurrence dans tous les ports et dans tous les marchés de l'Europe ; elle devient l'appui de l'industrie de toutes les nations, leur apporte ce qui leur manque, achète l'excédant de leur consommation ; elle se rend, en un mot, la bienfaitrice du genre humain. Seroit-il donc de l'intérêt de l'Europe qu'une telle république vînt à s'anéantir ? Ce commerce, si utile pour la Hollande, ne l'est-il pas également pour toute l'Europe ? S'il arrivoit, par un fléau du ciel, que les eaux de l'Océan engloutissent tout-à-coup cette province, dont l'industrie a su dompter les élémens eux-mêmes, ne faudroit-il pas plusieurs

siècles à l'Europe pour réparer cette perte?
une grande partie de son commerce ne seroit-
il pas détruit avec elle? Il est vrai qu'à mesure que le commerce des autres nations
augmente, le trafic de la Hollande sur les
côtes de l'Europe devient moins actif; mais
la concurrence des Hollandais sera toujours
avantageuse à cette partie du monde.

Après avoir démontré que l'intérêt de chaque nation et l'intérêt de l'Europe sont essen-
tiellement unis; après avoir développé l'influence funeste de la jalousie de commerce
et de la rivalité des nations sur le commerce
général et particulier des peuples, il ne nous
reste plus qu'à solliciter chaque souverain
de mettre sa gloire à donner le premier aux
autres gouvernemens l'exemple de la plus
heureuse révolution, en foulant aux pieds
les anciens préjugés, en ouvrant ses ports à
toutes les nations, et en jetant ainsi les fondemens de la liberté générale du commerce.
O vous, respectables législateurs du genre
humain, vous qui êtes assez heureux pour
influer sur le bonheur des peuples; rois et
ministres, qui entrez dans ces sanctuaires
inaccessibles au reste des mortels, dans ces
sanctuaires d'où émanent les ordres qui ou-
vrent ou ferment le temple de la guerre,
pénétrez-vous bien de cette grande vérité,

que, dans l'ordre physique comme dans l'ordre moral, tous les êtres existent dans une dépendance réciproque. Observez comment cet ordre inaltérable de la nature a donné naissance aux sociétés, a introduit le commerce parmi les hommes; rappelez-vous que l'objet du commerce est de faire de toutes les nations une seule société, dont chaque membre puisse participer également aux avantages dont tous les autres jouissent; et que les moyens d'exercer ce droit supposent chez tous les peuples la liberté de faire l'espèce d'échange qui peut convenir à leurs besoins mutuels. Croyez que si les nations avec lesquelles vous commercez ont besoin de vous, et si vous avez besoin d'elles, leur population augmentant à proportion de leur bonheur, vous trouverez un plus grand nombre d'hommes qui acheteront vos productions et vos ouvrages, et qui vous fourniront les denrées et les marchandises que vous n'avez pas.

Renoncez donc à cet esprit de rivalité et de jalousie qui vous tourmente; combinez votre intérêt avec celui des autres nations : c'est le seul moyen d'établir la prospérité de vos Etats sur une base inébranlable. Renversez ces barrières politiques ; rejetez avec horreur ces distinctions absurdes entre na-

tioh

tion et nation, misérables restes des anciens préjugés de la barbarie, qui font aujourd'hui le déshonneur d'un siècle que l'on croit éclairé, et qui sans doute devroit l'être. Abolissez ces pactes de confédération, ces ligues qui ont la défense pour prétexte et l'invasion pour but ; qui forcent un peuple fait pour jouir des douceurs de la paix, à s'allier avec une autre nation, et soutenir la même cause ; à verser son sang, à sacrifier ses trésors, à interrompre son commerce, très-souvent dans la seule vue de satisfaire l'ambition d'une cour étrangère, de défendre ses prétentions injustes, ses droits supposés, ses titres faux ou incertains, ses haines personnelles, sa vanité puérile, ses jalousies mal fondées, et même jusqu'à ses folies. Regardez encore comme la source des abus politiques ces traités de commerce qui deviennent autant de semences de guerre, et ces priviléges exclusifs qu'une nation obtient d'une autre pour un trafic de luxe ou pour un commerce de subsistance. « La liberté générale de l'industrie et du commerce ; voilà, dit un historien célèbre, le seul traité qu'une nation commerçante et industrieuse devroit établir chez elle et négocier chez les autres (1) ». Oui, tout ce qui favorise cette

____

(1) Hist. Phil. et Polit. etc. liv. 19, chap. 3.

liberté est utile au commerce ; tout ce qui la restreint lui est nuisible. La jalousie des nations la restreint au dehors ; elle est détruite au dedans par les réglemens trop minutieux et trop compliqués, et par la manie qu'ont les gouvernemens de se mêler de tout ce qui regarde le commerce. Ce vice politique est un autre obstacle à ses progrès.

CHAPITRE XXI.

Autre obstacle qui arrête les progrès du commerce dans la plupart des Etats : manie qu'ont les gouvernemens de se mêler de tout ce qui le regarde.

Il est pour un Etat deux extrêmes également à craindre, la trop grande négligence du gouvernement, et sa trop grande vigilance. Prétendre tout savoir, tout voir, tout diriger est une source de désordres non moins funeste que l'indifférence et l'aveuglement.

C'est dans l'art de connoître les cas où l'on doit ordonner et ceux où l'on doit laisser faire, que consiste toute la science du gouvernement. Comparons pour un moment la manière de conduire les peuples avec celle de conduire les enfans. Si vous portez trop loin l'attention des détails, si vous voulez régler tous leurs mouvemens, toutes leurs actions, l'art ne tardera pas à étouffer la nature : bientôt vous ne la reconnoîtrez plus dans votre élève ; si vous le négligez trop, au contraire, tous les vices s'empareront de lui, et vous le perdrez ainsi par une conduite opposée. La même chose arrive dans le gouvernement des peuples. Trop de négligence fait naître et perpétue tous les désordres : trop de précaution détruit toute l'activité du citoyen, en détruisant sa liberté. La première nous conduit aux fléaux de l'anarchie ; la seconde, à ceux de la servitude.

Or qui le croiroit? Le commerce d'une grande partie des nations de l'Europe éprouve tout-à-la-fois l'influence funeste de ces deux vices politiques. Il souffre, et de l'inattention dont le gouvernement se rend coupable en ne songeant pas à le délivrer des obstacles qui s'opposent à ses progrès, et d'une surveillance excessive qui lui fait diriger et régler tous ses pas, toutes ses entreprises, tous ses intérêts. Ouvrons les codes économiques de l'Europe, et nous n'y trouverons que lois prohibitives, que réglemens minutieux, que statuts particuliers sur tout ce qui concerne le commerce. Le législateur a voulu jouer le rôle du négociant ; et il faut avouer que d'ordinaire il s'en est fort mal acquitté. L'on avoit, il est vrai, le dessein de favoriser le commerce : mais comment favoriser le commerce, lorsqu'on en restreint la liberté?

La France s'imagina faire une opération très-avantageuse à une des principales branches de son industrie, lorsqu'elle défendit l'exportation de toute espèce de soie qui ne seroit pas travaillée. La soie crue, ou seulement teinte, qui étoit un des grands objets du commerce de cette nation, ne put plus sortir du Royaume. Le gouvernement espéra sans doute que par cette loi prohibitive il mettroit un obstacle aux progrès des manufactures étrangères de ce genre, en leur interdisant l'apprêt et la teinture que les Français ont l'art de donner à leurs soies, et en les forçant de se soumettre à une plus grande concurrence dans les marchés de l'Europe, puisque les manufacturiers français dévoient vendre leurs étoffes moins cher, dès que la prohibition d'exporter la soie crue les auroit mis en état d'acheter la matière première à meilleur marché : mais, malheureusement pour la France, cette espérance a été frustrée. Les étrangers sont allés chercher ailleurs les soies que la France leur fournissoit auparavant. La nécessité leur a fait apprendre l'art de les préparer et de les teindre de la même manière qu'on les prépare et qu'on les teint à Lyon. La soie s'est vendue à vil prix dans ce royaume ; et un pareil revers a suffi pour faire négliger dans plusieurs cantons la culture des mûriers blancs, qui s'y sont détériorés. La défense d'exporter la soie qui ne seroit pas travaillée, lui a fait perdre aussi le commerce des soies étrangères qu'elle vendoit après les avoir teintes et préparées. Enfin l'industrie nationale a souffert doublement, et par ce qu'elle a perdu, et par ce qu'elle a fait gagner à ses voisins. Or tels sont d'ordinaire les effets de spéculations des gouvernemens en matière de commerce.

La même cause a produit les mêmes effets dans la Grande-Bretagne. Lorsque le gouvernement anglais défendit avec tant de rigueur l'exportation de ses laines ; lorsqu'oubliant tout sentiment de modération et de justice, ainsi que la proportion qui doit exister entre les peines et les délits, il condamna, sous le règne d'Elisabeth, par le statut 8, ch. 3, ceux qui seroient convaincus de ce crime prétendu, pour la première fois, à la confiscation des biens, à un an de prison, et à perdre la main gauche ; et pour la seconde fois, à être déclarés coupables de crime de félonie, et punis comme tels ; lorsque la férocité de cette loi fut adoucie par le parlement sous le règne de Charles II et de Guillaume III, mais sans en détruire l'objet ; lorsque les amendes les plus fortes furent substituées aux anciennes peines, non pas tant pour ôter le scandale de la barbarie, que pour prévenir l'impunité occasionnée par la rigueur excessive de la loi ; lors, dis-je, que le gouvernement anglais prit toutes ces mesures pour empêcher l'exportation de ses laines, il se promit les mêmes avantages que la France se promettoit en défendant d'exporter ses soies crues et teintes. Il s'imagina que ses draps auroient un plus grand débit dès que les fabricans pourroient avoir la matière première à meilleur marché. Il crut nuire aux étrangers, et surtout aux Français, en les privant de ses laines, dont la finesse et la beauté donnoient à leurs draps presque toute la perfection qui les distinguoit. L'évènement a montré l'erreur de cette spéculation. Les laines n'ayant plus le débit qu'elles avoient auparavant, et le prix en ayant été fixé par la loi, la quantité en est diminuée, et elles ont perdu leur première qualité. La France au contraire a perfectionné les siennes. L'argent que faisoit entrer en Angleterre l'exportation de ses laines, n'y entre plus. Ses draps ont peut-être perdu aussi la perfection qu'ils avoient ; au moins ils ne sont point délivrés de la concurrence de ceux des Français. Enfin l'Angleterre a, sur cet objet et sur une infinité d'autres, éprouvé, de même que les autres nations, les funestes effets de la manie qu'ont les gouvernemens de se mêler de tout ce qui a rapport au commerce.

La France a encore un reproche de cette

nature à se faire relativement au commerce des Indes-Orientales. Les malheurs que la compagnie des Indes a essuyés dans ce siècle sont assez connus, et le célèbre auteur de l'Histoire philosophique et politique des établissemens des Européens dans les deux Indes, nous en a donné des détails très-circonstanciés (1). Cet écrivain, qui, en observant les désordres politiques, en a toujours su démêler les véritables causes, ne fait aucune difficulté d'attribuer l'origine de ces revers à la dépendance dans laquelle le gouvernement tenoit ce grand corps, en se mêlant trop de ses affaires. Dès que la cour voulut nommer les directeurs de la compagnie, dès qu'un commissaire du roi s'introduisit dans l'administration (2), la compagnie commença de pencher vers sa ruine. Tout se dirigea par l'influence et suivant les vues de l'homme de la cour.

Le mystère, ce voile dangereux d'une administration arbitraire, couvroit toutes les opérations du commerce : les intéressés ignoroient l'état de leurs affaires, et la perte de la liberté fut suivie des présages funestes de la ruine entière de la compagnie. Le gou-

----

(1) Tome II, liv. 4.
(2) En 1730.

vernement instruit de ces désordres crut
pouvoir y rémédier, en multipliant le nombre de ces commissaires : d'abord il en établit deux, ensuite il en ajouta un troisième.
Mais le mal, loin de diminuer, ne fit que
prendre une nouvelle force. Le despotisme
avoit régné lorsqu'il n'y en avoit qu'un, la
division commença lorsqu'il y en eut deux :
mais dès l'instant qu'il y en eut trois, tout
tomba dans l'anarchie.

Dans cette conjoncture, on vit paroître un
projet de réforme, dont l'objet étoit de délivrer la compagnie de la servitude à laquelle
le gouvernement l'avoit dévouée. Le projet
fut exécuté. Le gouvernement renonça à une
conduite qui étoit la cause de tous les désordres ; et pendant les cinq années que dura la
nouvelle administration, la compagnie prospéra au point que les ventes s'élevèrent annuellement à dix-huit millions : elles n'avoient pas été si considérables dans les tems
qu'on avoit regardés comme les plus brillans.

Je ne finirois pas, si je voulois rapporter
tous les exemples de la ruine du commerce,
occasionnée par la surveillance excessive
des gouvernemens. Toute l'Europe me fourniroit des preuves de fait pour démontrer
cette vérité. La France et l'Angleterre m'en
offriroient surtout un très-grand nombre.

Je m'abstiens d'en citer davantage pour ne point m'étendre trop sur un objet que je n'ai voulu observer qu'en passant.

Maxime générale : lorsque vous voyez dans une nation le gouvernement se mêler trop des affaires du commerce ; lorsque vous voyez toutes ses opérations réglées par quelque loi particulière ; lorsque la multiplicité de ces lois oblige le négociant à faire ses spéculations le tarif de là fiscalité à la main, ne cherchez plus d'autres renseignemens ; vous pouvez dire, sans craindre de vous tromper, que le commerce de cette nation est dans l'état le plus déplorable.

CHAPITRE XXII.

Obstacles qu'opposent au commerce en général, les lois qui dirigent celui des nations de l'Europe avec leurs colonies.

AUJOURD'HUI que tous les intérêts de l'Europe sont si fortement unis à ceux de l'Amérique ; aujourd'hui que ce nouvel hémisphère est devenu le comptoir des Européens, comptoir tant de fois renversé et souillé du sang de ses nouveaux propriétaires ; aujourd'hui enfin que la partie la plus importante de notre commerce est celle que nous exécutons avec les colonies de l'Amérique, toutes les causes qui peuvent détruire ce commerce, ou du moins en arrêter les progrès, ne doivent point être négligées dans un ouvrage qui traite de la Science de la Législation. Je déduis toutes ces causes d'un seul principe.

De fausses idées sur la source de la richesse publique ont fait croire aux nations de l'Europe qui ont fait des établissemens dans le Nouveau Monde, que pour retirer les plus grands avantages de leurs colonies, il falloit les soumettre à un commerce exclusif avec la métropole. Les lois prohibi-tives par lesquelles on s'est efforcé de donner l'existence à ce système absurde, n'ont eu d'autre but que de détruire cette liberté, qui seule peut donner au commerce le mou-vement de la vie (1). Quelques réflexions suffiront pour démontrer que cette prohibi-tion est également contraire aux intérêts de la métropole et à ceux des colonies, puis-qu'elle anéantit tout à-la-fois, et le com-merce de l'une, et le commerce des autres.

Deux motifs ont pu déterminer les gou-vernemens de l'Europe à ordonner cette fatale exclusion ; c'est, ou le désir d'aug-menter à volonté les impositions des colo-nies, par des droits établis sur les différens objets qu'elles nous envoient et sur ceux qu'elles reçoivent de nous ; ou le dessein de faire rejaillir sur la métropole, par le moyen d'un monopole constant, tous les avantages de ce commerce.

Si c'est le premier de ces motifs qui les a déterminés, leur attente a été bien trom-pée. En effet, ils ont cru que ces impôts indirects seroient payés par les colonies, tandis que c'est réellement la métropole qui les paie. On saisira toute l'évidence de

____

(1) Je ne cite pas ici ces lois prohibitives, parce qu'elles ne sont que trop connues.

cette vérité, lorsque je parlerai des impôts indirects, et que je démontrerai qu'ils retombent toujours sur le premier vendeur.

Il n'y avoit qu'un moyen de faire supporter aux colonies une partie des charges nécessaires au maintien de la société dont elles sont membres ; il n'y avoit qu'un moyen de concilier à cet égard ce que la justice prescrit aux unes, et ce que l'intérêt public exige de l'autre ; c'étoit de placer l'impôt sur les terres, et non sur les marchandises que nous leur envoyons, et sur celles qu'elles reçoivent de nous. Alors la liberté de leur commerce rendant chez elles la culture plus avantageuse, les gouvernemens de l'Europe auroient pu obtenir de leurs colonies, sans les tourmenter, sans les outrager, sans les appauvrir, ce qu'ils ne peuvent aujourd'hui obtenir d'elles, par une exclusion qui n'a d'autre objet que de les accabler du poids de l'oppression la plus humiliante, et de leur inspirer le desir et l'espoir de trancher d'un seul coup, au premier moment favorable, cette main ennemie qui les tient enchaînées.

Si le motif de cette prohibition a été de procurer aux métropoles de l'Europe des bénéfices énormes, par le moyen du monopole, il faut convenir que les adminis-

trateurs de ces empires se sont bien abusés.
En effet, ou la métropole vend ses productions et achète celles des colonies au prix
courant du marché général, et alors la prohibition est inutile ; ou elle vend très-cher
ses marchandises et achète à bas prix celles
des colonies ; et alors, en ruinant celles-ci,
elle détruit d'un même coup son commerce.
A mesure qu'elles s'appauvriront par un
commerce si désavantageux, elles consommeront une moindre quantité des productions de la métropole, et leur enverront en
même tems une moindre quantité de leurs
propres productions. Elles n'auront plus de
ressource que dans le commerce interlope ;
elles exerceront donc une contrebande habituelle : l'avidité des métropoles aura beau
prononcer des peines sévères, soudoyer
chèrement l'espionnage, et distribuer par-
tout des gardes et des barrières ; animées
par l'espoir d'un bénéfice considérable, les
colonies rendront vaines toutes les mesures
de leurs oppresseurs. Alors l'exclusion, devenue inutile pour les négocians des métropoles, ne continuera pas moins de ruiner
les colonies, parce que ce genre de commerce ne peut convenir qu'à quelques ar-
mateurs avides et audacieux, qui dépouil-
leront à leur tour, par le moyen du mono-

pole, et leur patrie et les colonies tout à-la-
fois. L'Angleterre et l'Espagne offrent la
preuve de ce que j'avance.

L'intérêt des métropoles est donc d'accorder une liberté aussi entière au commerce
de ses colonies, qu'à celui des autres membres de l'État. La justice l'exige. Malheureusement pour l'espèce humaine, on la
prend rarement pour guide dans des spéculations de finances; mais elle n'en sera pas
moins éternellement liée aux vrais intérêts
des nations, et elle dictera toujours, à celui
qui saura entendre sa voix, les moyens
d'établir la félicité des hommes et des Empires, non sur la base chancelante de quelques intérêts particuliers, mais sur les fondemens immortels de l'intérêt commun,
c'est-à-dire, du bien public. C'est elle, c'est
cette justice éternelle, qui ne peut voir sans
horreur un attentat si affreux contre les
droits les plus sacrés de la liberté et de la
propriété de l'homme, prescrits, soutenus,
et même légitimés par l'autorité publique.
Cette autorité a le droit, il est vrai, de
déterminer tout ce qui peut être utile ou
nuisible au bien général de la société; c'est
une prérogative inséparable de la souveraineté : mais la nature même de cette prérogative nous en indique l'usage, et nous ap-

prend qu'elle doit être exercée pour l'avantage de tous les membres de la confédération sociale : hors de là , tout exercice de l'autorité cesse d'être légitime : ce n'est plus qu'un acte de despotisme et d'oppression. Donc, quand même l'avantage de la métropole exigeroit cette prohibition contre laquelle je réclame ici, le préjudice qu'elle cause aux colonies suffiroit pour la rendre injuste. Les colons ne sont-ils pas membres de la société comme les habitans des métropoles ? ne sont-ils pas enfans de la même mère ? n'appartiennent-ils pas à la même famille ? ne sont-ils pas citoyens de la même patrie , sujets du même empire ? ne doivent-ils pas jouir des mêmes droits et des mêmes prérogatives ? et le plus précieux de tous ces droits n'est-il pas celui de la propriété , et par conséquent de la liberté ? Ces droits, que l'homme acquiert en naissant, et qui doivent être protégés par la société et par les lois ; ces droits inséparables de notre être , et qui forment l'existence politique, comme l'ame et le corps forment l'existence physique ; ces droits dont on ne peut nous dépouiller sans rompre le lien qui nous unit à l'Etat ; ces droits dont il n'est possible tout au plus (si l'on ne veut se rendre coupable d'un attentat affreux), que de suspendre l'usage

dans

dans les cas très-rares où le besoin pressant
et inévitable du corps entier de la société
demande, *pour l'intérêt public*, ce violent
et épouvantable sacrifice ; ces droits enfin,
si sacrés dans la personne d'un simple citoyen, pourroient-ils donc être enlevés à
une portion considérable de la société ?
n'existeroient-ils plus pour les colonies de
l'Europe ?

Mais, dira-t-on, l'établissement de ces
colonies a occasionné de grandes dépenses
aux nations qui les ont fondées, et les a
exposées à beaucoup de dangers ; la protection qu'elles leur accordent encore les
oblige à faire des frais considérables. Tant
de bienfaits n'exigent-ils pas un dédommagement de la part des colonies ? Sans doute.
Mais ce n'est point dans cette prohibition
qu'il faut le chercher, parce que, non-seulement elle est injuste et dangereuse pour
les colonies, mais elle est encore, comme
je l'ai observé, infiniment nuisible aux métropoles. Où faut-il donc chercher ce dédommagement ? Peu de mots suffiront à
cet égard. Quel que soit l'état des intérêts
de la métropole, elle ne doit voir dans ses
colonies qu'un instrument propre à diminuer la masse des contributions de l'État.
Le grand avantage que le gouvernement

doit retirer de ces provinces éloignées, ne consiste point dans le profit chimérique d'un commerce exclusif, mais dans la diminution des impôts et des charges de la métropole, qui peut être produite par les grandes contributions d'une colonie bien administrée. Le revenu net des colonies européennes établies en Amérique pourroit être très-considérable, et la portion qu'on en préleveroit pour l'impôt seroit assez forte pour soulager les métropoles respectives du fardeau de leurs dettes nationales, si les lois n'avoient elles-mêmes travaillé à détruire le commerce des colonies, et à condamner leurs infortunés habitans à l'ignorance, à la misère, et au despotisme le plus insupportable. Plus leurs richesses se seroient accrues, plus la masse de leurs contributions seroit devenue considérable, et plus par conséquent celle des métropoles seroit diminuée.

Les vrais intérêts d'une nation, et toutes les espérances qu'elle peut former à l'égard de ses colonies, n'ont donc pour base que leur prospérité et l'accroissement de leurs richesses. C'est donc vers ce seul objet que les législateurs de l'Europe doivent diriger toute leur attention dans ce nouvel hémisphère. Si les colons avoient la liberté de se livrer à tous les genres de culture que leur sol peut permettre, de/vendre leurs productions à ceux qui les paieroient le plus cher, d'acheter celles qui leur manquent de ceux qui les leur offriroient à meilleur marché, de satisfaire, en un mot, avec la même facilité, et les besoins de la vie, et les fantaisies de l'opinion ; qui ne voit quelle seroit alors la prospérité des colonies, et, combien s'accroîtroient leur population, leur force, et leur commerce ? La liberté, donnant un nouveau prix au sol du Nouveau Monde, perfectionneroit la culture, et augmenteroit la quantité et la valeur des productions : enfin toutes ces provinces éloignées, aujourd'hui le théâtre de la misère et de l'oppression de ceux qui obéissent, de l'avidité et du despotisme de ceux qui gouvernent, de la bizarrerie et de l'injustice des lois qui y règnent, offriroient alors le spectacle consolant de la richesse et de la félicité publique, protégées par l'agriculture, les arts, et le commerce. La seule suppression de ce système prohibitif suffiroit pour rétablir, sur les mêmes fondemens, la prospérité des colonies et celle de la métropole.

Qu'on ne m'objecte pas que ces colonies, devenues une fois riches et puissantes, ne voudront plus dépendre de leur mère. Le poids de la dépendance n'est insupportable aux hommes que lorsqu'il est joint au poids de la misère et de l'oppression. Les colonies romaines, gouvernées avec cet esprit de modération que l'intérêt et la politique du sénat avoient inspiré, se glorifioient d'une dépendance qui les honoroit en assurant leur existence. Leur sort étoit un objet d'envie pour ces villes qui, unies avec Rome, joignoient, sous le nom de *municipes*, les prérogatives de la cité à l'exercice de leurs usages particuliers, de leur culte, et de leurs lois. Plusieurs d'entr'elles recherchèrent le titre de colonies, et quoique leurs prérogatives fussent plus brillantes que ne l'étoient celles de ces dernières, on en étoit venu au point, sous l'empereur Adrien, de ne savoir plus laquelle de ces deux conditions on devoit préférer (1). La prospérité ne leur ins-

----

(1) Aulu-Gelle (Nuits attiques , liv. 6, ch. 13) dit que les villes d'Utique en Afrique, et de Cadix en Espagne, qui jouissoient des priviléges des villes municipales, demandèrent à l'Empereur, et obtinrent de lui le titre de colonies. Leur exemple fut bientôt suivi par d'autres villes municipales. Cet événement paroît bien étrange, lorsqu'on se rappelle que les prérogatives de la cité, accordées aux habitans des villes municipales, étoient bien plus éten-

pira ni l'esprit de révolte, ni l'ambition de l'indépendance : nous verrions la même chose dans les colonies modernes. Heureuses sous le gouvernement de leurs métropoles, elles ne tenteroient pas de secouer un joug léger et salutaire, pour chercher une indépendance qui les priveroit de la protection de leur mère, sans leur donner les moyens de se garantir, ou de l'ambition d'un conquérant, ou des intrigues d'un citoyen puissant, ou des dangers de l'anarchie. Ce n'est point l'excès des richesses et de la prospérité qui a fait soulever les colonies anglaises; l'excès de l'oppression les a seul forcées de tourner contre la mère-patrie ces armes dont elles s'étoient servies tant de fois pour la défendre.

Cet exemple ne suffira-t-il pas pour détromper les autres gouvernemens de l'Europe? Pourquoi, au lieu de ne voir, dans

---

dues que celles dont jouissoient les citoyens des colonies. Ceux-ci n'avoient point, comme les autres, le droit de suffrage; ils ne pouvoient exercer aucune des dignités de la république, comme l'a montré Sigonius. (*de Antiq. jure Ital. lib.* 2. *cap.* 3.) Il faut donc admettre que ces colonies offroient d'ailleurs des avantages bien considérables, pour donner lieu à un pareil sacrifice.

la révolution de l'Amérique, qu'un châtiment de l'orgueil de la nation anglaise, ne la regardent-ils pas plutôt comme une leçon terrible donnée à toutes les puissances qui partagent entr'elles les dépouilles de ce vaste continent ? Attendront-ils qu'une cause commune rende universelle cette fatale catastrophe qui séparera pour toujours les deux mondes ? La mine est toute préparée : une étincelle a suffi pour la faire éclater dans l'Amérique anglaise (1). Il n'en faudra pas davantage pour produire le même effet dans le reste de ce continent. Cet événement n'a point une époque certaine ; mais il est inévitable : il n'y a qu'un moyen de le prévenir ; c'est d'abolir ce système absurde d'exclusion ; d'abolir toutes ces lois meurtrières, par lesquelles on sape le commerce des nations de l'Europe avec leurs colonies. La prospérité des deux hémisphères est liée, comme nous l'avons démontré, à cette juste et salutaire réforme, et l'insurrection des colonies anglaises apprend à tous les princes le danger qui les menace, s'ils continuent de négliger de si grands intérêts. Maintenant, si de l'horreur des combats nous pou-

____

(1) L'impôt sur le thé.

vions espérer de voir sortir enfin un nouvel
ordre de choses ; si la même cause qui a
allumé la guerre entre les Anglais et leurs
colonies, pouvoit briser les fers qui en-
chaînent le commerce du reste de l'Amérique ; la philosophie gémiroit sur la violence du remède, mais elle se consoleroit
du moins, en examinant tous les maux qu'il
auroit détruits.

CHAPITRE XXIII.

Obstacles qu'opposent au commerce la mauvaise foi des négocians et le grand nombre des faillites.

Si la confiance est l'ame du commerce ; si le crédit est une espèce de monnoie sans laquelle la circulation seroit interrompue et le commerce restreint dans les bornes étroites du numéraire ; si ce crédit fait circuler dans la banque d'Amsterdam 15 millions de florins par jour, et si, par la même cause, des négocians font dans cette place un trafic de 60 millions par an ; si le crédit, en un mot, est aussi nécessaire au commerce que les élémens le sont à l'existence des animaux, on ne peut douter que tout ce qui contribue à l'affoiblir ne doive être regardé comme un obstacle au commerce. Or qui ne voit que la multiplicité des faillites dans une nation doit produire cet effet ? Quelle confiance peut-on avoir dans les négocians d'un pays où la banqueroute entre dans la combinaison des moyens propres à agrandir la fortune d'un commerçant, où il ne peut être riche qu'après la troisième opération de ce genre? Dans toute l'Europe, à l'exception de quelques Etats, cette bizarre et funeste spéculation semble être regardée, par les négocians, comme une ressource très-utile. Jamais les banqueroutes n'ont été aussi fréquentes et aussi favorables qu'elles le sont dans ce siècle, où toute l'attention du gouvernement est fixée sur le commerce.

Quelle preuve plus authentique de l'enfance de notre Législation? Nos lois établissent une peine contre les banqueroutes; mais l'impunité, effet nécessaire de cette loi, en rend la rigueur inutile. Examinons donc, et tous les efforts que l'on a faits avec si peu de succès, et tous ceux que l'on devroit faire pour détruire un obstacle dont la morale, la politique, l'honnêteté publique, et l'intérêt général éprouvent également les dangereux effets dans presque toute l'Europe.

CHAPITRE XXIV.

De l'impuissance de la Législation actuelle sur cet objet.

LES droits sacrés de l'humanité, unis aux vrais intérêts du commerce, nous autorisent à attaquer ici la Législation de l'Europe. Les lois qui concernent les banqueroutes ne font sûrement pas la gloire de nos codes et des législateurs qui les ont établies. Elles sont tout à-la-fois trop sévères et trop indulgentes. Elles condamnent l'innocence, en même tems qu'elles offrent un moyen d'impunité à ceux qui sont effectivement coupables.

Il y a deux sortes de banqueroutes : les unes, sont volontaires et frauduleuses; les autres sont involontaires et forcées. Dans les premières, l'insolvabilité du débiteur n'est qu'apparente; et les effets qu'il cède à ses créanciers ne sont qu'une partie de ses biens; le reste a été détourné ou caché; dans les secondes, au contraire, l'insolvabilité est certaine. Un malheur survenu au négociant, là perte d'un navire, la banqueroute d'un correspondant, etc., l'obligent à déclarer à ses créanciers son insolvabilité,

sa faillite, et à leur offrir le reste de sa fortune, pour éteindre une partie de ses dettes.
Dans le premier cas, c'est une banqueroute
volontaire, un vol fait au public, et un vol
d'autant plus funeste, qu'il est au pouvoir
de celui qui le fait d'en déterminer la valeur.
Dans le second cas, c'est un malheur im-
prévu, qui ne laisse d'autre soulagement à
celui qui le souffre, que le témoignage de sa
conscience et la certitude de son innocence,
sauve-garde impuissante contre le mépris
public, la perte de l'honneur, et, ce qui est
encore plus étrange, contre l'injuste rigueur
de la loi. Il est vrai que la même loi qui condamne à la mort le banqueroutier frauduleux, ne condamne le banqueroutier invo-
lontaire qu'à une prison perpétuelle ; mais,
je le demande, quelle loi a le pouvoir de punir un homme innocent ? Quoi ! parce que
le sort l'a dépouillé de tout ce qu'il possédoit, la loi pourra le dépouiller à son tour
de cette portion de sa liberté personnelle que
le sort n'a pu lui enlever ? Ces édifices, que
la puissance législative a fait élever pour
assurer le repos public contre les attentats
de la violence et des délits ; ces édifices,
dont l'existence humilie l'humanité, quoiqu'ils soient nécessaires à sa conservation,
pourront donc quelquefois servir à l'outra-

ger? la prison pourra devenir la demeure
de l'innocence? et les lois s'armeront ainsi
pour aggraver les maux de l'infortune? Quel
motif a pu légitimer cet attentat contre la
liberté civile, que l'on commet sous le prétexte de l'intérêt public? Est-il donc un
intérêt plus grand, plus général, que le respect de la liberté? sans lui, peut-il existér
sur la terre quelque sociéfé, quelque espèce
de commerce? Hélas! on ne peut que gémir
sur la foiblesse des hommes, lorsqu'on voit
une erreur aussi frappante adoptée dans toute
l'Europe ; lorsqu'on voit la morale même
garder le silence sur une des absurdités les
plus étranges de la jurisprudence moderne.

Voyons maintenant comment la loi offre
l'impunité au coupable, comment elle a dé-
posé dans les mains des particuliers la vengeance publique d'un délit public; comment
elle donne aux parties intéressées un droit
que l'autorité souveraine elle-même n'a pas,
celui d'absoudre un coupable et de punir un
innocent; voyons enfin comment, aussitôt
que les créanciers ont fait un contrat avec
leur débiteur, coupable d'une banqueroute
frauduleuse, la loi oublie tout à-la-fois sa
sévérité, le délit, et le tort qu'il cause à la
confiance publique.

A peine une banqueroute est-elle déclarée,

que la loi permet aux deux tiers ou aux trois quarts des créanciers de s'unir et de décider du sort du débiteur. S'ils conviennent de faire un accommodement avec lui ; s'ils se contentent de renoncer à une partie de leur créance, quoique la banqueroute soit volontaire et frauduleuse, tout est bientôt terminé. La partie de ses fonds qu'il a cachée, ou, pour mieux dire, qu'il a dérobée à ses associés, reste entière pour lui. Il commence un nouveau commerce, aidé d'un capital qu'il leur a enlevé ; et si la fortune seconde sa fourberie, il finit par s'enrichir, et recueille ainsi les fruits de sa banqueroute.

Un négociant honnête se trouve-t-il au contraire forcé, par des circonstances malheureuses, de manquer à ses engagemens ? a-t-il perdu les moyens de conclure un accommodement avec ses créanciers ? si quelque intérêt particulier, si un simple caprice leur inspire le dessein de ruiner cet infortuné, ce citoyen honoré de l'estime publique ; alors la loi qui a cédé un droit qu'elle n'avoit pas, légitime leur cruauté, et leur permet de précipiter dans une prison et d'y faire languir pour toujours un homme qui n'a commis aucun délit.

Le seul intérêt des créanciers, leur caprice même peut donc enlever à un honnête homme qui a fait une faillite, cette liberté qu'un citoyen, quel qu'il soit, ne peut perdre qu'après s'être rendu coupable d'un délit ; et cet intérêt ou ce caprice peut mettre la mauvaise foi et le vol à l'abri de toute recherche et de toute punition.

Qu'importe donc que la loi mette au rang des délits la banqueroute frauduleuse ? qu'importe qu'elle établisse la peine de mort contre un délit qui attaque la confiance publique, puisque la volonté des créanciers impose silence à la justice ; puisque la loi, au lieu de mettre à couvert de leurs attentats l'honnête homme insolvable qui gémit en silence et baisse un front humilié devant ses barbares créanciers, ne fait qu'ouvrir une voie sûre à l'impunité de la fraude orgueilleuse et hardie qui la brave ; puisqu'enfin sa modération apparente n'est utile qu'au banqueroutier frauduleux, qui a caché sa fortune pour tirer un meilleur parti de l'épouvante de sès créanciers.

Il n'y a pas de jour où il ne se commette plusieurs banqueroutes en Europe. Elles sont presque toutes frauduleuses : et il n'y a pas encore eu d'exemple qu'un négociant ait été puni de mort pour ce délit. Faut-il donc s'étonner que les banqueroutes soient si fréquentes ? Mais on n'auroit pas besoin d'une peine aussi terrible pour arrêter ces désordres, si la loi, loin d'assurer elle-même l'impunité au coupable, s'occupoit de les prévenir.

Voyons donc ce que l'on devroit faire à cet égard.

CHAPITRE XXV.

Moyen propre à arrêter ce désordre.

Sɪ l'espérance de l'impunité est le grand mobile des délits, c'est elle qu'il faudroit commencer à détruire dans l'ame des négocians, afin de diminuer le nombre des banqueroutes frauduleuses. Pour parvenir à ce but, il faudroit enlever aux parties intéressées le droit de décider du sort du banqueroutier, et ne leur laisser que le choix des moyens propres à obtenir du débiteur le remboursement de la plus grande partie possible de leurs créances ; le reste devroit être soumis à la décision des Tribunaux.

Aussitôt qu'un négociant déclare sa faillite, le gouvernement doit donc s'assurer de sa personne. Les juges devroient ensuite procéder à la vérification de ses registres, à l'examen de sa conduite, etc., afin de déterminer la nature de sa faillite. S'il résultoit de cette opération que le négociant fût de bonne foi, il seroit mis en liberté ; et il suffiroit de l'obliger à donner à ses créanciers le reste de ses fonds, en compensation de ses dettes ; il faudroit ne lui interdire aucun espoir

espoir ni aucun moyen de fortune, et annoncer au public son innocence et sa bonne foi.

Si la banqueroute étoit frauduleuse, le coupable ne pourroit, dans aucun cas, échapper
à la juste sévérité des lois. Une peine d'infamie seroit, de toutes les peines, la plus convenable à la nature de ce délit. Le coupable
devroit être marqué sur le front d'un fer
rouge qui en exprimât les signes. Privé de
la confiance publique, il seroit exclu de toutes
les charges et de toutes les professions qui supposent l'honneur dans ceux qui les exercent.
Devenu infame, chaque acte, chaque obligation souscrits par lui, seroient regardés
comme nuls et illégitimes. Quand même la
fortune lui donneroit ensuite les moyens de
satisfaire entièrement ses créanciers, son
infamie ne devroit pas plus être éteinte par ce
paiement général, que ne l'est la peine du vol
par la restitution que fait le voleur. Enfin cette
peine d'infamie devroit être infligée avec un
appareil propre à rendre la justice plus terrible et le délit plus honteux.

Après avoir dit comment il faudroit punir
la banqueroute frauduleuse, examinons de
quelle manière la loi pourroit la prévenir.

Le luxe, utile peut-être dans quelques
classes de citoyens, mais infiniment dangereux dans la classe des négocians, est

la cause la plus ordinaire des faillites : la
manie de s'environner de tout l'appareil d'un
faste insolent et d'une prodigalité ruineuse,
pour avoir un extérieur de noblesse, fait
regarder avec mépris cette honorable simpli-
cité et cette économie intérieure, si nécessaires au commerce. Les profits considérables
que procure un négoce heureux, ne sont pas
destinés à en produire d'autres ou à réparer
les pertes qui peuvent survenir ; ils sont entièrement consacrés à établir un train fastueux, à l'aide duquel le négociant imbécille
va mendier des titres d'honneur qui excitent
le mépris de ceux mêmes qui les lui accordent : bientôt les revers de son correspondant entraînent la ruine de son commerce.
Privé des fonds nécessaires pour y remédier,
il a recours à l'intrigue : il n'ose réformer
l'état de sa maison, de peur de faire connoître
au public le désordre de ses affaires : il affecte
même encore d'augmenter un peu plus sa
dépense, afin de prévenir un soupçon qui hâ-
teroit une banqueroute, devenue inévitable,
mais qu'il tâche de retarder, autant qu'il peut,
à force de ruses et de fourberies.

Ce ne sont point là des spéculations mé-
taphysiques, ou de vains songes de politique ; ce sont des faits qui se passent constamment sous nos yeux et qui malheureu-

sement causent la ruine de cette foule de familles immolées chaque jour au luxe désordonné et aux fraudes des commerçans.

Il est donc indispensable d'établir un code de lois somptuaires pour la classe des négocians (1).

La peine que l'on établiroit pour en assurer l'exécution, ne devroit pas avoir pour objet l'infraction de ces lois, mais ses effets. Si l'état de maison d'un négociant outrepassoit les bornes prescrites par la loi, c'est-à-dire, déterminées par les fonds qu'il met dans le commerce, il ne seroit pas punissable pour cette seule action ; mais dans le cas où il viendroit à faillir, quelle que fût la cause de sa faillite, le juge, après s'être convaincu, d'après la lecture des livres et des pièces qui lui auroient été représentés, et l'examen particulier de la conduite du failli, qu'il a porté sa dépense plus loin que la loi ne lui avoit permis de le faire, pourroit le déclarer coupable d'une banqueroute frauduleuse, et le condamner à la

____

(1) Quelque éloigné que je sois d'adopter le système des lois somptuaires en général, je ne dois pas en dissimuler les avantages, relativement à cette classe de citoyens : c'est une exception qui ne détruit pas la règle.

peine portée contre ce délit. Une telle loi, en arrêtant le luxe des négocians, procureroit un autre avantage à la société. Comme le failli n'auroit plus d'intérêt à altérer l'article de sa dépense, l'art de faire un bilan ne seroit plus l'art de faire une banqueroute utile. Il ne trouveroit plus dans la manière de tracer le tableau détaillé de sa dépense, le moyen infaillible de conserver une grande portion de la somme qu'il veut dérober à ses créanciers.

Un autre secret de l'art des banqueroutes utiles, c'est l'augmentation fictive des dots. Je crois devoir ici dévoiler aux législateurs tous ces mystères de l'artifice et de la fourberie.

Un négociant, lorsqu'il se marie, assure d'ordinaire, dans le contrat de mariage, avoir reçu de sa femme une dot plus considérable qu'il n'a reçue en effet. Par ce moyen, aussitôt que la banqueroute est déclarée, la femme s'empare des meilleurs effets de son mari, en compensation de la somme énoncée dans le contrat. Pendant ce tems, les créanciers, que la loi sacrifie à la femme, voient leur fortune s'engloutir dans la famille du débiteur, sans pouvoir réclamer contre un vol commis sous la protection même de la loi.

Pour prévenir ce désordre, pour tarir cette

nouvelle source de banqueroutes, le législateur devroit ordonner que la dot ne pût être mise dans le commerce sans le consentement de la femme, qui auroit le pouvoir de la faire placer sur des immeubles, comme cela se pratique dans les autres classes de l'Etat; et que, dans le cas où elle se contenteroit de mettre sa dot dans le commerce, elle fût soumise à tous les risques qui suivent le commerce, et par conséquent à perdre le droit de la réclamer, lorsque le mari viendroit à faire banqueroute.

Il y a enfin un autre secret de cet art qui a fait tant de progrès en Europe, c'est l'usage des *billets simulés*. Un négociant qui veut faire banqueroute, a toujours la précaution de s'assurer de quelqu'un qui se déclare son créancier d'une somme considérable, laquelle, passée sur ses registres, passe dans le bilan sans la moindre contradiction. Lorsque la banqueroute est déclarée, cette créance imaginaire donne au failli, sous le nom de la personne interposée, le moyen de faire rentrer dans ses mains une portion de cette somme qui devroit être entièrement abandonnée à ses créanciers.

Si, par exemple, cette créance imaginaire est de cent mille écus, et que le failli en donne le tiers à tous ses créanciers, il est assuré d'avoir pour sa part une somme de trente-trois mille écus. Quel encouragement pour faire banqueroute ! Les lois ont un moyen très-sûr d'enlever cette ressource aux négocians de mauvaise foi ; c'est d'ordonner que toute personne convaincue d'avoir prêté son nom à un négociant sur le point de faillir, pour une créance qui n'existe pas, sera considérée comme complice de la banqueroute, et par conséquent sera condamnée à la même peine. Mais il faudroit en même tems ordonner aux juges de s'informer, avec beaucoup d'exactitude, de l'état des créanciers, afin de pouvoir reconnoître, entre ceux qui le sont véritablement, ceux qui ne font qu'en jouer le rôle.

Tels sont les obstacles qu'une bonne Législation pourroit opposer à ce torrent de banqueroutes, qui chaque jour se répand dans toute l'Europe, et qui laisse dans tous les lieux où il passe, des germes de corruption destructifs du commerce et de l'industrie, ce feu sacré que les chefs des empires devroient entretenir avec le respect le plus religieux, parce qu'il est l'ame de tous les États et la source de la félicité publique.

CHAPITRE XXVI.

Des encouragemens que l'on pourroit donner au commerce, après avoir détruit tous les obstacles.

APRÈS avoir parlé des obstacles qui arrêtent les progrès du commerce, il seroit à propos de parler des encouragemens que l'on peut lui donner. Mais comme la plus grande partie de ces encouragemens doit être l'ouvrage de l'administration beaucoup plus que des lois, je ne ferai que les indiquer, afin de ne point m'écarter de l'objet de mon ouvrage.

Puisque le commerce intérieur est le premier moyen du commerce extérieur, les premiers regards de l'administration doivent être dirigés vers l'intérieur de l'Etat. La construction des routes et des canaux de communication facilite le transport des productions des différentes provinces, accélère la marche du trafic intérieur, et rend la communication plus active et plus sûre : voilà donc le premier et le meilleur moyen d'encourager le commerce et l'industrie. Rapprochez les hommes, et vous les rendrez industrieux et

R 4

actifs. Séparez-les, et vous en ferez autant de sauvages incapables d'avoir même l'idée de leur perfectibilité.

Ma patrie attend maintenant avec impatience le moment où elle doit recueillir les fruits de ce bienfait dont elle est redevable à son roi, et au ministre qui, par ses lumières et son zèle pour le bien public, justifie si bien la confiance qu'il lui a donnée. La construction des routes des deux Calabres et de la Sicile, le pays le plus riche de l'Italie, qui l'est elle-même de l'Europe, en faisant écouler les richesses des provinces dans les deux mers qui les baignent, et les trésors de ces deux mers dans les plus belles provinces, formera pour cet État deux grandes époques d'opulence et de gloire. Fasse le ciel qu'une entreprise aussi utile ne soit point arrêtée par les opérations dangereuses des intérêts particuliers, et que le bien public triomphe une fois de l'intrigue et de la fraude !

Il est un autre objet dont l'administration doit s'occuper si elle veut accélérer les progrès du commerce : c'est la valeur de l'argent. Les gouvernemens de l'Europe ne l'ont pas cru jusqu'à présent bien digne de leur attention. Mais les écrivains politiques de ce siècle s'en sont occupés avec beaucoup de soin, et ont répandu la plus grande lumière sur cet objet important.

Le respect aveugle du pédantisme pour les erreurs même de l'antiquité, a fait croire aux chefs des empires que la valeur de l'argent pouvoit être fixée par la volonté arbitraire de l'autorité publique. Cette maxime absurde, adoptée par Aristote (1) et par les jurisconsultes romains qui s'étoient formés à l'école des Stoïciens (2), a ruiné plusieurs fois le commerce de la plupart des nations

---

(1) *Lege consistere, ac suam rem retinere, non natura, si quidem ipse princeps, ipsa respublica, ipsa lex nummum constituit quasi à* νόμω *, a qua pretium et valorem certum accipit. Aristot. Ethic. lib. 5, cap. 5.*

(2) *Electa materia est*, dit le jurisconsulte Paul, *cujus publica ac perpetua æstimatio difficultatibus permutationum æqualitate quantitatis subveniret, eaque materia forma publica percussa, usum dominiumque non tam ex substantiæ præbet, quàm ex quantitate. Leg 1, dig. de Contrah. empt.* Il faut observer que par le mot de quantité, on entendoit la valeur légale, et non la valeur intrinsèque du métal. Voyez *Perizionius de ære gravi,* et *Heineccius,* dans sa Dissertation *de reductione monetæ ad justum pretium.* Cette erreur de la jurisprudence ancienne fut corrigée par la jurisprudence qui la suivit. *Leg. 1, cod. de vet. numismat. potest.*

de l'Europe. Peut-être ne produisit-elle point de maux chez les peuples anciens ; mais il n'en a pas été de même chez les peuples modernes. Nos législateurs n'ont pas fait attention à la différence des tems, et à la différence des circonstances, qui naît de celle des intérêts. Ils ne se sont pas apperçus que Lycurgue, en donnant une valeur légale à sa monnoie de fer, avoit fait une opération conforme aux intérêts de la constitution de Sparte, dont l'esprit étoit d'avoir le commerce en horreur. Ils n'ont pas vu que les Romains, soit lorsqu'ils donnoient à leur monnoie de cuivre et de fer, couverte d'une légère feuille d'or et d'argent, la valeur de ces deux métaux précieux (1) ; soit lorsque, sous le tribunal de Livius Drusus, ils mêloient à la monnoie d'argent un huitième de cuivre ; soit lorsque, sous le triumvirat d'Antoine, ils y mêloient la même quantité de fer (2) : ils n'ont pas vu, dis-je, que les Romains, dans toutes ces circonstances, n'avoient d'autre objet que de faciliter le commerce intérieur. Comme ce commerce étoit alors le seul qu'ils jugeassent digne d'eux, ils ne pouvoient pas sentir le mal qu'un pa-

---

(1) Xiphil. *in vita Caracallæ.*
(2) Voyez Saumaise *de usur. cap.* 11 *et* 16.

reil systême devoit causer au commerce extérieur. Rome ne vouloit avoir aucune liaison de ce genre avec les étrangers. Elle ne connoissoit que ses citoyens, ses alliés, et ses sujets. Son objet unique, son seul intérêt, étoient de reculer les bornes de l'empire, et d'enrichir la patrie et les enfans de la patrie par les moyens violens de la guerre. Ce ne sont pas là nos intérêts actuels. La politique moderne ne peut considérer le commerce extérieur avec la même indifférence.

Le commerce est un des principaux fondemens de la prospérité des peuples, et l'argent, qui en est le moyen, n'est pas seulement l'instrument des échanges qui se font entre les membres d'une même société, unique usage auquel il fut destiné pendant un certain tems à Rome et à Sparte ; il est encore l'instrument des échanges qui se font entre les différentes nations de la terre. Il suit de là, que la valeur des monnoies ne peut être maintenant arbitraire, et qu'elle ne doit être déterminée que par la valeur intrinsèque du métal qu'atteste l'autorité publique, en y mettant son empreinte. Il faut donc faire aujourd'hui ce que, malheureusement, on n'a pas toujours fait ; il faut abandonner toutes les idées des anciens concernant les monnoies, et adopter les idées des modernes. Le grand nombre d'écrits lumineux qui ont paru depuis plusieurs années sur cette matière importante, et l'impossibilité où je suis de la développer ici, sans m'écarter de cette précision avec laquelle j'ai promis de traiter tous les objets qui ont plus de rapport à l'administration qu'à la législation, m'obligent à renvoyer mes lecteurs aux ouvrages des hommes célèbres qui se sont exercés sur ce sujet. Je n'ai pas besoin, pour les trouver, de sortir de l'Italie. Le comte Carli, le célèbre marquis Beccaria, et l'abbé Galliani, génie sublime, auquel je dois surtout de la reconnoissance pour l'honneur que ses talens et ses écrits ont fait à notre commune patrie; ces trois grands hommes, et plusieurs autres Italiens illustres ont traité cette matière avec tant d'exactitude, de profondeur et de méthode, qu'il seroit à désirer, pour l'intérêt universel du commerce, que tous les gouvernemens vinssent puiser dans ces sources des principes sur les opérations des monnoies (1). Plein de confiance dans le

____

(1) Le même motif qui me fait parcourir rapidement ces objets, me permet à peine de parler ici des avantages que procureroit au commerce intérieur d'un Etat l'uniformité des poids et des mesures. Les anciens, quoique moins livrés au commerce que

mérite de leurs ouvrages, je vais tourner mes regards sur les troupes de mer, parce que c'est là un des plus forts appuis que le gou-

nous, n'avoient pas négligé cet objet. La politique de la Grèce et de Rome ne souffrit pas qu'il existât différens poids et différentes mesures entre les citoyens d'un même pays. Ce fut par un semblable motif que Charlemagne introduisit dans son vaste empire l'usage des poids et des mesures romaines ; et nous, qui ne parlons et qui ne nous occupons que de commerce, nous avons dédaigné cette uniformité.

Rien de plus facile cependant que de l'établir parmi nous. Pour rendre cette mesure invariable et susceptible d'une vérification de tous les momens, il suffiroit de la régler sur la longueur d'une pendule simple qui battît des secondes sur un parallèle déterminé du globe. Par ce moyen, la mesure conviendroit à tous les pays de l'univers. La réforme des poids suivroit celle des mesures, dont elle dépend. Un tarif de réduction exact et clair faciliteroit la fixation des prix et des impositions.

A peine le célèbre Huyghens eut-il, en Angleterre, appliqué la pendule aux horloges, que la société royale de Londres proposa d'employer cette mesure universelle. Cet objet n'a point échappé à la sagacité de M. Monton, astronome de Lyon, de M. Bouguer, et de M. de la Condamine. Voyez leurs ouvrages, ainsi que le Mémoire de M. Benjamin Corrard, qui est joint à celui de M. Bertrand, sur les lois agraires, etc.

vernement puisse offrir au commerce extérieur.

La mer, cette route immense par laquelle
le négociant fait passer toutes ses marchandises, l'artisan les ouvrages de ses mains,
l'agriculteur les productions de sa terre; ce
territoire commun de toutes les nations,
auquel elles ont toutes les mêmes droits,
mais dont la puissance tyrannique de quelques-unes d'entr'elles s'efforce de faire une
sorte de patrimoine particulier; ce champ
de bataille où tous les peuples accourent les
armes à la main, pour s'arracher les profits
du commerce et de la navigation : la mer
doit être surveillée par une protection toujours subsistante. Toute contrée qui a le bonheur d'être baignée de ses eaux, doit, ou renoncer à tout projet de commerce, ou entretenir sur cet élément des forces capables
de conserver et garantir la liberté générale,
seule loi qu'une nation ait droit d'imposer
au dehors. Que l'on pardonne à un écrivain,
ami de la paix, d'exciter aujourd'hui les nations à s'environner de vaisseaux armés. Ce
n'est point pour la guerre, ce n'est point pour
la discorde qu'il fait ici des vœux ; c'est pour
le repos de la terre : il voudroit voir établi
sur l'empire de la mer cet équilibre qui assure aujourd'hui la sûreté du continent.

Si la France n'eût pas négligé cet objet; si l'avarice de quelques ministres, la profusion de quelques autres, et l'indolence du plus grand nombre d'entr'eux, jointes aux fausses vues, aux petits intérêts, aux intrigues de la cour, et à un long enchaînement de vices et d'erreurs, de causes obscures et méprisables, n'eussent jadis empêché sa marine de prendre de la force et de la stabilité; si, au lieu d'engloutir tant de richesses et tant d'hommes, pour partager avec deux autres grandes puissances la honte de ne pouvoir opprimer un électeur de Brandebourg, le gouvernement français eût dirigé tous ses efforts vers la mer; si, pour conserver à la marine cet éclat que le règne de Louis XIV avoit un moment jeté sur' elle, on eût eu le courage de sacrifier une partie de ces immenses armées de terre; enfin si l'on eût fait en France tout ce que l'on devoit faire, le commerce y auroit eu les plus grands succès sous les auspices d'un pavillon respectable, et il n'auroit pas été exposé aux coups mortels que lui a portés tant de fois la Grande-Bretagne, devenue toute-puissante par ses forces de mer: de même, si les autres États qui sont sur les bords de la Méditerranée eussent bien senti toute l'importance de ces forces navales, l'insolent pavillon des pirates barbaresques ne viendroit pas troubler chaque jour leur commerce et exposer à tant de dangers l'industrie de leurs citoyens (1).

Mais peut-on espérer de voir les forces navales s'accroître, si l'on ne commence par diminuer les forces de terre? La misère des peuples et l'état actuel de leurs finances ne laissent aux peuples d'autre parti à prendre que de choisir entre l'un et l'autre de ces moyens. Le joug qui les opprime est déjà trop terrible, pour qu'on puisse en aggraver le poids. Il est donc inutile de songer à accroître les forces de mer, avant d'avoir réformé le systême militaire. Tant que l'on consacrera des sommes immenses à l'entretien journalier d'une grande armée de terre; on ne pourra pas établir des forces navales pour défendre les ports d'une nation et faire respecter son nom sur toutes les mers. J'ai démontré assez au long l'inutilité et les inconvéniens des troupes de terre : mais qui

---

(1) Il paroît que ces vérités ne sont plus inconnues aux gouvernemens, puisqu'ils se sont enfin déterminés à répandre sur la mer des trésors qu'ils ont si inutilement prodigués jusqu'aujourd'hui sur la terre. Ma patrie ne sera pas la dernière à profiter de tant d'avantages.

pourroit

pourroit détailler tous les avantages d'une armée de mer?

Il suffit de considérer cet objet relativement à la force publique, pour appercevoir auquel de ces deux moyens de protection on doit donner la préférence. Peuples, c'est sur cet élément seul que vos forces peuvent être transportées au loin, sans craindre de se détruire elles-mêmes. Voyez vos troupes de terre : vont-elles faire une invasion dans les pays étrangers? tout semble conspirer contre elles. Les montagnes, les rivières, la difficulté des chemins, le défaut de subsistances ou de munitions, l'intempérie du climat, tout se réunit pour déconcerter vos projets et multiplier les périls. Sur la mer, au contraire, le logement, l'artillerie, les vivres, tout marche avec vos troupes sans le moindre embarras. Il y a plus; les matelots sont naturellement les meilleurs soldats du monde : accoutumés à braver à chaque instant les dangers de la mort, endurcis au travail, insensibles à l'injure des saisons, ils ne redoutent jamais la présence de l'ennemi, et succombent rarement aux fatigues de la guerre. La paix ne les dispensant pas de parcourir les mers, ne leur permet pas de s'amollir dans l'oisiveté des villes. Leur subsistance n'est point un impôt sur la nation, parce qu'elle est prise sur les bénéfices d'un commerce qu'ils protègent et qu'ils augmentent. Enfin voulez-vous être respectés par toutes les nations ? soyez puissans sur la mer. Ne prétendez-vous à d'autre gloire qu'à celle d'imposer à vos voisins ? entretenez vos troupes de terre.

La conclusion de ce chapitre est donc que la construction des chemins et des canaux de communication, la sagesse des opérations concernant les monnoies, et l'établissement de grandes forces navales, sont les meilleurs moyens que le gouvernement puisse employer pour favoriser le commerce : il n'a pas besoin d'autres secours. C'est à l'intérêt particulier qu'il appartient de consommer l'ouvrage. Cet intérêt est une force toujours puissante, lorsque des causes étrangères n'en arrêtent pas l'action. Mais ces causes existent malheureusement, et le systême des impositions est la plus terrible de toutes. Observons donc de plus près ce colosse monstrueux, qui, de son poids énorme, accable en même tems l'agriculture, les arts, et le commerce ; et voyons s'il seroit possible d'établir sur cette matière plus de régularité, de proportion, et de justice. C'est un des objets les plus intéressans de ce livre.

CHAPITRE XXVII.

De l'impôt en général.

PARTOUT où il existe une société, il doit exister une autorité qui la gouverne au dedans et la défende au dehors. Cette administration et cette protection exigent des dépenses qui doivent être payées par la société à laquelle elles sont utiles. Les membres qui la composent doivent donc sacrifier une portion de leur propriété pour la conservation de l'autre. Il est vrai qu'on suivoit autrefois, chez certaines nations, un systême différent : on assignoit une portion du territoire pour les dépenses communes du corps politique : mais cette manière de former le revenu public étoit extrêmement vicieuse.

L'Etat, ne pouvant porter son attention sur toutes ses propriétés, étoit constamment obligé d'en confier l'administration aux soins de quelques hommes, ou négligens ou infidèles. L'agriculture et la population devoient souffrir également de cette réunion d'un grand nombre de propriétés dans les mêmes mains. Les droits sacrés de la propriété elle-même devoient en recevoir des atteintes funestes. Comme les confiscations étoient alors le seul moyen d'augmenter le trésor public, cette peine qui, outrageant la nature et la justice, enveloppe l'innocent avec le coupable, et punit une postérité toute entière des délits commis par un homme, étoit devenue plus commune qu'elle ne l'avoit jamais été sous le règne de Tibère et de tous les scélérats qui opprimèrent Rome.

L'étendue du territoire étoit encore un des abus de cette forme d'administration, comme l'a observé un écrivain célèbre. Ou le domaine du roi, dit-il, étoit trop considérable pendant la paix, ou il étoit insuffisant pour les tems de guerre. Dans le premier cas, la liberté de la république étoit opprimée par le chef de l'Etat; et dans le second, par les étrangers (1). Ces désordres obligèrent les gouvernemens à recourir aux contributions des citoyens (2). Voilà l'ori-

---

(1) Histoire Philosophique et Politique des établissemens et du commerce des Européens dans les deux Indes, *liv.* 19, *des impôts.*

(2) Diodore (*lib.* 1, *num.* 73, *et seq.*) dit que le territoire de l'Egypte étoit divisé en trois parties. La première étoit pour le roi, la seconde pour les prêtres, et la troisième pour le reste du peuple. On croit, d'après un passage de Strabon, (*lib.* 17, que du tems de Joseph, cette distribution avoit été altérée, et que le roi n'étoit plus propriétaire d'une

gine la plus simple des impositions. Voyons maintenant quel est le vrai systême de répartition.

L'agriculteur qui conduit sa charrue, et le seigneur féodal qui végète entre les murs de son château, sont intéressés tous les deux à ce que l'ordre et la sûreté règnent dans l'Etat : mais l'un et l'autre n'y ont pas un égal intérêt. Comme les avantages que le premier retire de la société sont beaucoup moindres que ceux dont jouit le second, le prix avec lequel il achète ces avantages doit être moindre à son tour. La fortune de chaque citoyen doit donc déterminer la portion qu'il est obligé de fournir à la société : voilà la règle unique de la répartition. Mais quelle en sera la mesure?

Il n'est pas difficile de résoudre cette question. Les besoins de l'Etat forment la me-

---

portion du territoire , mais qu'il percevoit un impôt sur les productions de l'agriculture et les ouvrages de l'industrie. La même chose est arrivée chez la plupart des nations. Les rois ont commencé par être propriétaires comme leurs sujets ; ils ont ensuite abandonné leurs possessions , et ont eu recours aux impôts. Nous en trouvons la preuve dans l'histoire de Rome , et dans cette partie de l'histoire des monarchies modernes , concernant l'origine, les progrès, et la décadence du système féodal.

sure de la contribution publique. Or quels sont ces besoins ? Peuples, ne vous effrayez pas ; vous avez souvent entendu appeler de ce nom les fantaisies d'une favorite, les desirs ambitieux d'un conquérant, les vues spoliatrices d'un ministre, la prodigalité d'un souverain, l'avidité des courtisans, le faste insolent et les vices effrénés qui se sont assis tant de fois sur les marches du trône. Lorsque Titus, Trajan et Marc Aurèle régnoient dans Rome, on n'appeloit pas cela des besoins de l'Etat. Si le systême absurde. de l'établissement des armées sur pied, dont l'unique objet semble être de tenir tant de milliers de bras élevés sur la tête des peuples, sous prétexte de les défendre, étoit aboli maintenant dans toute l'Europe ; cette réforme salutaire, unie à l'esprit de modération qui anime aujourd'hui presque tous les princes de cette partie de la terre, diminueroit, d'une manière très-sensible, la somme des besoins de l'Etat. Ces besoins ne doivent jamais excéder les moyens qu'on a de les satisfaire. Si c'est pour acquérir le bonheur ou pour le conserver, qu'un peuple est obligé de contribuer aux charges de la société, il est évident que le motif de cette contribution n'existe plus lorsque le moyen qu'on emploie le rend malheureux : alors le besoin de l'Etat n'est qu'une chimère. Il n'y a donc de vrais besoins de l'Etat, que ceux qui peuvent être satisfaits sans nuire à la société.

Mais il ne suffit pas que les contributions soient proportionnées aux besoins de l'Etat, pour qu'elles ne soient pas à charge à la nation qui doit les payer ; elle peut être accablée même par des contributions modérées. L'indigence du corps politique et la misère de l'Etat peuvent marcher ensemble et être l'un et l'autre l'effet des impositions mal assises. Il en est d'elles comme des poids ; tout dépend de la manière de les placer : c'est du développement de ce grand principe d'administration que résulte la vraie théorie des finances. Examinons donc la nature des impôts. Pour marcher avec ordre dans cet immense labyrinthe, il faut les considérer sous deux points de vue, comme impôts *directs*, et comme impôts *indirects*. Presque toute l'Europe est accablée sous le poids de ceux-ci ; les autres ne se trouvent que dans les livres des écrivains économiques. Fasse le ciel que les travaux de ces citoyens bienfaisans reçoivent un jour la seule récompense qu'ils desirent, celle du *bien public*, résultat infaillible de l'application de leurs principes ! Le progrès des connoissances utiles est inséparable du progrès de la prospérité publique. Toute action qui tend à accélérer le mouvement de la raison, est donc un bienfait que l'on procure à l'humanité. Ministre de cette divinité, je me fais un devoir d'unir mes efforts à ceux de tant de grands hommes qui ont avant moi traité cette matière. Je parlerai d'abord des impôts *indirects*. Après en avoir montré toute l'irrégularité et toute l'incohérence, je serai plus en état de défendre le grand système de l'impôt *direct*.

CHAPITRE XXVIII.

Des impôts indirects.

CET impôt est de deux sortes ; il est ou *réel,* ou *personnel ;* c'est-à-dire, qu'il est établi on sur les personnes ou sur les choses. L'un et l'autre sont également contraires aux principes qui doivent diriger le législateur dans cette matière.

En commençant par les impôts personnels, je ne vois dans la *capitation,* pour me servir de l'expression d'un grand écrivain, que le sceau de la servitude, imprimé sur le front des hommes (1) : une pareille taxe est nécessairement arbitraire, puisqu'elle ne peut être déterminée ni par la portion que le citoyen peut donner à l'Etat, ni par celle qu'il peut lui donner dans tous les tems. La raison en est évidente. Ou cette taxe est la même pour tous les citoyens, ou elle est relative à leur état et à leur fortune. Dans le premier cas, la répartition est injuste, parce que le pauvre paie à l'Etat une contribution aussi forte que le riche. Une partie de la société

____

(1) Histoire Philos. et Polit. etc. liv. 19. *De l'impôt.*

est écrasée par l'impôt, tandis que l'autre dérobe à l'Etat la portion dont elle est redevable.

Dans le second cas, la répartition doit être nécessairement arbitraire. Si on prend pour base la fortune d'un citoyen, comment parviendra-t-on à la connoître? L'obligera-t-on à en donner la déclaration? Mais pour qu'elle méritât quelque confiance, il faudroit, comme l'a dit l'auteur que je viens de citer, entre le monarque et le sujet, une conscience morale qui les liât l'un à l'autre par un mutuel amour du bien général. Or Platon lui-même n'eut pas le courage de supposer cette confiance et cette bonne foi entre les citoyens et le gouvernement de sa république. Rappelons-nous ce qui arriva à Rome sous le règne de Galère. On mit à la torture plusieurs sujets de l'empire, pour arracher de leur bouche la déclaration de leur fortune (1). Si le gouvernement, n'ayant aucune confiance dans les déclarations des citoyens, chargeoit ses préposés d'examiner eux-mêmes l'état de leur fortune; s'il leur donnoit le droit de pénétrer dans le sanctuaire des familles et de mettre au jour ce qu'elles ne

____

(1) Lactance, de mort. pers. c. 26, 31.

veulent ou ne peuvent révéler, ne commet-
troit-il pas alors un attentat contre la tranquillité publique ? ne seroit-ce pas une violence atroce, une source inépuisable de
fraudes et d'oppression pour les inquisiteurs
du fisc ? Le riche, en ouvrant sa bourse,
seroit sûr de cacher les deux tiers de ses
revenus ; le pauvre artisan, le malheureux
cultivateur seroient les seuls opprimés. La
liberté civile du citoyen seroit violée dans
toute son étendue. Le peuple croiroit être
dans un danger continuel, parce qu'il verroit
la force publique s'exerçant toujours avec
violence sur la tête des innocens. La défiance
s'empareroit de toute la nation, et le citoyen
seroit condamné à cacher l'état de sa fortune,
avec autant de mystère que les vices de son
infidelle compagne.

Mais supposons, ce que je crois impossible,
que le gouvernement pût connoître avec exactitude l'état de la fortune de chaque citoyen,
et savoir quelle portion de ses revenus il doit
mettre dans la masse commune des contributions ; à quoi lui serviroit cette connoissance ? Les revenus de la plus grande partie
des citoyens ne doivent-ils pas varier chaque
année, avec les produits incertains et pré-
caires de l'industrie ? ne diminuent-ils pas à
mesure que le nombre des enfans augmente ?

ne sont-ils pas subordonnés aux révolutions inévitables des maladies, de l'âge, du travail, en un mot, de tout ce qui dépend de la nature et du sort ? L'impôt devroit donc être chaque année examiné et vérifié de nouveau : mais cette opération n'absorberoit-elle pas la plus grande partie du produit ? Ces réflexions suffisent, je crois, pour prouver que la taxe personnelle est, de toutes les impositions, la plus arbitraire, la plus oppressive, et la moins avantageuse à l'Etat, et qu'une répartition juste et proportionnée n'est qu'une chimère, lorsqu'il s'agit de la *capitation*. Nous ne trouverons pas des inconvéniens moins considérables dans les impôts réels.

Ces impôts sont placés sur la consommation et sur la circulation intérieures, sur l'exportation et sur l'importation. Ils embrassent tout à-la-fois les objets de première nécessité et les objets de luxe, les marchandises nationales et les marchandises étrangères, les productions de la terre et les ouvrages de l'art. Cette machine immense, composée de rouages infinis qui s'embarrassent l'un l'autre, opère, par ses mouvemens irréguliers, la ruine de l'agriculture, de l'industrie et de la population. Si nous observons ces impôts d'une vue générale, nous sentirons qu'il est impossible de leur donner une base constante, puisqu'ils ne peuvent jamais être dans une juste proportion avec la valeur des marchandises sur lesquelles on les place. On ne peut nier que le prix de chaque espèce de marchandise ne varie continuellement. L'abondance ou la stérilité fait diminuer ou augmenter le prix des productions de la terre, et en diminuant ou en accroissant ainsi le prix de la subsistance des ouvriers, elle diminue ou accroît le prix des ouvrages de manufacture. Il faut donc, ou faire chaque année un nouveau tarif d'imposition, ce qu'il seroit impossible d'exécuter, ou risquer de ne mettre aucune proportion entre l'impôt et la valeur de la marchandise sur laquelle on le place. Tantôt il absorbera la vingtième partie du prix de la marchandise, tantôt la dixième, et tantôt la sixième. Quelle irrégularité ! quelle incertitude ! quel danger !

En observant ces impôts d'une manière plus particulière, il nous suffira, pour appercevoir tous les désordres qui les accompagnent, de considérer les différens objets sur lesquels ils sont assis. Si ces impôts sont établis sur la consommation intérieure des objets de première nécessité, ils doivent nécessairement être dangereux, mal répartis, et intolérables pour une partie des citoyens. Ils doivent être dangereux , parce qu'en rendant la subsistance plus chère , sans que l'agriculture profite de cet accroissement du prix de ses productions , ils diminuent la population , qui se met toujours en équilibre , comme on l'a démontré , avec le plus ou le moins de facilité qu'ont les citoyens de pourvoir à leur subsistance. Ils doivent être mal répartis , parce que la consommation de ces objets de première nécessité étant commune au pauvre et au riche , il arrivera très-souvent qu'un malheureux ouvrier qui a dix enfans , paiera beaucoup plus à l'État qu'un riche citoyen qui n'en a qu'un seul. Ils sont enfin intolérables pour une partie de la nation , parce que l'indigent n'étant point exempt de cette contribution , il est obligé de retrancher de sa propre subsistance la portion qu'on le force de donner. S'il a besoin chaque jour de trois pains pour vivre , il en sacrifiera un à l'impôt , et vivra , s'il peut , avec les deux autres. Quelle injustice exécrable !

Avant qu'il existât dans le monde un seul code de lois , l'homme avoit le droit de subsister : l'a-t-il perdu par l'établissement des lois ? Forcer le peuple à payer les fruits de la terre plus qu'il ne peut ou qu'il ne doit les acheter, c'est les lui ravir ; c'est le condamner à l'indigence, à l'oisiveté, au désespoir, au crime; c'est arracher des bras à l'agriculture et aux arts ; c'est enlever des citoyens à la patrie, pour la remplir de voleurs, de mendians et d'oisifs. Voilà les effets de tous ces impôts sur la consommation des denrées nécessaires à la vie.

L'impôt sur l'exportation de ces denrées est une source de maux plus considérable encore. Je crois avoir démontré cette vérité, lorsque j'ai parlé de la liberté du commerce des productions de la terre, et que j'ai montré combien tout ce qui gêne cette liberté détruit l'agriculture. Personne ne doute que les impôts sur l'exportation des denrées ne produisent cet effet. Ils nuisent donc à l'agriculture, et par conséquent à la population, au commerce, à l'industrie ; ils causent, en un mot, la ruine de l'État entier.

Si, après avoir considéré les impôts établis sur la consommation et sur l'exportation des denrées de premier besoin, nous passons à ceux qui sont placés sur des denrées moins nécessaires, nous appercevrons de nouveaux désordres, et par conséquent de nouvelles raisons pour détruire le systême des impôts indirects. Ces impôts sont de deux sortes : ils sont assis ou sur l'exportation et la circu-

lation intérieure de ces denrées nationales,
ou sur l'importation des denrées étrangères.
L'atteinte funeste que les uns portent à l'industrie est évidente. Quant aux autres, personne n'ignore que c'est le vendeur et non
l'acheteur qui paie l'impôt. Obligé de prendre
pour base de ses ventes le prix courant du
marché général des nations, il ne peut forcer
l'étranger à payer l'impôt. Quand même cet
impôt seroit assis sur une marchandise ou
sur une denrée que la nation possède exclusivement et dont elle peut fixer le prix comme
il lui plaît, puisqu'elle n'a point à redouter
la concurrence des autres nations ; il est
évident qu'une pareille opération n'en seroit
pas moins dangereuse. Le vendeur national,
en voulant obliger l'étranger à supporter
cette augmentation de prix, verroit bientôt
les demandes diminuer et la consommation
se restreindre : alors commenceroit à tarir
au sein de l'État une source de richesses
dont il étoit jadis l'unique propriétaire. L'Espagne nous en offre une preuve. L'herbe de
Barille est une production absolument propre à cet empire : elle n'a jamais pu croître
ailleurs. Le gouvernement, plein de confiance
dans cette espèce de privilège exclusif qu'il
tient de la nature, en a chargé l'exportation
d'un impôt presque égal à la moitié du prix.
Voilà

Voilà un impôt qui certainement est payé par l'étranger. Mais qu'en est-il arrivé? D'un côté, la consommation en est diminuée à l'infini; de l'autre, le cultivateur, qui ne profite jamais de cette augmentation de prix dont sa denrée est chargée par des droits d'exportation, n'a pas tardé à en abandonner la culture, découragé par la difficulté du débit. Voilà le moyen infaillible de priver une nation des bienfaits de la nature.

Il ne résulte pas moins de danger des droits établis sur la circulation intérieure des marchandises. Est-il rien de plus injuste et de plus funeste à l'industrie et au commerce, que de rendre une partie des membres de l'État étrangère à l'autre partie? L'étoffe et la toile fabriquées dans une ville paient des droits pour passer dans un autre lieu du même empire. Le voyageur et le négociant sont arrêtés, visités, et taxés à chaque pas qu'ils font. L'avarice, pâle et inquiète, se tient, pour ainsi dire, en sentinelle sur tous les chemins, sur les bords de toutes les rivières, et met à contribution tous ceux qui passent. Tant de bras arrachés à l'agriculture et aux arts, tant de tribunaux élevés contre l'industrie, tant de déclarations, de visites, d'évaluations arbi-

traires, de vexations et d'outrages de toute
espèce ; tout cet appareil de la fiscalité n'a-
t-il pas pour objet de créer et de perpétuer
la servitude et la misère ? Le commerce intérieur, sans lequel il n'existe ni agriculture, ni arts, ni commerce extérieur, doit
nécessairement languir sous le poids de ces
impositions. Cette vérité est trop évidente
pour qu'il soit nécessaire de la démontrer.
Je vais parler maintenant des impôts sur
l'importation des marchandises étrangères,
opération politique, consacrée par une longue
habitude, et défendue par un préjugé presque
universel.

Politiques insensés ! voilà votre cri de ral-
liement, lorsque vous parlez de la protection que l'on doit aux arts et aux manufactures : voilà, selon vous, le grand, l'unique
moyen d'élever l'industrie nationale sur les
débris de l'industrie étrangère, d'empêcher
que l'argent ne sorte de l'Etat, de restreindre
la consommation de toutes les choses qui ne
naissent point dans le territoire de la nation,
ou qui ne sont point manufacturées par elle !
Mais n'avez-vous pas encore senti toute
l'illusion de vos principes ? ne savez-vous
pas que si l'on vous vend moins, on achètera
moins de vous ; que le commerce ne donne
qu'en proportion de ce qu'il reçoit ; qu'il

n'est autre chose qu'un échange de valeur pour valeur ; enfin qu'une nation qui viendroit à bout de ne rien acheter des autres nations, et de leur vendre toujours, verroit bientôt son commerce, ses arts et ses manufactures tomber en décadence, à cause de la multiplication excessive du numéraire, qui, renchérissant les denrées et les salaires, la mettroit hors d'état de soutenir le commerce des autres nations, et obligeroit ses citoyens de préférer la consommation des denrées et des marchandises étrangères qui leur seroient offertes à meilleur marché que les marchandises nationales ? Vouloir enrichir une nation par des moyens de cette nature, c'est vouloir la condamner à une misère habituelle.

On a éprouvé tous les effets de l'augmentation excessive du numéraire en Portugal et en Espagne, et on les auroit aussi ressentis en Angleterre, si ses guerres n'eussent pas fait cesser cet engorgement, en ouvrant un libre cours aux métaux dont elle étoit surchargée (1). Nous développerons dans peu cette vérité.

---

(1) On doit en excepter la dernière guerre contre les colonies.

Enfin, pour ne rien oublier dans cette analyse des impôts indirects, je veux dire quelque chose sur un impôt le plus juste et le plus régulier de tous en apparence, mais dans le fait le plus vicieux et le plus funeste à la source de toutes les richesses, à l'agriculture. Cet impôt est la dîme établie sur les productions de la terre. J'ai prouvé que les impôts qui ne sont pas susceptibles d'une répartition exacte, sont tous injustes et dangereux : or voilà le vice essentiel de la dîme. Comme elle n'est pas perçue sur le produit net, mais sur le produit total du sol, il doit nécessairement arriver que le propriétaire d'une terre stérile, qui, pour recueillir une valeur de 100, a dépensé en avances de culture une valeur de 50 , paiera la même somme que le propriétaire d'une terre fertile, qui, pour recueillir la même valeur, n'a dépensé qu'une valeur de 20 (1). Est-il

____

(1) Le gouvernement de Rome connut l'injustice de cette répartition. En effet, lorsqu'il restituoit aux anciens propriétaires des nations subjuguées, moyennant une redevance, leurs fonds confisqués, il régloit cette redevance d'après le degré de fertilité du sol. Tite-Live, liv. 43, ch. 2 , assure qu'une partie de l'Espagne payoit le dixième des productions de son territoire, et une autre partie le vingtième. Se-

donc une répartition plus injuste ? est-il un
moyen plus sûr de détruire l'agriculture ?
Règle générale : tout impôt sur la culture
et sur l'industrie les anéantit l'une et l'autre.

---

lon Higin, cette redevance étoit portée quelquefois au septième, et quelquefois au cinquième.
Voyez Higin, *de Const. limit. pag.* 198, édition
de Goës.

CHAPITRE XXIX.

Suite du même sujet.

En parcourant les objets sur lesquels peuvent être établis les impôts indirects , nous avons trouvé partout les mêmes inconvéniens et les mêmes désordres. Il est tems de développer un autre principe , qui , nous donnant les moyens de les considérer tous d'une vue générale , c'est-à-dire, de les mettre en opposition avec les règles qui doivent servir de base à l'impôt , nous en fera beaucoup mieux connoître l'irrégularité.

Il est un terme au-delà duquel l'impôt opère la ruine de la propriété et de l'Etat : mais on ne peut l'appercevoir, si l'on ne commence d'abord par distinguer le produit net du produit total. Le produit net est cette portion du revenu qui reste après que l'on a prélevé les dépenses de la culture. Les contributions des citoyens ne peuvent tomber que sur une portion du produit net. Du moment qu'elles en excèdent les bornes , elles deviennent une source de maux , et n'existent qu'aux dépens de la reproduction. Le propriétaire d'un fonds dont la culture exige le tiers du revenu, n'y en consacrera plus alors que le quart : cette diminution de dépense pour la culture produira une diminution de revenu, laquelle, devenant chaque jour plus considérable pour tous les propriétaires, finira par causer la ruine de toute la nation.

Puisqu'il est certain que les contributions ne doivent être perçues que sur le produit net, et non sur le produit total du revenu, quel sera donc, dans les impôts indirects, le moyen de connoître s'ils outrepassent ce terme, ou s'ils n'y sont pas arrivés ? Certes, le plus habile financier du monde ne pourra jamais résoudre cette question. Tant que l'impôt ne sera pas assis sur la terre, mais sur les productions, sur les arts, sur le commerce, le gouvernement ne pourra pas savoir si la somme de cet impôt est supérieure aux moyens du peuple qui le paie : il ne s'en appercevra que lorsque la destruction de l'Etat lui fera sentir, avec l'excès énorme des impositions, l'impossibilité d'y remédier. Quelquefois il craindra que l'Etat ne soit opprimé, et peut-être alors même l'Etat paiera beaucoup moins qu'il ne devroit le faire. Or cette seule incertitude, ce vice propre aux impôts indirects, ne suffiroit-il pas pour engager les gouvernemens à substituer à une opération si destructive, le grand système de l'impôt direct ?

La multiplicité des impôts, inséparable du système des impôts indirects, est un autre fléau pour le peuple et pour le Souverain. Le premier paie de cent manières différentes une somme dont le paiement, fait d'une seule manière, lui épargneroit toutes les vexations qui détruisent sa liberté et causent sa misère. Le second voit le quart et quelquefois même le tiers des contributions publiques, sacrifié á une classe d'hommes chargés de les percevoir.

Il en est des impôts comme des saignées faites au corps humain. Si nous piquons nos membres en cent endroits différens, nous nous déchirerons le corps sans en tirer la quantité de sang que la plus légère ouverture d'une veine en fera jaillir. *Frustra fit per plura, quod æque, commode fieri potest per pauciora.* Cherchons donc cette veine du corps politique, d'où une seule incision doit faire sortir la richesse de l'Etat et le bonheur des citoyens.

CHAPITRE XXX.

De l'impôt direct.

L'IMPÔT direct est une taxe imposée sur la terre : source de toutes les richesses, elle devroit supporter le poids de toutes les contributions. Les propriétaires, en apparence, paieroient seuls cet impôt ; mais dans la réalité, toutes les classes de l'Etat en paieroient une portion, chacune proportionnément à ses moyens. Ceux qui ne possèdent rien, y participeroient en consommant les productions ; et ceux qui possèdent, en payant l'impôt. Ceux qui possèdent plus, paieroient plus ; ceux qui possèdent moins, paieroient moins. Il y auroit encore la même proportion entre ceux qui ne possèdent rien. Comme tous les fonds de terre seroient taxés proportionnément à leur produit net, et que les productions de la terre ne comprennent pas seulement les denrées de premier besoin, mais encore celles de luxe et d'agrément, l'homme le plus riche, consommant une plus grande quantité de ces productions en général, paieroit plus à l'Etat, et le pauvre, qui en consommeroit moins, paieroit aussi beaucoup moins que lui.

Un impôt, de quelque nature qu'il soit, a, il est vrai, une force expansive : il tend naturellement à se mettre au niveau de tous les individus de l'Etat, à proportion de la consommation de chacun d'eux. Mais cette force expansive n'est pas la même pour tous les impôts. Le mouvement qu'elle communique n'a pas dans tous le même degré d'activité. Si l'impôt tombe sur le bas peuple, il tâchera de s'en dédommager en renchérissant son travail; mais il n'arrivera jamais au niveau de l'impôt, ou il n'y arrivera que tard. Le besoin inexorable ne lui permettra pas de hausser son salaire à proportion de l'impôt qu'il doit payer, ou du moins il n'y parviendra que par degrés insensibles ; autrement les riches n'emploieroient plus ses bras comme auparavant, et il perdroit alors, sur la quantité de ses ouvrages, beaucoup plus qu'il ne gagneroit par le haussement du prix. Lorsque l'impôt tombe donc sur le bas peuple, il doit, ou pour toujours ou pour long-tems, en payer une portion en renchérissant ses salaires, et une autre portion en restreignant sa subsistance. La même chose n'arrive pas lorsque l'impôt tombe directement sur la classe des propriétaires des terres. Ils prendront cet impôt pour la mesure du prix de leurs productions. Le be-

soin de jouir de ces productions étant toujours beaucoup plus fort que celui de les
vendre , obligera les non-propriétaires à
supporter leur part de la contribution : cette
subdivision de l'impôt se fera par ce moyen
d'elle-même et avec exactitude.

Ces principes sont si évidens , que je croi-
rois offenser l'amour-propre de mes lecteurs, si je cherchois à les développer. Je
ne vais m'occuper qu'à démontrer tous les
avantages que procureroit à une nation l'é-
tablissement de cet impôt unique ; je tâcherai
de prouver ensuite que toutes les objections
qu'on pourroit élever contre ce système sont
insuffisantes et chimériques. Le premier de
tous ces avantages , c'est l'unité de contribution.

Quel plus grand bienfait peut-on procurer
à une nation, que de la délivrer de toutes
les vexations de ces hordes d'ennemis intérieurs que la multiplicité des impôts rend nécessaires pour leur perception? quel plus grand
intérêt peut donc avoir le Souverain, que de
se voir délivré de l'obligation de partager
ses revenus avec cette foule d'exacteurs ?
quelle plus grande consolation peut avoir le
peuple, que d'acquérir la certitude que tout
ce qu'il paie va directement vers le Souverain et tourne au profit de l'Etat, sans se

perdre dans les mains d'une classe d'hommes qu'il abhorre, et dont la probité lui est si justement suspecte? Un petit nombre de préposés suffiroit pour la perception de toutes les contributions particulières (1). On n'enleveroit point tant de bras à l'agriculture et aux arts, et le fisc pourroit être aussi riche avec un tiers de revenu de moins.

Qui croiroit que, sous le règne de Louis XIV, la masse de tous les impôts s'élevoit en France à 750 millions, dans le tems qu'il n'en entroit que 250 dans le trésor royal (2)?

A mesure que l'on diminue dans un Etat le nombre des contribuables directs, on diminue le nombre des vexations; on rend plus difficile toute espèce de fraude, soit de la part des contribuables, soit de la part des exacteurs; on facilite la perception, et on diminue le nombre de ceux qui y sont employés. Or, dans le système dont je parle, le nombre des contribuables directs seroit restreint aux seuls propriétaires des terres.

---

(1) Nous ferons voir bientôt comment il seroit possible d'épargner toute dépense de perception, en confiant cette opération au peuple lui-même, ou, pour mieux dire, à ses représentans.

(2) Voyez les Mémoires pour servir à l'histoire générale des finances, par M. D. de B.

Un second avantage, plus considérable peut-être que le premier, ce seroit la suppression de tous ces obstacles que le système actuel des impôts oppose, comme on l'a démontré, au commerce, aux arts, et à toute espèce d'industrie. Combien d'avantages sont renfermés dans celui-là ! D'un côté, la liberté du citoyen et du négociant, celle du commerce et de l'industrie, du cultivateur et de l'artisan ; de l'autre, moins de crimes produits par la loi, moins de coupables ensevelis dans les prisons, autrefois le séjour de la fraude et des délits, aujourd'hui la retraite de l'industrie enchaînée par l'atrocité des lois fiscales. Mais ce ne seroit encore là qu'une très-petite partie des heureux effets de l'impôt direct.

Le troisième avantage de ce système, c'est la facilité d'une juste répartition. Il est aisé de connoître la valeur des fonds de terre d'un Etat ; il est aisé de savoir ce qu'ils rapportent au propriétaire, et ce qu'ils pourroient lui rapporter. Comme cette taxe sur les fonds doit être permanente et fixe, le gouvernement ne devant qu'une seule fois faire la recherche des revenus et de la valeur de tous les fonds de l'Etat, la justice, la précision, et l'exactitude pourroient accompagner cette grande et utile opération. Après avoir connu la valeur et les revenus de tous ces fonds, on en fixeroit la taxe par une règle commune et universelle, qui mettroit cette imposition à couvert de l'arbitraire et de la fraude. Chaque propriétaire seroit taxé proportionnément à ses revenus ; et si on lui faisoit quelque tort dans cette opération, il auroit toujours le droit de réclamer contre les préposés, et il ne lui seroit pas difficile de démontrer la justice de sa réclamation.

La facilité de fixer la taxe sur le produit net, seroit un autre avantage de cette forme d'imposition. Nous avons vu combien il importe, dans l'établissement des impôts, de connoître avec précision quel est le produit net. Nous avons vu combien cette connoissance est peu utile chez les nations où les impôts indirects sont établis : nous avons vu que dans ce cas l'incertitude accompagne toutes les opérations du gouvernement, qui ne peut savoir que la nation est accablée sous le poids des impôts, que lorsqu'il la voit sur le bord du précipice où elle va s'engloutir. En adoptant le système de l'impôt direct, le gouvernement ne seroit point exposé à ce danger. Il n'y a rien de plus facile que de taxer un fonds de terre, sans que la taxe soit intolérable au propriétaire qui doit la payer. Dès l'instant qu'une terre est affermée, le prix du bail devient le produit net.

Les dépenses de la culture et de la subsistance du fermier ont été prélevées du produit total ; ce qui va directement dans les mains du propriétaire, est tout produit net.

Si un fonds n'est pas affermé, il est facile d'en calculer le produit net, d'après le prix du bail des fonds voisins et la récolte d'une année commune. Ce produit une fois connu, si le gouvernement en a fixé, pour quotité de l'impôt, la cinquième, la sixième, la septième ou la huitième partie, il est assuré que cette imposition n'opprimera point le propriétaire, et ne sera point destructive de l'agriculture, parce qu'elle n'absorbera qu'une portion du produit net. Une seule chose doit fixer toute l'attention du gouvernement dans cette recherche de la valeur des fonds. Si, par quelque défaut de culture, un fonds rapporte beaucoup moins que ce qu'il pourroit rapporter au propriétaire, il ne faut pas que sa négligence lui soit avantageuse ; la taxe de ce fonds doit être proportionnée à celle des fonds voisins : cette rigueur est utile à la prospérité de l'agriculture. L'unique soulagement que, dans ces circonstances, on pourroit accorder au propriétaire, seroit de le dispenser de toute taxe la première année. C'est pour cette raison que l'établissement de l'impôt direct devroit être préparé par la suppression de tous les obstacles qui arrétent les progrès de l'agriculture. Il faudroit, avant tout, que les terres acquissent une valeur que nos lois et les erreurs de tous les gouvernemens de l'Europe leur ont fait perdre. La suppression de ces obstacles précédant la taxe, et l'établissement de la taxe produisant à son tour la suppression des autres obstacles qui naissent du système actuel des contributions, il en résulteroit que, dès le commencement, elle ne paroîtroit point onéreuse, et qu'elle deviendroit ensuite plus légère chaque année, à mesure que les progrès de l'agriculture et de l'opulence publique augmenteroient la valeur des fonds. Si la taxe consistoit dans le cinquième du produit net, le propriétaire, qui, au commencement, paieroit la cinquième partie de son revenu, quelque tems après n'en paieroit plus que la sixième, et ensuite la septième, puisque son revenu s'augmentant sans cesse, sa taxe resteroit toujours la même.

Enfin le dernier avantage qui résulteroit de l'établissement de cet impôt unique, ce seroit l'union indestructible des intérêts du souverain et de ceux du peuple. Au milieu du désordre de toutes les impositions indirectes, ces intérêts sont toujours en contradiction.

diction. Le souverain, qui ne connoît pas
tout ce que la nation peut lui donner, cherche
à multiplier continuellement ses revenus,
sans s'embarrasser de l'anéantissement des
richesses ; et le peuple, qui croit toujours
être accablé sous le poids des contributions,
cherche de son côté à réagir contre la force
qui l'opprime, en dérobant au fisc tout ce
qu'il peut soustraire.

De cette opposition d'intérêts naît cet état
de guerre continuelle entre le peuple et le
roi, dont on a parlé si souvent. Mais que le
souverain, au lieu de laisser subsister un
pareil désordre, partage avec modération,
entre lui et les propriétaires, le produit net
de leurs terres ; alors la prospérité de l'agriculture deviendra l'objet de son plus grand
intérêt, parce qu'elle est la source des richesses de l'Etat, et par conséquent de ses
propres richesses. Le peuple, de son côté,
voyant que la portion du produit net qu'il
donne au souverain, doit maintenir son
bonheur avec sa sûreté, paiera volontiers
une contribution dont aucune fraude et
aucun artifice ne peuvent le dispenser. Ce
nouveau système d'imposition est donc le
lien le plus fort qui puisse unir le souverain
au peuple, et éterniser les rapports qui
existent entre la nation et son chef.

Tome II. V

Tels sont les avantages qui naissent du système de l'impôt direct. Voyons maintenant les objections que l'on pourroit élever contre ce système. La première, et la plus forte de toutes, c'est l'augmentation du prix des productions de la terre.

L'impôt unique sur les fonds de terre étant établi, dit-on, pour tenir lieu de tous les impôts indirects que l'on supprime, doit être considérable. Il est donc certain que les propriétaires des terres doivent augmenter de beaucoup le prix de leurs productions. Alors la nation trouvera un plus grand avantage à consommer les denrées étrangères : les denrées nationales, ou ne seront point vendues, ou le seront au même prix que les autres. Dans l'un et l'autre cas, les propriétaires essuieront des *non-valeurs* ou des pertes. La ruine de l'agriculture entraînera la ruine de la nation. Tel est l'effet inévitable de la nouvelle méthode que l'on propose.

Toute la force de ce raisonnement est dans une supposition incontestable au premier aspect, mais entièrement fausse, lorsqu'on l'examine de près : c'est qu'en supprimant tous les impôts pour en transporter la valeur entière sur l'impôt territorial, le prix des productions haussera en proportion de la valeur de la taxe.

Si l'on vouloit établir un impôt sur les terres sans supprimer tous les autres impôts, il est certain que les propriétaires seroient obligés de faire hausser le prix des productions de la terre. Mais ce n'est pas là notre supposition. Il ne s'agit ici de mettre cet impôt sur la terre qu'après avoir supprimé tous les impôts indirects. Or, dans ce cas, quel motif pourroit engager les propriétaires à faire hausser le prix de leurs productions ? Ce déplacement d'impôt ne seroit-il pas d'abord infiniment utile pour eux ? Tous les impôts que l'on perçoit dans une nation agricole ne sont-ils pas payés par la classe des propriétaires ? Les impôts sur la consommation, la circulation, et l'exportation des denrées nécessaires à la vie, ne sont-ils pas supportés par eux ? La capitation du peuple, les impôts sur toutes les espèces d'arts consacrés à vêtir et à loger le citoyen qui n'a que ses bras, et le mercenaire qui vend sa personne, ne retombent-ils pas sur le propriétaire qui emploie les bras du premier et achète les services du second ? Les impôts sur les objets de luxe ne sont-ils pas payés par le propriétaire qui les achète pour lui, ou qui les fait acheter à ceux qui le servent ? Donc si les impôts qui existent dans une nation agricole tombent indirectement sur la classe des propriétaires des terres, il est certain qu'en réduisant tous ces impôts à un impôt unique sur les fonds, le sort du propriétaire deviendroit plus heureux ; donc, en adoptant cette nouvelle méthode, le prix des productions de la terre devroit plutôt diminuer que s'accroître.

On peut faire une autre objection : on peut dire que cette méthode détruiroit toutes les exemptions de quelques corps, et tous les priviléges en général. Ah ! combien un tel événement seroit à désirer ! Est-il juste qu'une partie des membres de l'Etat jouisse comme l'autre des bienfaits de la société, sans les payer ? Une infraction aussi scandaleuse des lois fondamentales de toute société ne devroit-elle pas être arrêtée ? Toutes ces exemptions, tous ces priviléges abusifs en eux-mêmes, ne viennent-ils pas s'anéantir devant le droit inaliénable et indestructible qu'ont tous les membres du corps politique d'exiger les uns des autres la contribution réciproque de ces forces qu'ils se sont obligés d'offrir à la sûreté commune ? N'est-ce pas un abus de l'autorité de dispenser de cette obligation imprescriptible une partie des individus de la société, pour

en faire tomber tout le poids sur l'autre ?
Ni les deux rois et les magistrats à Sparte,
ni les nobles et le doge à Venise, ni les
magistrats et les chefs de la République à
Rome, pendant le règne de la liberté, ni
les empereurs mêmes, à l'époque de sa décadence, ne furent exempts des contributions publiques : et nous, qui vantons notre
justice et notre impartialité, nous prodi-
guons avec tant d'imprudence et de légè-
reté tous les droits et tous les devoirs so-
ciaux ! Ah ! loin de regarder comme un
désordre la suppression de tous ces priviléges qui n'ont même qu'une apparence
d'utilité pour ceux qui les possèdent, regar-
dons-la plutôt comme un des effets les
plus heureux de l'établissement de l'impôt
direct.

Il reste une autre objection. Il n'est aucun peuple en Europe, dit-on, à qui sa situation permette de tenter ce grand changement. Partout, ajoute-t-on, les impositions sont si excessives, les dépenses si mul-
tipliées, les besoins si urgens ; partout le
fisc est dans un si grand désordre, qu'une
révolution subite dans la perception des
revenus publics porteroit coup à la confiance des citoyens et attaqueroit l'intérêt
commun.

Je me contenterai, pour répondre à cette objection, de demander d'abord si tou sces impôts énormes, qui naissent de la multiplicité des dépenses, du nombre immense des besoins, du désordre du fisc, et de l'excès de la dette nationale, excèdent ou non les facultés du peuple qui les paie; si la masse en est plus ou moins considérable que le produit net du revenu public. Si ces impôts excèdent les facultés du peuple et la portion disponible du revenu national, il faut alors ou en diminuer la quantité, ou attendre d'un moment à l'autre la ruine entière de la nation. Le seul moyen de diminuer cette quantité, en combinant les intérêts du fisc avec ceux du peuple, de faire dans les revenus publics le moins de retranchemens possible, en soulageant le peuple le plus que l'on peut, est, comme je l'ai prouvé, d'établir le système de l'impôt direct. Si la masse des impôts n'excède pas les facultés de la nation et la partie disponible de son revenu; alors, puisque l'impôt retombe toujours dans quelque nation que ce soit, ou directement ou indirectement, sur les propriétaires des terres, en réduisant tous ces impôts à un impôt territorial, la recette du fisc ne sera pas diminuée, et la nation jouira de tous les avantages qui sont attachés à cette nouvelle méthode.

Quant aux désordres qui pourroient naître, dit-on, de ce changement subit dans la perception du revenu, je n'ai qu'un mot à dire : c'est que ce changement ne doit pas être subit ; il doit au contraire être préparé de loin avec beaucoup d'attention, et exécuté par degrés avec beaucoup de ménagement. Ce n'est point par un acte d'autorité que l'on peut détruire tous ces maux. Les anciens systêmes de finances ressemblent à de vieux édifices, qui, agrandis peu-à-peu, en différens tems, et par différens architectes plus avides qu'instruits, menacent de crouler de tous côtés. Il faut toute l'adresse d'un artiste et toutes les précautions de l'art pour en déplacer les différentes parties : si chaque opération n'est pas combinée avec la plus grande sagacité, n'est pas exécutée par degrés insensibles, on court risque de le voir s'écrouler tout d'un coup, et de demeurer enseveli sous les ruines.

CHAPITRE XXXI.

Méthode que l'on doit suivre pour exécuter la réforme du système des impôts.

CETTE réforme, comme je viens de le dire, a besoin d'être préparée de loin et exécutée par degrés.. Le législateur, pour la préparer, doit donc supprimer d'abord tous les obstacles qui s'opposent aux progrès de l'agriculture, et qui ne sont pas attachés au système actuel des impôts (1) : il faut ensuite qu'il se procure des renseignemens

---

(1) Il est inutile de rappeler ici tous ces obstacles : j'en ai parlé avec assez de détail. Il est une chose seulement que je ne dois pas omettre ; c'est qu'avant d'établir cet impôt sur la terre, il faut supprimer toutes les autres contributions territoriales, telles que les dimes ecclésiastiques et les dimes féodales. Quant aux premières, on a déjà indiqué, dans plusieurs endroits de cet ouvrage, la route qu'il conviendroit de suivre pour les supprimer, sans priver le sacerdoce des moyens nécessaires à sa subsistance. Pour les secondes, il suffiroit de dédommager les seigneurs de la perte de ces droits, et la vente des domaines de la souveraineté mettroit l'administration en état de leur offrir ce dédommagement.

exacts sur la valeur relative des terres dans
toutes les provinces de son empire. Le voile
du mystère ne devroit point envelopper cette
opération, et des actes de violence ne devroient point en être les moyens. Il faudroit
envoyer dans chaque province un inspecteur
instruit et honnête, animé de ces sentimens
qui savent produire de si grandes choses
dans ceux qui en sont pénétrés; un homme
en un mot, véritablement digne de la confiance publique. Le législateur devroit en
même tems faire ensorte que la nation s'é-
clairât sur ses vrais intérêts : mais elle ne
pourroit créer cette grande révolution, qu'en
se servant du génie des philosophes : ce sont
eux qui doivent répandre des lumières; leur
droit, c'est leur talent, comme l'a dit un
sage. C'est à eux qu'il appartient de démontrer les effets funestes qui naissent de l'ancien système des impositions, la nécessité
d'une réforme, les avantages d'un seul impôt territorial, et l'intérêt que les propriétaires doivent prendre à cette innovation,
dont ils ressentiront les premiers tous les
avantages.

Après avoir pris toutes ces précautions,
après avoir fait répandre ces lumières dans
toutes les classes de l'Etat, le législateur
doit se livrer à l'exécution de ce grand ou-

vrage ; mais il ne peut , comme on l'a dit , y procéder que par degrés. Il faut commencer par supprimer celui de tous les impôts qui, de sa nature, est le plus onéreux pour le citoyen , et dont la perception est la plus difficile ; en calculer le revenu net , et en établir l'équivalent par une taxe sur la terre , sans en perdre jamais de vue la valeur relative. Après cela , on procédera successivement , et de la même manière , à la suppression des autres impôts : car on ne doit pas faire toutes ces opérations à-la-fois.

Pour gagner la confiance du peuple, le gouvernement devroit s'interdire tout projet de gain dans ce déplacement d'impôt ; il faudroit que la nouvelle recette ne fût pas plus considérable que l'étoit l'ancienne, et que le public fût instruit de l'exactitude de ce calcul.

Après avoir terminé cette opération ; après avoir réduit toutes les espèces d'impositions à une seule ; après avoir remédié à tous les inconvéniens particuliers que l'on peut détruire dans une réforme universelle, sans pouvoir les prévenir, un édit, publié avec la solennité nécessaire pour frapper la multitude, devroit assurer à la nation la durée de cet impôt. La nation et le prince don-

neroient en quelque sorte à cet établissement une garantie sacrée. Les représentans
du peuple jureroient de ne jamais réclamer
contre la taxe établie, et le prince, de ne
jamais y porter atteinte. Elle deviendroit
une loi fondamentale de l'Etat, un contrat
entre le roi et le peuple, en un mot, une
obligation rigoureuse que chaque prince devroit ratifier en montant sur le trône de
ses pères.

CHAPITRE XXXII.

De la perception des impôts.

APRÈS avoir proposé un système de finances, j'oserai proposer un système de perception. Jusqu'à présent la perception des revenus publics n'a été confiée qu'à des préposés du gouvernement, ou à des fermiers : outre les inconvéniens communs à l'une et à l'autre de ces méthodes, il en est qui sont particuliers à chacune d'elles. Le grand inconvénient commun à la régie et à la ferme, c'est l'immensité des sommes que le gouvernement doit sacrifier à la perception des impôts. Que les revenus publics soient perçus par des préposés, ou qu'ils soient perçus par des fermiers ; dans l'un et l'autre cas, un tiers au moins du revenu se consomme en frais de perception. Ce sacrifice coûte cher à l'Etat ; mais ce n'est pas tout : le peuple, aigri, tourmenté par des vexations obscures et toujours renaissantes, murmure hautement ; et l'on voit s'éteindre dans toutes les ames cette douce confiance qui partout, excepté dans les lieux où siége le despotisme, est le lien

qui doit unir le peuple et le gouvernement.

Tels sont les maux attachés à l'un et à
l'autre de ces systêmes. Examinons maintenant quels en sont les inconvéniens particuliers. Les fraudes continuelles, les actes
de péculat que les peines les plus rigoureuses ne peuvent arrêter, lorsque la certitude de les cacher produit la certitude de
l'impunité, l'état précaire du revenu public,
et par conséquent les variations et le déran-
gement de la comptabilité ; voilà les désordres principaux qui naissent de la régie.

Lorsque les revenus du fisc sont affermés,
et que la perception s'en fait au nom et pour
le compte des fermiers, les désordres, au
lieu de diminuer, se multiplient et deviennent encore plus dangereux. Je ne suis pas,
le premier à attaquer cette méthode absurde
de perception, qui donne à quelques particuliers le droit de persécuter, au nom de
la loi, leurs concitoyens. Tous les écrivains
patriotiques, tous les bons esprits qui se
sont voués à la défense de l'intérêt public,
ont dénoncé avec énergie cet abus destructeur de l'ordre et de la sûreté commune. En
effet, dès que le souverain afferme le revenu public à un ou à plusieurs citoyens,
il leur donne le pouvoir d'outrager, d'op-

primer, de tourmenter tous ceux qu'ils jugent à propos de choisir pour leurs victimes.

Il suffit de lire les annales de l'oppression de tous les peuples, pour être effrayé de l'atrocité de ce systême, dont l'origine est aussi ancienne que celle de la tyrannie elle-même. L'histoire nous apprend que Rome, qui ne put jamais ni souffrir la liberté hors de ses murs, ni la conserver au dedans, avoit condamné à ce systême de perception toutes les provinces conquises. Elle nous apprend jusqu'à quel excès furent portées l'avidité des publicains (1) et la misère de ces provinces. Suétone dit qu'un financier des Gaules, sous le règne d'Auguste, voyant que les impôts se payoient chaque mois, eut l'audace incroyable de diviser l'année en quatorze mois. Nous lisons dans Dion, que les plaintes des peuples de l'Asie obligèrent César de supprimer dans ces provinces tous les publicains, et d'introduire un nouveau systême de perception. On voit dans Tacite que la Macédoine et l'Achaïe, provinces qu'Auguste avoit laissées au peuple Romain, crurent avoir tout obtenu

____

(1) C'est le nom qu'on donnoit aux fermiers du revenu public.

lorsqu'elles eurent été délivrées de cette forme de perception ; et le même historien rapporte que, sous le règne de Néron, les clameurs des provinces obligèrent l'Empereur de publier plusieurs lois propres à mettre un frein à l'avidité et au pouvoir des publicains (1).

Tels furent les désordres que produisit dans les provinces de Rome le système d'affermer les revenus du fisc. Je ne ferai pas l'énumération de tous ceux qu'il produit aujourd'hui en Europe. Un mal dont tout le monde est affligé, est connu de tout le monde. Je me contenterai de dire que ce n'est pas le droit de percevoir l'impôt, mais le pouvoir de commettre des extorsions et de tourmenter les contribuables, que l'on ambi-

____

(1) Ces lois étoient au nombre de quatre : la première enjoignoit de publier toutes les lois portées contre les publicains, et qu'on avoit eu grand soin jusqu'alors de tenir cachées. Par la seconde, il leur étoit défendu d'exiger tout ce qu'ils avoient négligé de réclamer dans le cours de l'année. La troisième avoit pour objet l'établissement d'un Préteur destiné à juger, sans formalités, toutes leurs prétentions. La quatrième ordonnoit de ne pas faire payer aux marchands aucun droit pour leurs vaisseaux. Voyez *Tacite*, *Annal. liv.* 13, *et Burman de Vectig. cap.* 5.

tionne et que l'on estime le plus dans la forme du revenu public. Presque toute l'Europe offre des preuves de cette vérité.

Que l'on perçoive les revenus publics, ou par la ferme, ou par la régie, on tombera donc toujours dans des désordres également destructeurs de l'intérêt du souverain et de celui de la nation. Mais tel est le vice du système de l'impôt indirect, que l'une ou l'autre de ces voies semble un mal nécessaire, tant que ce système subsistera. Une nouvelle forme de perception ne peut commencer qu'avec un nouveau système d'impôt. L'établissement seul de l'impôt direct pourroit donner lieu à cette grande réforme. S'il n'y avoit qu'un seul impôt dans l'Etat, et que cet impôt fût assis sur les fonds, le peuple lui-même seroit le receveur du fisc. Tous les chefs des communautés percevroient les taxes des fonds enfermés dans leur district, et feroient parvenir leurs recettes respectives aux chefs de la province. Comme tout est fixe, permanent et inaltérable dans cette espèce d'imposition ; il ne seroit pas possible de commettre dans la perception le moindre acte de fraude et de partialité. Le fisc verroit arriver dans le trésor public tous ses revenus sans aucune dépense ; et le peuple, de son côté, voyant

ces

ces mêmes hommes qu'il a choisis pour le représenter et le diriger, chargés de la perception de toutes ces taxes partielles; seroit rempli de confiance envers eux, parce qu'il seroit sûr de n'être pas trompé. L'industrie, protégée par l'autorité inviolable de la loi, n'auroit plus rien à craindre des hommes. L'arbitraire, la partialité, la fraude ne pourroient se mêler à cette forme de perception. Des tarifs exacts et permanens de toutes les taxes réelles annonceroient au propriétaire tout ce qu'il doit payer à l'Etat. Le contribuable ne dépendroit ainsi que de la loi et de lui-même. La faveur ou la haine des exacteurs lui seroit également indifférente. Il pourroit disposer comme bon lui sembleroit de tout ce qui lui appartient; donner à sa terre tous les genres de culture qu'il lui plairoit; en vendre les productions à son gré, les transporter, les exporter ou les garder ainsi qu'il le jugeroit à propos, sans entendre prononcer le nom du fisc au milieu de toutes ces opérations. L'artisan, le négociant, l'homme du peuple, et l'oisif consommateur paieroient chacun leur portion sans s'en appercevoir. L'Etat ne seroit plus surchargé et embarrassé de toutes ces cohortes d'exacteurs, de gardes, et d'espions. La liberté régneroit dans les villes, dans les provinces, sur les chemins, dans les ports ; elle étendroit en même tems son influence bienfaisante sur l'agriculture, sur les arts, et sur le commerce. Elle rendroit à l'industrie son activité naturelle, et deviendroit la base inébranlable de la tranquillité des peuples et de la sûreté ·de ceux qui les gouvernent.

CHAPITRE XXXIII.

Des besoins extraordinaires de l'Etat, et de la manière d'y pourvoir.

On a dit que la mesure des impôts doit être déterminée par le besoins de l'Etat. Or ces besoins ne sont pas toujours les mêmes. La guerre a, dans tous les lieux et dans tous les tems, exigé plus de dépense que la paix. Les peuples anciens savoient y pourvoir par les économies qu'ils faisoient en tems de paix. Ils mettoient en réserve des sommes très-considérables pour les besoins extraordinaires de la république. Nous voyons dans l'histoire, que les anciens rois d'Egypte, et les Ptolomées, successeurs d'Alexandre (1), les rois de Macédoine (2), les rois de Syrie, et

____

(1) Appien, qui avoit visité les archives d'Alexandrie, où il étoit né, assure que ce trésor étoit de 740,000 talens.

(2) Tite-Live (liv. 45, chap. 40) parle des trésors qui avoient été amassés en Macédoine sous le règne de Philippe et sous celui de Persée. Velleius Paterculus (liv. 1, chap. 9,) dit que Paul Emile, qui ne trouva qu'une partie de ces trésors, porta à

les rois Mèdes (1) avoient des trésors immenses. Sparte même, malgré sa frugalité et son aversion pour l'or et l'argent, avoit un trésor public, au rapport de Platon (2). Les Athéniens (3) et les anciennes républiques des Gaules, avoient aussi le leur (4). Il en fut de même des Romains, au tems de la république et sous le despotisme de César (5).

Rome une somme équivalente à neuf millions de ducats, et Pline (liv. 33, chap. 3) fait monter cette somme presque au double.

(1) Plutarque (Vie d'Alexandre) rapporte que lorsque ce prince conquit les deux villes de Suez et d'Ecbatane, il y trouva 80,000 talens mis en réserve pour les besoins publics, et une partie y étoit en dépôt depuis le règne de Cyrus. Quinte-Curce (liv. 5, chap. 2) dit que la partie seule qui fut trouvée à Suez étoit de plus de cinquante mille talens.

(2) *Plato in Alcibiad.*

(3) Thucydide (liv. 2) et Diodore de Sicile (liv. 12) rapportent que les Athéniens avoient amassé dans un espace de cinquante ans, entre la guerre de Médie et celle du Péloponèse, plus de dix mille talens que l'on conservoit dans le trésor public.

(4) *Strab. lib. 6.*

(5) Le temple de Saturne étoit le dépôt de ces trésors, dont Lucain nous fait une description brillante. (liv. 3. v. 155) Nous savons que César, dans la guerre civile, s'empara de sommes immenses, et qu'Auguste, Tibère, Vespasien, et Sévère en mirent en réserve de très-considérables pour les besoins extraordinaires de l'Etat.

Cette méthode s'est conservée chez les nations de l'Europe presque jusqu'à l'avant-dernier siècle (1); aussitôt que les avantages de la circulation ont été connus, aussitôt que les gouvernemens ont été persuadés que des trésors ainsi entassés ruinoient le commerce et l'industrie, on a abandonné avec raison, un pareil systême. Mais, il en faut convenir, on est tombé dans un nouvel abus, non moins dangereux que le premier. Dès que les intérêts du prince ou ceux de son Etat l'obligent de prendre les armes, s'il ne trouve pas au même instant de l'argent pour entreprendre la guerre, et qu'il ne veuille pas faire murmurer la nation en établissant des impôts extraordinaires, il a recours aux emprunts. Le gouvernement cherche de l'argent, et pour en obtenir, il engage à ses créanciers une portion de ses revenus. Ce systême absurde entraîne en même tems vers leur ruine le prince et la nation. Je n'examine point ici si le souverain a droit d'emprunter; si la couronne, étant héréditaire, le souverain, qui ne peut pas disposer de la succession au trône, a droit de disposer, en totalité ou en

____

(1) Le systême de la dette nationale n'a commencé en Espagne qu'en 1608, et ce systême a été une des principales causes de sa ruine.

X 3

partie, de la propriété des fonds dont une substitution perpétuelle ne lui laisse que l'usufruit ; si cette autorité passagère lui donne le pouvoir d'obliger à jamais toute la nation pour ses dettes particulières ; s'il peut consommer d'avance les revenus de ses successeurs, en chargeant de dettes le trésor public, dont il n'est que l'administrateur. Je laisse aux politiques l'examen de cette question qu'il n'est pas difficile de résoudre dans un siècle tel que le nôtre. Je supplie mes lecteurs de me dispenser d'établir mon opinion à cet égard, et de permettre que je ne considère ici dans ce système que les maux qu'il produit.

Dès que le prince emprunte une somme, il est obligé, pour en payer l'intérêt aux créanciers, de se priver d'une portion de son revenu. Il se forme donc un vide dans le trésor public ; mais ce sont les peuples qui sont condamnés à le remplir : si l'emprunt se fait pour attaquer les ennemis de l'Etat, ou pour satisfaire l'ambition du souverain ; dès que la guerre est finie, et qu'on ne craint plus d'aigrir le peuple et de le faire murmurer, on songe tout de suite à un nouvel impôt. Le ministère se soucie fort peu que cet impôt soit contraire aux avantages de l'agriculture et du commerce ; il suffit que le produit en puisse compenser l'intérêt qu'il est obligé de payer : ce n'est qu'une affaire de calcul. On annonce le nouvel impôt ; la dette subsiste éternellement ainsi que l'impôt. Le prince, qui sent combien il est facile d'avoir de l'argent aux dépens du peuple, s'engage de nouveau dans des entreprises supérieures aux facultés et aux forces de la nation qu'il gouverne. Sans cette facilité, Louis XIV n'auroit pas ruiné la France par son orgueil inquiet et sa fureur guerrière. La Hollande n'auroit point été entraînée dans toutes ces guerres que son ambition demésurée et son esprit ombrageux, bien plus que le besoin de défendre sa liberté ou de veiller aux intérêts de son commerce, lui ont fait entreprendre. L'Angleterre n'auroit pas brisé tous les ressorts de sa constitution politique, opprimé son commerce, son territoire, ses villes, épouvanté le luxe lui-même par des droits infinis ; n'auroit pas enfin porté son esprit d'avidité jusque sur les boissons les plus communes du peuple, pour payer l'intérêt d'une dette de 3,300,000,000 de livres qu'elle avoit contractée avant la dernière guerre contre la France et contre l'Espagne ; dette qui a causé l'insurrection de ses colonies, et qui forcera un jour la nation de faire banqueroute, au milieu d'un revenu de 140 millions de liv. (1). Voilà dans quels désordres le système de l'emprunt a entraîné les différens Etats de l'Europe. Mais ce n'est pas tout; ces fléaux s'étendent encore

---

(1) Je dis que cette dette a été la cause de l'insurrection de ses colonies, parce que le gouvernement, comme l'on sait, n'eut pas d'autre motif pour multiplier leurs contributions, que l'impossibilité où étoit la métropole de pourvoir aux besoins de l'Etat, chargé de 111,577,490 liv. d'intérêt de la dette nationale. J'ajoute que cette dette obligera le gouvernement à faire banqueroute, parce que la nation ne peut supporter le poids des impôts auxquels ces intérêts excessifs la condamnent. L'Angleterre doit donc, ou se libérer de ses dettes, ou succomber sous leur poids. On a proposé une infinité de projets pour effectuer cette libération; mais ces projets n'ont fait jusqu'à présent qu'attester le zèle de ceux qui les ont imaginés.

Les opérations de *la caisse d'amortissement*, qui ne peut être d'ailleurs qu'un remède trop lent contre un mal d'une si grande violence, ont été suspendues, et elles n'auront peut-être jamais de suite, parce que les besoins de l'Etat ne permettent pas un pareil sacrifice Le projet de faire une répartition du capital de la dette, afin de l'éteindre presque tout d'un coup, en faisant contribuer chaque citoyen pour une somme proportionnée à ses facultés, porte avec lui-même l'impossibilité de l'exécuter. Comment connoître les facultés de chaque citoyen ? comment fixer d'une manière précise l'état des fortunes de tous les négocians, de tous les artisans, de tous les

sur l'agriculture, le commerce, et l'industrie; et il n'est pas difficile de s'en convaincre. Comme le gouvernement emprunte d'ordi

citoyens qui ne vivent que des profits du commerce et de l'industrie ? comment enfin obliger les artisans à payer tous ensemble une somme dont ils peuvent à peine payer l'intérêt annuel. Le projet de pénétrer dans l'intérieur de l'Afrique par le Sénégal, et de faire la conquête des mines de Bambuck, de ce pays que l'on nomme le royaume de l'or, et qui seroit peut-être appelé le royaume du sang, si les Européens y arrivoient; ce projet est également impraticable. D'abord l'Angleterre seroit obligée de dépenser des sommes très-considérables pour faire bâtir de distance en distance un grand nombre de forts propres à garantir ses établissemens des incursions des Mandignos et des Sarakoles, qui ne cesseroient de troubler les nouveaux entrepreneurs d'un commerce dont ils ont toujours eu la propriété exclusive ; ensuite elle seroit forcée d'y sacrifier un grand nombre d'hommes, et l'on sait bien qu'elle n'a pas même le moyen de faire ce malheureux sacrifice. Elle pourroit d'ailleurs voir ses desseins traversés par une nation rivale, à portée de faire échouer son entreprise, ou du moins d'en partager les avantages, sans en payer les frais. Mais en supposant que l'Angleterre surmonte enfin tous ces obstacles, qui peut lui assurer qu'après tant de peines elle trouvera tous ces trésors qui en auront été l'objet. Les relations de quelques voyageurs, parmi lesquels il n'y en a qu'un seul qui soit connu (*Compagnon*, facteur de la compagnie française des Indes-Orientales) ces relations,

naire de ses propres sujets qui regardent cette
manière de placer leur argent dans les fonds
publics, comme l'emploi le plus sûr et le plus
commode qu'ils puissent en faire, parce qu'un
tel revenu n'est exposé ni à l'incertitude des
circonstances, ni aux injures des saisons, ni
à l'avidité des gens de finance, chaque citoyen doit chercher à mettre son argent dans
les fonds publics. Le propriétaire vend avec

---

presque toujours fausses et exagérées, suffisent-elles
pour engager le gouvernement britannique dans une
telle entreprise ? Il faudroit donc, dans l'espoir d'un
succès incertain, faire d'abord des dépenses énormes, puisqu'il n'est permis à aucun Européen de
pénétrer dans ces régions, dont les habitans connoissent assez et leurs intérêts et notre avidité, pour
nous en fermer l'entrée. La Grande-Bretagne s'ex-
poseroit au danger d'accélérer sa ruine par le moyen
même dont elle se serviroit pour la prévenir. Les
maux de cette nation ne seront-ils donc susceptibles
d'aucun remède ? L'expérience et le caractère de ses
habitans lui indiquent une ressource qui, sans effort
et sans danger, peut rétablir l'ordre public. C'est
une souscription volontaire, qui devroit rester ouverte
jusqu'à l'extinction entière de la dette nationale.
L'enthousiasme, la générosité, et les richesses particulières de ses citoyens, rempliroient bien les espérances de la patrie. Le législateur n'auroit besoin,
pour sentir toute la force de pareils ressorts, que de
s'en servir un seul instant.

plaisir son domaine, ou néglige de l'améliorer ; le négociant abandonne son commerce, l'artisan son atelier. Or toutes ces sommes qui enrichiroient la nation, si elles étoient consacrées à l'agriculture, au commerce, et à l'industrie, sont entièrement perdues pour l'Etat. Cet emploi de l'argent devient même une source de maux, puisqu'il fomente l'oisiveté, qu'il fait abandonner la culture aux mains les plus pauvres et les plus avilies, qu'il empêche la distribution des richesses nationales, qu'il peuple les villes aux dépens des campagnes, et qu'il fait arrêter dans les asiles de la mollesse, de la profusion, et de la volupté, des richesses qui, en circulant dans toute l'étendue de l'Etat, féconderoient la campagne et exciteroient au travail ses pauvres habitans.

Puisque de tous les systêmes politiques, celui de l'emprunt est le plus dangereux ; que la méthode de former un trésor public, à l'exemple des anciens, est nuisible au commerce et à l'industrie, parce qu'elle enlève à la circulation une grande partie du numéraire ; que la politique ne permet pas de faire supporter aux peuples des impôts extraordinaires, quoique momentanés (expédient qui seroit néanmoins plus juste et moins pernicieux que tous les autres) ; enfin, puis-

qu'aucune des ressources que les gouvernemens ont imaginées jusqu'aujourd'hui, n'est
exempte de dangers et d'abus, il faut donc
chercher un nouveau moyen de pourvoir
aux besoins extraordinaires de l'Etat. Voici
mes idées sur cet objet.

Quelle est la cause qui rend dangereux
aujourd'hui le système des anciens? C'est
que cette méthode, comme on l'a dit, enlève à la circulation une grande partie du
numéraire. S'il étoit donc possible d'avoir
un trésor qui ne fût pas oisif; si l'on pouvoit
disposer à volonté de sommes très-considérables, sans les faire sortir de la circulation,
un pareil système offriroit tous les avantages de la politique des anciens, sans en avoir
les inconvéniens. Comment pourroit-on combiner deux objets si opposés? Rien n'est plus
facile. Que l'administration, au lieu de conserver dans son trésor les épargnes annuelles
qu'elle devra à son économie, prête cet argent aux citoyens qui en ont besoin et qui
peuvent l'hypothéquer sur un fonds solide,
inaliénable jusqu'à l'entier remboursement,
lequel aura lieu dans quelque tems et dans
quelque circonstance que ce soit, sans exiger
aucun intérêt des débiteurs.

Ce sacrifice des intérêts seroit absolument
nécessaire : en multipliant les richesses, il

permettroit au prince de choisir entre les emprunteurs ceux qui lui offriroient une plus grande sûreté pour sa créance : il pourroit encore se servir de ce moyen pour récompenser des citoyens qui auroient rendu des services à l'Etat; car ce n'est pas offrir un léger avantage que de prêter sans intérêt une somme considérable. Ainsi, le souverain pourroit avoir à sa disposition un trésor toujours prêt, sans enlever à la circulation aucune partie du numéraire. Ce seroit à la vérité une espèce de trésor idéal; mais il se réaliseroit au moment même où les besoins de l'Etat exigeroient cette opération. Si ces besoins, devenus très-considérables, rendoient insuffisans les fonds mis en réserve par l'administration, alors des impositions extraordinaires seroient le seul expédient auquel elle pourroit recourir. Lorsque le peuple aura vu que le prince a tenté tous les moyens possibles pour ne pas l'opprimer; lorsqu'il sera bien convaincu que les besoins de l'Etat exigent quelques efforts de sa part, il ne se soulevera pas contre une imposition, onéreuse, il est vrai, mais toujours supportable quand le tems en est déterminé par la durée du besoin (1).

____

(1) Le peuple ne murmure pas, lorsqu'il sent bien

Voyez-vous ce ressort ? Une pression mo-
mentanée, quelque forte qu'elle soit, ne fait,
pour ainsi dire, qu'exciter son élasticité.
Mais si vous le pressez pendant quelque
tems, il réagit sur lui-même avec violence,
son élasticité finit : il se brise tout d'un coup,

---

que l'administration a besoin de son secours. Pendant toute la durée de la ligue de Cambrai, la république de Venise, obligée de résister à tant de puissances réunies contre elle, ne fut pas dans la nécessité de recourir à la voie des emprunts : tous ses citoyens se soumirent volontairement à une imposition
proportionnée à leurs facultés. La Hollande n'eut pas
besoin de contracter une dette nationale pour mettre
une armée sur pied en 1672. Tous ses citoyens con-
tribuèrent, sans la moindre répugnance, aux dépenses publiques, lorsqu'ils en eurent connu la nécessité.
Lorsque dans Syracuse les femmes coupèrent leurs
cheveux et en tressèrent des cordes d'arcs pour lan-
cer sur l'ennemi les traits de la mort ; lorsque dans
Rome elles se dépouillèrent de leurs ornemens, et
les dévouèrent à la défense de l'Etat, menacé par
un vainqueur superbe, ce ne fut point le gouvernement, mais le cœur des citoyens, qui dicta de pareils sacrifices : on n'y étoit excité que par le besoin de la patrie ; sa défense en étoit l'unique objet,
et la reconnoissance publique en étoit le prix. Aucune
de ces républiques ne trouva dans ses citoyens la
même générosité, lorsqu'il fallut venir au secours de
la patrie, dans une guerre dictée par l'ambition, et
non par la nécessité de la défense ; par l'avidité, et
non par le besoin.

et déchire la main qui le comprime. Tel est le peuple : lorsqu'il est parvenu à cet excès d'oppression, il apprend une terrible vérité à ceux qui ont eu la funeste ambition de le tourmenter. Il leur fait voir que si les peuples souffrent long-tems des délires des rois, les rois en sont aussi les dernières victimes. Le tems arrive enfin où la prétendue toute-puissance du despote s'évanouit ; le monstre à figure humaine, armé de son sceptre de fer, baisse la tête sous l'invincible main de la nécessité, et tombe sur les débris du trône d'où il avoit effrayé les nations.

CHAPITRE XXXIV.

De la distribution des richesses nationales.

APRÈS avoir parlé des richesses et des moyens de les faire circuler dans l'Etat; après avoir considéré tous les obstacles qui s'opposent à cette circulation et les moyens de les surmonter, il faut examiner quel est le meilleur systême que le gouvernement doit suivre pour les y distribuer avec équité : sans cette sage distribution, les richesses, loin de faire le bonheur des Etats, sont la source de leur ruine. Cette opinion n'est point un paradoxe : c'est une vérité constante, que l'intérêt particulier voudroit cacher aux peuples et à ceux qui les gouvernent; mais que la philosophie a le courage de révéler et de démontrer.

Le bonheur public n'est que la réunion de tous les bonheurs particuliers des membres de la société. Lorsque les richesses sont réunies en peu de mains, et que le plus grand nombre est voué à l'indigence, ce bonheur particulier de quelques individus ne fait pas certainement le bonheur de tout le corps social; il en est la ruine. Si, dans une machine

chine dont toutes les pièces se sont usées par le frottement, vous en renouvelez quelques-unes, en laissant les autres dans le même état, la force des premières, loin de donner à la machine plus de solidité et de durée, en accélère la destruction, parce que l'action et la résistance des anciennes pièces ne peut être proportionnée à l'action et à la résistance des pièces nouvelles. Il en est de même de la société : si presque tous les individus qui la composent sont dévoués à la misère et à la foiblesse, et qu'une poignée d'hommes tire de l'excès de ses richesses une force invincible, la facilité qu'auront ceux-ci de lutter contre la société, avec la certitude de ne pouvoir trouver une résistance proportionnée à leur action, en fera tout autant d'oppresseurs, et le peuple, foulé par cent petits despotes, éprouvera tous les fléaux du despotisme au milieu des désordres de l'anarchie. Les richesses, dans ce cas, hâteront par conséquent la destruction de la société. Ne vaudroit-il pas mieux que tous les citoyens fussent également pauvres ? Qu'on examine quelles furent dans Rome les suites de cette funeste disproportion. La république d'Athènes auroit-elle été opprimée par ses trente tyrans, si le peuple n'eût été accablé de misère pendant que quelques familles de la classe des grands nageoient dans l'opulence ? Il n'est impossible de combiner une bonne constitution avec le systême féodal, que parce qu'il est impossible de concilier ce systême avec la moindre inégalité possible dans la distribution des richesses nationales.

Puisque les richesses sont pour le peuple une source de maux lorsqu'elles sont mal distribuées, le législateur n'aura donc fait qu'une partie de son ouvrage, lorsqu'il les aura fait naître dans l'Etat, sans songer aux moyens de les y distribuer. Mais quels sont ces moyens dont le législateur doit se servir sans que le peuple s'en apperçoive ? quels sont les obstacles qu'oppose la Législation actuelle ? C'est par ces observations intéressantes que nous terminerons ce livre des lois politiques et économiques ; mais il faut, avant tout, déterminer le sens de ces mots : *distribution* et *répartition des richesses nationales.*

CHAPITRE XXXV.

Ce que l'on doit entendre par le mot de distribution des richesses nationales.

UNE distribution exacte des richesses nationales, une égalité parfaite dans les fortunes des citoyens, ne peut avoir lieu qu'au sein d'une république naissante. Dès qu'un certain nombre de familles vient se fixer dans une région et y former une société, le chef de cette société, ou le corps qui le représente, commence par assigner à chacun des membres une portion de terrein, et alors toutes ces familles sont également riches. Mais comme tous les hommes n'ont ni la même industrie, ni la même économie, ni les mêmes besoins ; que les fonds se subdivisent en proportion de la multiplicité des enfans ; que le droit de tester, que l'on a cru jusqu'aujourd'hui inséparable de la propriété, réunit avec le tems dans la même personne les richesses de plusieurs familles ; et qu'enfin une espèce de force d'attraction attire continuellement l'argent vers l'argent, les richesses vers les richesses, il est impossible que cette égalité de distribution de meure inaltérable : aussi, à peine la seconde génération sera-t-elle écoulée, que l'égalité établie au commencement de la république aura déjà disparu. Cette vérité a été démontrée jusqu'à l'évidence par Aristote, au second livre de sa politique, où il examine le système des deux républiques imaginaires de Platon et de Phaleas de Carthage, dans lesquelles ces deux philosophes vouloient établir l'égalité parfaite des fortunes. Les effets des lois agraires des Romains sont une autre preuve de cette vérité. Il n'est donc pas possible d'établir cette égalité précise dans les différentes familles d'une société ; mais il n'est pas non plus impossible que les richesses y soient bien distribuées, c'est-à-dire, que l'argent y soit répandu avec une sorte d'égalité qui y produise l'aisance générale, et par elle, le bonheur des hommes. Un État où chaque citoyen, par un travail modéré de sept à huit heures par jour, pourra facilement satisfaire ses besoins et ceux de sa famille, sera l'État le plus heureux de la terre ; il sera le modèle d'une société bien organisée. On n'y trouvera pas une parfaite égalité de biens, qui n'est qu'une chimère, mais une égalité de bonheur dans toutes les classes qui le composent ; égalité qui doit être l'unique but de la politique et des lois.

Je dis, un travail modéré de sept à huit heures par jour, parce qu'un travail excessif est incompatible avec le bonheur. Laissons les poëtes et quelques philosophes enthousiastes nous faire l'éloge d'une vie extrêmement laborieuse, et contentons - nous de gémir sur l'infortune de ceux qui y sont condamnés. La nature, qui a donné à tous les êtres une force proportionnée à l'espèce de travail qu'ils doivent exécuter, n'a pas destiné l'homme à un genre de vie auquel il ne peut jamais se livrer qu'aux dépens de sa propre existence. Ne nous faisons point illusion. Il n'est pas vrai que des hommes, occupés des arts les plus pénibles de la société, et qui n'ont que quelques heures de la nuit pour se délasser de leurs fatigues, vivent autant que celui qui jouit des fruits de leurs sueurs et qui fait de ses forces un usage modéré. Un travail de quelques heures fortifie le corps, une fatigue excessive l'épuise et le détruit. Un pauvre laboureur qui prend la bêche au lever du soleil, et qui ne la quitte qu'aux approches de la nuit, est un vieillard à quarante ou cinquante ans : ses jours s'abrègent, son corps se courbe ; tout annonce en lui la violence faite à la nature. Ce n'est donc pas dans cette manière d'exister qu'il est possible de trouver le bonheur ; mais on ne le trouvera pas davantage dans l'oisiveté. L'ennui accompagne la richesse oisive , comme l'ombre suit le corps ; il la poursuit jusqu'au sein de la volupté : les plaisirs les plus vifs sont bientôt épuisés pour elle ; elle ne sent plus qu'une triste uniformité de jouissances qui l'accable et l'endort. Les plaisirs destinés par la nature à soulager l'ame après les fatigues du corps, ou après les travaux de l'esprit, cessent d'être des plaisirs au moment où ils ne sont plus préparés par l'occupation. Alors l'homme peut passer sans interruption de plaisirs en plaisirs ; il ne fera jamais que passer d'ennuis en ennuis. Vainement il se fait un devoir de parcourir le cercle de toutes ces jouissances ; vainement il affecte le sourire de la gaîté et le langage du bonheur. Hélas ! il n'a qu'un bonheur emprunté, qu'une gaîté d'ostentation , à laquelle le cœur n'a point de part. La longue habitude des jouissances en a détruit toute l'activité. Le plaisir est un ressort qui s'use par une pression réitérée , et dont une pression continue anéantit enfin l'élasticité.

Non , ce n'est point dans les plaisirs que le riche oisif trouvera le bonheur : il ne peut le goûter que dans ces momens passagers où il satisfait les besoins de la vie. Dans ces momens , tous les hommes sont également heureux : mais la nature ne multiplie pas en faveur du riche les besoins de la faim, de l'amour, du sommeil. S'il se nourrit de mets plus délicats que l'homme du peuple qui vit du travail de ses mains, il n'a pas plus de plaisir que lui à satisfaire son appétit. Si son lit est plus moelleux, il n'y goûte pas un sommeil plus calme et plus profond. Tous les hommes sont donc également heureux dans le tems où ils satisfont leurs besoins. La seule différence qui existe entre eux, comme l'a observé un célèbre philosophe français, dont la raison a souvent éclairé la mienne, n'est que dans la manière dont ils remplissent l'intervalle qui sépare un besoin satisfait d'un besoin renaissant. Or le riche oisif qui remplit cet intervalle par un mouvement continuel vers le plaisir qui le fuit, n'est pas plus heureux que le pauvre qui emploie tout ce tems à des travaux excessifs. L'un souffre du poids de son ennui, l'autre du poids de sa misère : l'un va toujours cherchant de nouveaux besoins, de nouveaux desirs ; l'autré maudit à chaque instant la nature qui lui en a donné qu'il peut à peine satisfaire. Un travail modéré, qui suffit pour se procurer le nécessaire, et pour remplir l'intervalle qui sépare un besoin satisfait d'un besoin renaissant, est donc le seul moyen de parvenir à ce degré de bonheur auquel la nature permet à l'homme de s'élever.

Mais quels sont les moyens de faire participer tous les individus à ce bonheur, qui, dans une société bien organisée, ne peut être interdit qu'à la folie et au crime ? Je l'ai dit : pour parvenir à ce but, il n'est pas nécessaire que les citoyens soient tous également riches, mais que les richesses soient en général réparties avec une sorte d'égalité ; c'est-à-dire, qu'elles ne viennent pas toutes se réunir dans un petit nombre de mains, en laissant dans l'indigence la plus affreuse le reste de la société. Cherchons donc les moyens de faciliter cette répartition nécessaire, et examinons quels sont les obstacles qui s'y opposent.

CHAPITRE XXXVI.

Des moyens propres à établir une sorte d'égalité dans la distribution de l'argent et des richesses dans l'Etat, et des obstacles qu'oppose la Législation actuelle.

QUE l'on jette un coup-d'œil sur l'état actuel des sociétés en Europe : on les trouvera presque toutes divisées en deux classes de citoyens, dont l'une manque du nécessaire, et dont l'autre regorge de superfluités. La première, qui est la plus nombreuse, ne peut pourvoir à ses besoins que par un travail excessif. Ce n'est donc pas à celle-là qu'il est permis de connoître le bonheur, comme nous l'avons démontré. La seconde vit dans l'abondance, dans l'oisiveté, et dans les tourmens de l'ennui qui les accompagnent. Elle est quelquefois plus malheureuse que l'autre. Hélas ! presque tous les empires seront donc condamnés à ne renfermer dans leur sein que des malheureux ? Seroit-ce donc là un décret irrévocable de la nature, ou n'est-ce pas plutôt un effet nécessaire de l'absurdité de nos lois et des erreurs de notre politique ? Croit-on qu'il seroit impossible de diminuer les richesses des uns, et d'augmenter celles des autres, sans blesser les droits de la propriété, et par conséquent les lois de la justice ? Non. L'on ne peut regarder une telle révolution comme impossible ou comme très-difficile à exécuter, que dans le cas où l'on ne voudroit point examiner quelles sont les causes de ce désordre. Qui le croiroit ? Tandis que tout le monde se plaint de l'extrême disproportion des richesses, nos lois ne travaillent qu'à l'entretenir et à l'accroître. On ne peut douter que tout ce qui tend à diminuer le nombre des propriétaires dans un Etat, ne tende en même tems à garantir et à conserver cette funeste disproportion. Or tel est l'effet des substitutions et des majorats.

Nous voyons les plus vastes domaines passer tout entiers, pendant plusieurs siècles, des pères aux enfans, des aînés aux aînés, comme si les terres étoient indivisibles, et que la propriété dépendît de cette sorte d'immutabilité. Dans une nation d'où ces majorats et ces substitutions seroient proscrits, les richesses seroient sans doute réparties avec plus d'égalité. Si les biens du père étoient partagés entre tous ses enfans, ceux-ci deviendroient autant de petits propriétaires, de pères de famille, qui, n'ayant point un grand superflu, seroient forcés de faire valoir leurs terres ; et si le produit de ces fonds ne suffisoit pas, de se livrer à d'autres occupations qui les mettroient à l'abri de l'oisiveté et de tous les tourmens de l'ennui. Cette subdivision continuelle des fonds seroit également utile aux progrès de l'agriculture, de l'industrie et de la population. Les citoyens qui n'auroient d'autre propriété que celle de leurs bras, trouveroient encore leur intérêt dans cette augmentation de propriétaires : le prix du travail, ainsi que celui de toutes les choses qui sont un objet de commerce, dépend toujours du nombre des vendeurs et de celui des acheteurs. Or comme il y auroit beaucoup de propriétaires et très-peu de non-propriétaires, beaucoup de personnes auroient besoin des bras des manouvriers, lesquels étant en petit nombre, hausseroient nécessairement le prix de leur travail : alors il leur seroit permis de jouir de cette aisance, sans laquelle il n'est point, comme on l'a dit, de bonheur sur la terre.

Qu'on ne m'oppose point l'impossibilité d'abolir les majorats dans les pays où il existe encore des fiefs. Ou une famille n'a qu'un fief, et alors on peut donner la baronnie à l'aîné, et partager les terres du fief également entre les autres frères : ou une famille a plusieurs fiefs, et alors pourquoi ne pas en faire le partage entre eux par égales portions ? N'ont-ils pas tous le même droit à l'héritage du père ? Un cadet a-t-il dans sa personne quelque chose d'incompatible avec l'investiture d'un fief ? Un grand seigneur terrien a plus de moyens d'opprimer que le propriétaire d'un petit fief. A mesure que le nombre de ces propriétaires augmentera, le prince verra s'accroître le nombre des défenseurs de l'Etat en tems de guerre, et le peuple verra diminuer le nombre de ses oppresseurs en tems de paix.

Mais on dira peut-être : le systéme des substitutions et des majorats est propre à la nature de la constitution monarchique. Le gouvernement, tourmenté par ses besoins, trouve dans les grands propriétaires des secours toujours prêts, et par conséquent beaucoup de sûreté pour lui-même, parce que ces grands propriétaires, ayant tout à craindre pour leurs richesses d'un changement dans le systême de l'administration, ont le plus grand intérêt à le maintenir.

Est-il un mal plus terrible ? La multiplicité des propriétaires est la source de la félicité publique dans les monarchies, comme dans toutes les autres constitutions. Or si la distribution des richesses, produite par le démembrement des grandes propriétés, alloit ranimer toutes les classes de la société, ce ne seroit plus alors un seul ordre de citoyens, ce ne seroient plus quelques riches aînés d'illustres familles, qui auroient le droit exclusif de veiller à la conservation de l'Etat. La nation entière défendroit elle-même son propre bonheur, et par conséquent l'autorité tutélaire du citoyen couronné à qui elle le devroit. Connoît-on quelque sûreté plus grande que celle-là ?

Si les substitutions et les majorats s'opposent à la distribution des richesses, parce qu'ils rassemblent en peu de mains, toutes les propriétés de l'Etat, les immenses propriétés des ecclésiastiques s'y opposent aussi par la même raison. Dans tous les pays catholiques, où le célibat est un des devoirs du sacerdoce, l'ordre entier du clergé peut être considéré comme une seule famille. Presque un tiers du territoire de chacun de ces empires est possédé par elle. Quelle immense quantité d'individus un tel ordre de choses doit laisser sans propriété (1) ?

---

(1) Nous l'avons observé dans le cinquième chapitre de ce livre, et nous en parlerons avec plus de détails dans le cinquième livre.

Un autre obstacle s'oppose à la distribution des richesses; c'est cette énorme quantité de numéraire qui vient de toutes les parties de l'empire s'engloutir dans la capitale. Ce n'est plus que dans les capitales que l'on trouve aujourd'hui la splendeur des nations de l'Europe. Les habitans de ces villes sont les seuls citoyens de l'Etat : le reste n'est, pour ainsi dire, qu'un ramas de malheureux condamnés à passer toute leur vie dans des travaux excessifs, avec la cruelle certitude de ne laisser d'autre héritage à leurs pauvres enfans, que l'habitude de l'oppression, de la fatigue, de la misère, et des imprécations d'une rage impuissante.

En parlant des obstacles que l'immense grandeur des capitales oppose aux progrès de l'agriculture, nous avons indiqué les causes qui y transportent tout le numéraire des peuples : nous avons observé que quelques-unes de ces causes étoient *nécessaires*, et qu'il y en avoit beaucoup *d'abusives*; et nous avons proposé les moyens d'affoiblir l'action des unes et de détruire les autres. Je ne puis rien ajouter ici à tout ce que j'ai dit sur cet objet (1).

Après avoir examiné quelles sont les cau-

____

(1) Voyez le chap. 14 de ce livre.

ses qui empêchent, dans la plupart des nations de l'Europe, l'égale distribution de l'argent, voyons maintenant comment, ces obstacles une fois détruits, on peut faciliter cette distribution. Un seul moyen suffiroit peut-être : il n'y auroit, par exemple, qu'à ordonner, par une loi, que dans la vente des terres, toutes choses égales d'ailleurs, la préférence fût accordée aux hommes sans propriété, et qu'en cas de concurrence entre deux acheteurs propriétaires, la préférence fût donnée à celui des deux qui possède une moindre étendue de terrein. Mais que dirons-nous du luxe ? Peut-il contribuer à la répartition des richesses ? Je vais examiner cette question dans le chapitre suivant.

CHAPITRE XXXVII.

Du luxe.

LE luxe, dont les moralistes et les politiques ont dit tant de bien et tant de mal; le luxe, que les uns appellent l'ornement de la société, et que les autres proscrivent comme un vice destructeur; le luxe à qui la déclamation a attribué la décadence des empires, et l'industrie les progrès des arts; le luxe, qui, selon les politiques vulgaires, fait passer les richesses d'un peuple agricole dans les mains d'un peuple manufacturier, mais qui dans le fait les soutient l'un et l'autre, et entretient le commerce entre les hommes; le luxe est sans doute un des plus grands moyens de la répartition de l'argent et des richesses dans l'Etat. Si les hommes opulens ne faisoient pas de grandes dépenses pour alimenter le luxe, verroit-on jamais ces masses énormes de richesses se diviser et se répartir dans toutes les classes de la société? Cette vérité a été développée par un grand nombre d'Ecrivains, et l'expérience la démontre tous les jours. Dans les Etats où règne le luxe, les richesses, malgré tous les obstacles dont nous avons parlé, sont beaucoup

mieux

mieux distribuées que dans ceux où ces obstacles ne sont ni si nombreux ni si puissans, mais d'où le luxe est proscrit.

On dira peut-être que si le luxe produit ce bien, il produit aussi tant d'autres maux, que le législateur ne devroit pas recourir à ce moyen pour faciliter la répartition des richesses. Examinons de quelle nature sont ces maux. Voyons si tout ce que les moralistes attribuent au luxe, ne devroit pas être plutôt attribué aux mœurs ; voyons si c'est le luxe qui corrompt les mœurs, ou si les mauvaises mœurs corrompent le luxe. Observons enfin ce que le luxe pourroit être dans une nation où régneroient les bonnes mœurs. Il faut d'abord déterminer l'idée du luxe, et fixer avec précision ce qu'il peut avoir d'utile et de dangereux.

Le luxe est l'usage que l'on fait des richesses et de l'industrie pour se procurer une existence agréable par les moyens les plus propres à augmenter les commodités de la vie et les plaisirs de la société. Une nation, au milieu de laquelle on voit un très-grand luxe, doit donc posséder de grandes richesses. Si le luxe y est commun à toutes les classes de citoyens, c'est une preuve que les richesses y sont bien distribuées, et que la plus grande partie de la société jouit d'un superflu qu'elle peut employer à ses plaisirs. Si on ne trouve ce luxe que dans une seule classe, c'est une preuve que les richesses sont mal distribuées. Mais si d'autres causes ne concourent pas à perpétuer cette funeste disproportion, elle ne durera pas long-tems, parce que le luxe ne tardera pas lui-même à la détruire. Ainsi, dans l'un et l'autre cas, le luxe est un bien : dans le premier, parce qu'il anime l'industrie, inspire l'amour du travail, conserve les richesses dans l'État, adoucit les mœurs, crée des plaisirs, fait naître dans l'homme une activité qui l'arrache à la paresse, répand partout une chaleur vivifiante, donne une nouvelle force au commerce, et rend propres à tous les hommes les productions que la nature avare a cachées au sein des eaux et dans les entrailles de la terre, ou qu'elle tient éparses dans les climats les plus éloignés. Dans le second cas, le luxe est encore un bien, parce qu'il facilite la répartition de l'argent et des richesses, dont la réunion en un petit nombre de mains est une source de maux, comme nous l'avons démontré. L'ouvrier laborieux et l'artiste habile, qui ne possèdent aucun fonds de terre, peuvent alors devenir aussi propriétaires. Le luxe ouvre la caisse de l'homme riche, et l'oblige de payer une sorte d'impôt volontaire à celui qui, sans cet aiguillon, languiroit dans la misère et l'oisiveté. Le luxe invente, perfectionne, multiplie les arts et les métiers, ranime les esprits, donne enfin une nouvelle vie à l'agriculture, parce que les propriétaires, privés par lui du superflu de leurs revenus, sont forcés par leur intérêt, d'accroître le nombre de ces productions, qu'ils échangent pour des plaisirs. Il y a plus : cette réaction, dont chaque société éprouve les effets particuliers, peut, dans l'état actuel des choses, avoir beaucoup d'influence sur la liberté politique d'une nation.

Un peuple grossier, à qui l'esprit du siècle interdit la guerre, et où l'absence du luxe fait négliger les arts, ne doit connoître d'autre occupation que la culture des terres. Ce peuple sera donc divisé en deux classes, celle des propriétaires des terres, et celle de leurs vassaux ou laboureurs. La dépendance de ceux-ci, déterminée par la loi rigoureuse du besoin, doit dégénérer en une dépendance servile. Si les violences des propriétaires deviennent insupportables, cette classe sans propriété n'a d'autre ressource que de s'unir au monarque, et de chercher dans l'augmentation de son pouvoir un remède contre les vexations de l'aristocratie. C'est ce qui est arrivé chez presque tous les peuples de l'Europe. Le luxe eût prévenu ce désordre ; en distribuant les propriétés avec les richesses, il auroit donné de la force au peuple, et auroit affoibli l'aristocratie, sans altérer la forme du gouvernement.

Le luxe, considéré sous le point de vue que nous venons d'indiquer, est toujours un bien; mais il peut devenir un mal, lorsqu'on en généralise trop l'idée, et qu'on renferme sous ce nom toute dépense de faste et de magnificence. Enlever, par exemple, aux campagnes un nombre d'hommes très-considérable, pour en orner dans les villes les nombreux appartemens de l'opulence; arracher à la culture de la terre et aux travaux du commerce une quantité immense de chevaux pour les distribuer dans de grandes écuries ; employer continuellement une partie du territoire en jardins et en forêts, c'est un luxe de faste et de consommation, très-pernicieux pour l'Etat : mais ce n'est pas ce luxe dont j'ai donné la définition. C'est le luxe des nations barbares. C'étoit celui des barons, dans les tems féroces et misérables de la féodalité : c'étoit celui des principaux prélats, dans les siècles d'ignorance. On sait que les uns et les autres n'osoient pas faire un pas hors de leurs fiefs ou hors de leurs maisons, sans être suivis d'un nombre prodigieux de serfs et de chevaux. Un concile tenu à Latran en 1179, défendit aux évêques ce faste onéreux, qui obligeoit les églises et monastères par où ils passoient de vendre les vases d'or et d'argent pour les recevoir dans leurs visites (1). Ce faste étoit devenu si excessif, que les canons furent obligés, comme l'on sait, de fixer la suite de chaque prélat. Celle des archevêques fut réduite à cinquante chevaux, celle des évêques à trente, celle des cardinaux à vingt-cinq. Voilà, je le répète; le luxe des nations barbares, luxe contre lequel la philosophie ne pourra jamais s'élever avec assez de force, et dont le législateur doit éloigner les hommes, non par les moyens directs des lois somptuaires, mais par d'autres moyens que le respect pour les droits sacrés de la liberté et de la propriété lui permet d'employer.

Après avoir donné une idée vraie du luxe, et avoir distingué le luxe utile du luxe dangereux, voyons si le luxe peut corrompre les mœurs, comme les moralistes le prétendent, ou si les mauvaises mœurs peuvent corrompre le luxe.

Les mœurs ne sont autre chose que l'habitude de régler nos actions suivant l'opinion.

---

(1) *Cap.* 23, *Ex. de censibus.*

Que cette opinion soit vraie ou fausse, elle est toujours la mesure unique de nos actions; elle doit par conséquent régler l'emploi de toutes les richesses. Ce sont donc les mœurs seules qui déterminent et dirigent le luxe dans une nation. Si les mœurs sont bonnes, le luxe sera conforme à l'ordre; si elles sont corrompues, le luxe sera corrompu à son tour. Si, par exemple, de bonnes mœurs, ou, ce qui est la même chose, si l'opinion qui règle les actions des citoyens, et le gouvernement qui la dirige, offrent des distinctions à ceux qui se consacrent au bien public; alors le luxe ne sera qu'un luxe de bienfaisance, un luxe patriotique. L'homme riche, dans cette nation, ne fera pas consister son luxe à étaler dans ses jardins un groupe obscène de Bacchus et de Vénus; il se rappellera l'impression que fit dans l'ame de Thémistocle le monument élevé à Athènes en l'honneur d'Aristide victorieux, et fera exécuter par une main habile la statue du citoyen dont les vertus ont honoré la patrie, afin d'en éterniser le nom, et d'apprendre à tous ses concitoyens comment ils peuvent se rendre dignes de la reconnoissance publique. La reconstruction d'un chemin pour la facilité du commerce, le dessèchement d'un marais, l'introduction d'un nouvel art,

la protection d'un talent obscur ou naissant ;
voilà quels seront, dans cette nation, les
objets de luxe d'un citoyen riche. Tel a été
en effet le luxe de tous les pays libres, vertueux et riches. Tel sera le luxe des colonies
anglaises, dès que la paix aura raffermi leur
heureuse constitution, et qu'il leur sera permis de jouir des fruits de leur liberté, de leurs
vertus, et de leur commerce (1). Mais si les
mœurs au contraire sont corrompues dans
une nation; si le peuple a perdu toute idée
de vertu et tout sentiment de patriotisme ; si
l'opinion qui règle toutes les actions des
hommes, n'accorde des distinctions qu'à
ceux qui vivent dans la mollesse et l'oisiveté :
alors le luxe d'une nation prendra l'empreinte
de ses mœurs. C'est alors que l'on verra un
citoyen qui à peine a de quoi vivre sans
avoir besoin de travailler, étaler comme un
objet de luxe des ongles qu'il laisse croître
pour prouver qu'il ne fait rien. Là, tout le
luxe sera dans un sérail ; le nombre seul des
femmes et des eunuques y annoncera les richesses de chaque citoyen, et y déterminera
les marques de respect et de considération

----

(1) Il faut toujours se rappeler que l'auteur, comme
on l'a vu plus haut, a écrit cette partie de son ouvrage pendant la dernière guerre.

qu'on lui doit. Tel est le luxe d'une grande partie de l'Orient.

Il ne faut donc pas confondre la cause avec les effets. De la corruption des mœurs naît la corruption du luxe : mais ce n'est pas le luxe qui corrompt les mœurs ; il ne peut pas non plus énerver le courage d'une nation. Ce mal, que les moralistes ont encore attribué au luxe, n'est qu'un effet de la corruption des mœurs, qui, en même tems qu'elle fait naître la corruption du luxe, amollit les hommes et les rend incapables de supporter les fatigues de la guerre. L'industrie, loin d'énerver l'esprit et le corps, leur donne une nouvelle force. Combien de fois les Athéniens, avec tout leur luxe, ne triomphèrent-ils pas de la frugalité des Spartiates? La France, sous le règne de Louis XIV, c'est-à-dire, à une époque où le luxe étoit devenu excessif, ne fit-elle pas trembler l'Europe? Quelle différence y a-t-il entre *Saint-Hilaire*, qui, blessé mortellement, montre à son fils le grand Turenne mort à ses côtés pour la patrie, et le père d'un Spartiate qui court au temple rendre graces aux dieux de ce que son fils a perdu la vie en défendant son pays? La nation de l'Europe où le luxe a fait le plus de progrès, n'a-t-elle pas montré dans ces derniers tems une valeur digne de ses barbares ancêtres? L'Angleterre n'a-t-elle pas vu sortir de son sein une quantité prodigieuse d'hommes qui auroient obscurci la gloire de tous ces fameux héros de l'antiquité, s'ils eussent combattu sur les mers? Combien de fois l'Océan n'est-il pas devenu le théâtre d'une foule d'actions plus courageuses que toutes celles qui ont immortalisé les journées de Platée, de Marathon, et des Thermopyles? Non, le luxe n'affoiblit point le courage, la force, et l'énergie, lorsque les mœurs ne sont point encore corrompues; il ne devient véritablement nuisible que par le concours de plusieurs causes étrangères. Puisqu'il dépend des mœurs de la nation, le législateur ne peut le diriger qu'en dirigeant les mœurs. S'il veut que sa nation ne soit composée ni de féroces Spartiates, ni de Sybarites efféminés; s'il veut que l'amour du travail s'y perpétue avec le goût de l'aisance et des plaisirs de la société; s'il veut enfin que le luxe soit ce qu'il doit être, l'ame de l'industrie et le distributeur des richesses nationales; qu'il crée, qu'il perfectionne les mœurs publiques; qu'il cesse de croire à l'efficacité prétendue de toutes ces lois somptuaires qui attaquent la liberté du citoyen, et qui d'ordinaire ne sont point dictées par l'amour du bien public, mais

par cette fantaisie absurde et trop commune,
de vouloir régler toutes les actions des citoyens, espèce de manie qui fait considérer
les hommes comme autant d'enfans privés
des lumières de la raison, et qu'il faut mener
par la main ; qu'il se persuade enfin que vouloir diriger le luxe par des réglemens, c'est
soumettre les lois à toutes les vicissitudes de
la mode. S'il prohibe aujourd'hui telle espèce
de luxe qu'il croit dangereuse, demain elle
ne sera plus de mode, et il sera obligé d'en
prohiber une nouvelle espèce. L'imagination,
sans cesse irritée par des prohibitions , volera
sans cesse au-devant des lois; alors on ne
verra plus que des ordonnances arbitraires,
particulières, qui naîtront toujours les unes
des autres; et le législateur qui, à l'exemple
de la divinité, doit gouverner les hommes
par des lois générales et conformes à l'ordre
naturel, compromettra sa dignité; ses lois
deviendront un objet de ridicule et de mépris, et ruineront l'industrie et le commerce
de la nation, en détruisant leurs rapports
avec l'industrie et le commerce des autres
peuples, par la crainte imaginaire d'un luxe
passif, comme l'expérience l'a si souvent démontré. Qu'il ne redoute donc pas les progrès du luxe, quels qu'ils soient, tant que
l'ordre régnera dans les différentes classes de

la société ; qu'il regarde au contraire ce luxe comme un ressort nécessaire à l'opulence de l'Etat, et comme le résultat de l'aisance générale.

La plupart des écrivains politiques se sont élevés en général contre le luxe passif, et ont assuré qu'il n'y a que le luxe actif qui puisse être utile à une nation. Je vais développer sur cet objet important quelques vérités que ne devroient pas ignorer ceux qui sont chargés de gouverner les Etats.

CHAPITRE XXXVIII.

Du luxe actif et du luxe passif. Dans quels cas le luxe passif est-il un bien ? Dans quels cas le luxe actif est-il un mal ?

CETTE digression n'est pas étrangère aux objets que j'ai traités dans ce livre. La plupart des écrivains qui ont soutenu la cause du luxe, se sont déclarés contre le luxe passif, parce qu'ils ont cru voir qu'il faisoit sortir de l'Etat des richesses réelles, pour y introduire des richesses d'opinion et de fantaisie ; qu'il alimentoit l'industrie étrangère ; enfin qu'il nuisoit à l'industrie nationale, en faisant concourir avec elle l'industrie étrangère, qui obtient toujours la préférence.

Cet objection faite presque universellement contre le luxe passif, est une erreur qui ne peut naître que de l'ignorance des vrais intérêts des nations et de l'état particulier des différens peuples. C'est contre cette erreur que je cherche à prévenir ici les dépositaires de l'autorité publique. Je prie ceux qui liront ce livre de ne point m'accuser d'élever des systêmes pour détruire les opinions de tous les hommes célèbres qui se sont consacrés à la défense des droits de l'humanité, comme si je me croyois chargé d'une mission expresse pour révéler aux peuples les principes de leur bonheur, et leur indiquer les routes cachées qui doivent les y conduire. Une présomption aussi absurde ne peut entrer dans l'esprit d'un homme qui a déjà déclaré et qui déclare encore devoir la plus grande partie de ses idées à tous ceux qui ont écrit sur cet objet. Mais la politique, l'économie, la Législation sont des matières très-compliquées, dans lesquelles il est facile de commettre des erreurs, lorsqu'on veut trop généraliser des idées, dont l'exactitude, comme je l'ai dit, est toute relative. Tel est le défaut de ceux qui se sont élevés contre le luxe passif en général, sans observer que ce luxe, qu'on entretient par l'industrie étrangère, loin d'être toujours un mal, pourroit être, pour quelques nations, l'unique appui de leurs richesses et de leur prospérité.

Pour sentir toute la vérité de ce principe, il faut savoir que, dans quelque nation que ce soit, il existe pour le numéraire un terme constant qu'il ne peut outrepasser, sans ruiner la population, l'agriculture, les arts, et le commerce. Supposons, par exemple, qu'un peuple qui possède des mines abondantes,

ou une balance de commerce très-avantageuse, veuille se soustraire à la dépendance
où il est des autres peuples, en s'appropriant
les arts, les manufactures, et les denrées qui
peuvent servir à sa consommation intérieure,
et en proscrivant l'importation de toutes les
marchandises étrangères qui feroient sortir
une partie de son numéraire ; quel sera, je
le demande, le sort de cet Etat ? Pourvu qu'un
tremblement de terre ne bouleverse pas ses
mines, qu'une révolution politique ne dé-
truise pas son commerce, que l'ambition de
son roi, ou l'intérêt de sa propre sûreté, ne
l'oblige pas d'envoyer hors des frontières une
armée dont la consommation dissipe une partie de ses métaux ; la quantité du numéraire
croissant toujours dans cet Etat, en diminuera la valeur au point de rendre le prix des
denrées et des ouvrages de l'art, si supérieur
à celui des autres nations, que les citoyens,
trouvant plus d'avantages à acheter les denrées et les marchandises étrangères que les
leurs, consommeront celles-là. Alors les
agriculteurs, les artisans, les manufacturiers
du pays, ne pouvant soutenir la concurrence
des étrangers, abandonneront leurs fonds,
leurs arts, et leurs manufactures, et déserté-
ront une patrie qui ne leur offre que l'indigence ; alors enfin sortira de l'Etat toute cette

masse énorme de numéraire à laquelle on n'avoit pas su procurer un débouché. C'est ainsi que finissent les nations où le numéraire s'est trop multiplié.

Qu'on n'espère pas de pouvoir prévenir cette terrible catastrophe en opposant des lois prohibitives aux lois puissantes de la nécessité : malgré la sévérité des peines qu'on pourroit établir contre l'importation des marchandises étrangères, malgré toute cette multitude de gardes et d'espions qu'on chargeroit de les surveiller nuit et jour ; dès qu'il y aura un très-grand avantage à les faire entrer dans l'Etat, elles y entreront. Les gardes et les espions seront corrompus ; on méprisera tous les ordres, toutes les menaces de la loi ; et les préposés de la finance deviendront eux-mêmes les principaux agens de ce commerce clandestin. L'Angleterre, l'Espagne, et tous les pays du monde offrent des preuves de cette vérité (1).

____

(1) L'Angleterre a cru pouvoir empêcher l'importation de quelques marchandises étrangères, en les chargeant d'un droit qui leur donne une valeur factice de cent ou de deux cent pour cent. Elle a ajouté à cet impôt les peines les plus sévères contre les contrebandiers. Mais est-elle bien parvenue à son but ? Les importations clandestines de ces marchandises n'ont-elles pas enrichi un très-grand nombre

Le mal est donc irréparable, lorsque la masse du numéraire s'est excessivement accrue dans une nation. C'est à la politique de prévenir ce désordre, en offrant un débouché au superflu qui pourroit le produire. Or je n'en vois pas d'autre que le luxe passif, pour une nation qui, possédant des mines abondantes d'or et d'argent, et jouissant d'une balance de commerce très-avantageuse, joint à tous ces avantages celui d'un territoire qui produit pour sa consommation intérieure toutes les denrées de première nécessité.

Où pourroit-on chercher ce débouché? Dans la guerre? Ce seroit une erreur contraire à tous les principes de la morale et de la politique. Toute guerre qui n'est pas déterminée par les droits d'une défense nécessaire, ou par les devoirs sacrés de l'alliance, est une injustice que rien ne peut légitimer. La guerre ne dissipe pas seulement le numéraire; elle détruit encore la population. D'ailleurs, une telle guerre, dans un siècle où les nations n'aspirent qu'à la paix, ne produiroit d'autre effet que de les soulever

---

de familles? ne sont-elles pas aussi fréquentes que les autres importations qui se font sous les yeux des magistrats, et avec la permission de la loi?

toutes

toutes à-la-fois contre celle d'entre elles qui oseroit troubler la paix générale.

Le cherchera-t-on dans la consommation des denrées étrangères de première nécessité ? Ce seroit mettre la nation dans la dépendance des autres Etats ; ce seroit rendre son existence précaire et son bonheur incertain ; ce seroit détruire l'agriculture, premier fondement de la prospérité des peuples.

Le cherchera-t-on dans l'établissement d'une marine considérable ? Ce moyen sans doute produit d'ailleurs de très-grands avantages ; mais il ne peut pas faire naître ici l'effet que l'on desire. Ou cette marine est destinée à protéger et ranimer le commerce, et alors elle existe aux dépens du commerce, ou elle est destinée à défendre les côtes de l'Etat, et alors elle consomme les denrées de la nation qui l'entretient. Dans l'un et l'autre cas, elle ne peut donc être considérée comme un débouché favorable au superflu du numéraire.

De quelque côté que nous jetions les yeux, nous ne trouverons donc que le luxe passif qui puisse faciliter l'écoulement de ce superflu. Ce canal de communication qui donne la vie au commerce, en établissant entre toutes les nations une sorte de dépendance volontaire, et que l'on peut fermer ou rouvrir selon que les circonstances l'exigent, est le seul moyen que la politique puisse imaginer pour assurer la prospérité d'un pays que l'excès de ses richesses peut entraîner vers sa ruine.

Si l'on observe avec attention les différens intérêts de deux nations de l'Europe, qui sont précisément dans la situation que nous avons supposée, cette vérité paroîtra encore plus évidente. L'Espagne et le Portugal possèdent des mines abondantes d'or et d'argent : elles ont un territoire fertile qui peut offrir à leur consommation intérieure toutes les denrées de premier besoin. Quant à l'Espagne, personne ne peut nier qu'elle ne soit de tous les Etats de l'Europe, et peut-être même de l'univers entier, celui que sa situation naturelle, son territoire, et ses domaines en Amérique rendroient le plus riche ; celui qui pourroit, avec la plus grande célérité, accumuler une masse plus considérable d'or et d'argent ; celui enfin qui pourroit arriver le plutôt à cet excès de richesse, qui, détruisant, comme nous l'avons démontré, l'industrie, l'agriculture, et la population, ramène l'indigence et fait succomber un Etat sous le poids de ses trésors.

Supposons que la fertilité de son territoire fût secondée par une bonne culture, et qu'elle s'occupât à manufacturer toutes ses matières premières ; l'Europe se verroit alors inondée en peu de tems, suivant l'expression d'un écrivain distingué (1), de ses grains, de ses vins, de ses liqueurs, de son savon, de ses huiles, de ses fruits, de ses étoffes de laine et de soie, de ses toiles, de ses ouvrages d'or, d'argent, de fer et d'acier ; sa pêche suffiroit à sa consommation, et elle n'auroit besoin, pour entretenir une marine considérable, que d'aller faire dans le nord ses approvisionnemens de bois.

Si l'Espagne, n'ayant aucun domaine en Amérique, vouloit donner à l'industrie nationale le mouvement dont elle est susceptible et ouvrir toutes les sources de ses richesses, elle pourroit devenir une des nations les plus opulentes de l'Europe, et conserver une balance de commerce toujours avantageuse. Mais peut-elle, dans sa situation actuelle, créer et entretenir cet esprit d'industrie générale ? peut-elle établir cette balance avantageuse de commerce, au milieu de quatre-vingt millions de livres qu'elle reçoit chaque année du Méxique et du Pérou ? Si elle ne vouloit pas voir dans

____

(1) L'auteur *des Intérêts des nations*, tome I, ch. 5.

l'or et l'argent que l'Amérique lui envoie, une sorte de marchandise, une production de son territoire, un objet d'échange, et que, pour en conserver dans son sein la masse entière, elle excitât tous les genres de culture que son sol peut permettre, et établît toutes les espèces d'arts et de manufactures qui peuvent servir à sa consommation et à son luxe, n'auroit-elle pas en circulation, dans l'espace de quarante ans, un numéraire qui excéderoit des deux tiers celui des autres nations, numéraire d'autant plus considérable, que toutes les nations industrieuses seroient, à son égard, dans un état de pauvreté relative ? Or sa situation ne seroit-elle pas alors celle d'un peuple que son opulence extrême ramène à la plus dure pauvreté ? Ses denrées et les ouvrages de ses manufactures, parvenus à un prix excessif par l'avilissement du numéraire, pourroient-ils résister à la concurrence des autres nations qui lui offriroient les leurs à bon marché ? Et qui pourroit empêcher l'Espagnol de consommer les denrées et les marchandises étrangères qu'il paieroit deux tiers de moins que celles de son pays ? Bientôt l'Espagne verroit sortir de son sein tous ses immenses trésors, après avoir vu la ruine de l'agriculture et de l'industrie nationales. Puisqu'il est donc impossible à l'Espagne de retenir pour elle le produit entier des mines du Nouveau - Monde ; puisque toute sa politique ne doit avoir pour but que d'en conserver une partie suffisante pour faire pencher la balance de son côté, et de ne pas rendre ses avantages excessifs, afin de les rendre durables ; puisque l'exercice des arts de premier besoin, ainsi que l'abondance et les excellentes qualités de ses productions suffisent pour lui procurer cette supériorité ; puisqu'elle ne peut enfin procurer un débouché à cette énorme quantité d'or et d'argent que lui envoient le Pérou et le Mexique, sans renoncer à toutes ces manufactures et à tous ces arts qui ne servent pas immédiatement à la culture de son territoire : il n'y a donc que le luxe passif qui puisse devenir l'instrument de sa prospérité et de sa conservation, en faisant écouler cette masse de richesses, et en empêchant l'avilissement du numéraire.

On peut dire la même chose du Portugal : si son territoire étoit bien cultivé, et qu'une population plus considérable mît en valeur tout ce qui reste sans culture, cet Etat n'auroit besoin d'aucune autre nation pour subvenir à ses besoins de première nécessité : il pourroit échanger son surabondant contre les denrées qui lui manquent. Son commerce dans les Indes-Orientales et sur les côtes d'Afrique, s'il étoit bien dirigé, deviendroit encore une source très-abondante de richesses. Enfin, indépendamment des autres productions du Brésil, par le moyen desquelles il feroit un grand commerce de propriété en Europe, le Portugal reçoit tous les ans de ses mines soixante millions de livres. Telles sont les richesses dont jouiroit ce royaume, si l'absurdité de ses lois, les erreurs de son administration, et le monopole des Anglais n'en avoient épuisé ou détourné les sources. Lorsqu'un gouvernement éclairé aura remédié à tous ces maux, le Portugal sera forcé d'adopter, à l'exemple de l'Espagne, un système de luxe passif.

Je crois avoir suffisamment démontré l'erreur de ces écrivains qui s'élèvent avec beaucoup de véhémence, et sans trop de réflexion, contre le luxe passif en général, sans observer les circonstances particulières où se trouvent les différens peuples, circonstances qui d'ordinaire détruisent les règles trop générales de la politique. Mais comme cette vérité est encore peu connue, je me vois obligé de réfuter deux objections qu'on ne manqueroit pas de me faire. La première est relative à ce que j'ai dit sur l'Espagne.

L'Espagne, me dira-t-on, sous le règne de Charles V et de Philippe II son fils, possédoit en Amérique des mines aussi abondantes que celles qu'elle possède aujourd'hui ; elle entretenoit ses colonies du produit de ses mines ; elle faisoit le plus grand commerce dans les Indes-Orientales et dans l'Europe : loin d'alimenter son luxe par l'industrie étrangère, elle alimentoit le luxe étranger par sa propre industrie. Séville seule, au rapport du célèbre D. Jérôme de Ustaris, renfermoit soixante mille métiers à soie ; les draps de Ségovie et ceux de Catalogne étoient les plus beaux de l'Europe et les plus recherchés : les foires de l'Espagne étoient fréquentées par tous les négocians de l'Europe : dans la seule foire de Médine, suivant un mémoire dressé sous Philippe II par Louis Valle della Cerda, il se négocioit en lettres de change pour une valeur de plus de cent cinquante millions d'écus. Cependant l'Espagne n'a peut-être jamais été plus peuplée qu'elle l'étoit alors ; son territoire n'a jamais été mieux cultivé, son industrie n'a jamais eu plus d'activité. L'opulence de l'Espagne ne rendoit donc pas alors nécessaire le luxe passif, que vous croyez si important pour cette nation ?

Tous ces faits sont vrais, et je ne prétends point les contester ; mais l'histoire entière de l'Espagne, sous ces deux règnes, ne consiste pas seulement dans ces faits. Elle n'eut pas besoin, je l'avoue, du luxe passif: mais pourquoi ? parce qu'elle trouva un débouché pour son numéraire dans les guerres que l'ambition de Charles V et de Philippe II fit entreprendre. Rappelons-nous les dépenses énormes que ces deux princes firent hors de leur Etat. Charles V, toujours en voyage et toujours en guerre, répandit des sommes immenses en Allemagne, en Italie, et en Afrique : il fit, pendant tout le cours de son règne, près de cinquante voyages. Les revenus de la couronne sortoient presque tout entiers de l'Espagne, pour satisfaire les besoins et l'ambition d'un prince que sa manie des conquêtes et son titre d'empereur forçoient d'être toujours hors de l'Etat. Lorsqu'il envoya son fils à Londres pour épouser la reine Marie et prendre le titre de roi d'Angleterre, il fit partir pour la cour de Londres vingt-sept grandes caisses d'argent en barre, et cent chevaux chargés d'or et d'argent monnoyés. On sait d'ailleurs que les fameuses mines du Potosi ne furent découvertes que peu d'années avant la fin de son règne. Quant à Philippe II, il faisoit la guerre dans les Pays-Bas contre le prince Maurice d'Orange, dans le même tems qu'il la faisoit à Henri IV, aux Genevois, aux Suisses, et qu'il combattoit sur mer les Anglais et les Hollandais. Sa flotte de cent cinquante vaisseaux qu'il envoya contre les

Anglais, et qui eut un sort si malheureux, ne fut pas une perte indifférente pour la nation. Son despotisme dans les Pays-Bas et son ambition en France lui coûtèrent plus de trente millions de livres. Est-il donc étonnant que l'Espagne n'ait pas eu besoin, à cette époque, du luxe passif, pour prévenir cet excès d'opulence qui ruine l'agriculture, l'industrie, et la population? Si l'on calcule toutes les sommes que ces deux princes répandirent hors de leur Etat, on trouvera une somme très-supérieure à celle que feroit sortir le luxe passif le plus considérable que l'on puisse imaginer (1).

L'autre objection que l'on pourroit me faire, est relative à la Hollande. Si elle n'a pas, me dira-t-on, des mines d'or et d'argent, comme l'Espagne et le Portugal, elle a un commerce d'économie qui est pour elle une source de richesses aussi abondante que le seroit la mine la plus précieuse. La balance toujours avantageuse de son commerce augmente chaque année la masse

____

(1) Qu'on observe tous les maux que le système absurde d'empêcher le transport d'une partie du numéraire hors de l'Etat produisit dans cette nation, lorsque le superflu du numéraire eut perdu ce débouché que l'ambition de ces deux princes avoit ouvert. L'Espagne souffre encore, et elle souffrira long-tems de l'ignorance de ses législateurs à cet égard. Voyez le chapitre 3 du premier livre de cet ouvrage.

de son numéraire. Personne n'ignore que
c'est de tous les pays de l'Europe, celui où
l'on trouve une plus grande quantité d'argent. Cependant la Hollande, au milieu de
ses trésors, n'a pas perdu son esprit d'économie ; son opulence n'a pas eu besoin jusqu'à présent du luxe passif. N'est-il donc
pas permis de présumer que l'Espagne et le
Portugal pourroient aussi conserver la leur,
sans recourir à ce moyen ? Non : la Hollande n'a rien de commun avec ces deux
nations ; sa constitution, son territoire, la
nature de son sol, la source de ses richesses,
tout est différent. L'Espagne et le Portugal, non-seulement peuvent pourvoir à leur
consommation intérieure par les productions de leur sol, mais ils ont encore un
surabondant à échanger. La Hollande, au
contraire, ne peut nourrir avec ses productions que le tiers de ses citoyens. L'Espagne et le Portugal font un commerce de
propriété, et la Hollande ne fait qu'un commerce d'économie. Or qui ne sait que l'u-
nique fondement de ce commerce est la frugalité de ceux qui le font ? Nous l'avons
observé ailleurs : l'Espagne et le Portugal
n'ont pas encore prêté de l'argent aux autres
Etats, et la Hollande a placé des sommes
immenses dans les fonds publics de France, —
d'Angleterre, et de quelques autres nations.
Les guerres que les Provinces-Unies ont
soutenues après la paix de Ryswick, et les
sommes qu'elles ont prétées à la France et

à l'Angleterre avant la guerre contre les colonies, ont fait sortir de la Hollande plus de cinq cents millions de livres. Mais malgré tous les débouchés qu'a eus le numéraire de la Hollande ; malgré l'écoulement continuel et nécessaire que lui procurent la petitesse de son territoire et la stérilité de son sol ; malgré l'économie que la nature de son commerce exige, la Hollande n'a-t-elle pas été forcée de renoncer aux profits de ses manufactures ? le prix excessif de la main-d'œuvre, que l'avilissement du numéraire a produit, n'a-t-il pas obligé les Hollandais à se servir des toiles et des étoffes des Indes ? leur opulence ne les a-t-elle pas forcés d'adopter cette espèce de luxe étranger ? Il est donc certain que le luxe passif est, pour quelques nations, une ressource absolument nécessaire.

Tels sont les principes, telles sont les vérités que j'ai cru devoir développer dans cette partie de la science de la Législation, relative aux lois politiques et économiques. Leur objet, comme je l'ai observé en commençant, est de multiplier les hommes et de pourvoir à leur subsistance, en faisant naître des richesses dans l'État, en les conservant, et en les distribuant avec la moindre inégalité possible. Mais ai-je traité ce sujet dans toute son étendue ? ai-je exposé toujours de nouvelles ressources, montré des vérités nouvelles, attaqué des erreurs inconnues ? puis-je me glorifier d'avoir le premier observé les causes de la misère des peuples, et indiqué des moyens propres à la détruire ? Non. Je n'ai fait que porter une lumière de plus dans cette caverne ténébreuse où se retirent les monstres qui dévorent les nations. Si cette lumière peut contribuer à faire mieux appercevoir leur nombre, leur force, et leur union ; si elle peut faire découvrir quelqu'un de ces monstres, cachés jusqu'aujourd'hui dans la cavité la plus profonde de la caverne, je suis récompensé de toutes mes peines.

Le philosophe doit être le ministre de la vérité, et non un vain créateur de systêmes. Que des hommes sans talens et sans courage continuent de répéter leur grande maxime, *Tout a été dit* : tant que les abus et les préjugés qui les perpétuent trouveront des partisans ; tant que la vérité, objet des méditations d'un petit nombre d'hommes, restera inconnue à la plus grande partie du genre humain ; tant qu'on la forcera de s'éloigner des trônes, le devoir du Philosophe sera de l'annoncer et de la défendre. Si les lumières qu'il répand ne sont pas utiles à son siècle et à sa nation, elles le seront à un autre siècle et à d'autres peuples : citoyen de tous les lieux, contemporain de tous les âges, l'univers est sa patrie, et tous les hommes sont ses disciples.

Fin du Tome second.

TABLE
DES CHAPITRES,

Contenus dans ce volume.

LIVRE DEUXIEME.

Des lois politiques et économiques.

Fin de la Table.